McFLY

UNSAID THINGS... NOSSA HISTÓRIA

McFLY

UNSAID THINGS... NOSSA HISTÓRIA

De
Tom Fletcher
Danny Jones
Harry Judd
Dougie Poynter

Tradução
Patrícia Azeredo

Revisão técnica
Babi Dewet

2ª edição

BestSeller

Rio de Janeiro | 2013

CIP-BRASIL. CATALOGAÇÃO NA FONTE
SINDICATO NACIONAL DOS EDITORES DE LIVROS, RJ.

M429 McFly: Unsaid Things... Nossa história / McFly ; tradução Patrícia
2ª ed. Azeredo. — 2ª ed. - Rio de Janeiro: Best*Seller*, 2013.

Tradução de: McFly: Unsaid Things... Our Story
ISBN 978-85-7684-670-3

1. McFly (Conjunto musical). 2. Cantores — Inglaterra — História. 3. Músicos de rock — Inglaterra — Biografia.

12-8995. CDD: 927.824166
CDU: 929:78.067.26

Texto revisado segundo o novo Acordo Ortográfico da Língua Portuguesa.

Título original inglês
MCFLY: UNSAID THINGS... OUR STORY

Editoração eletrônica: FA Studio

Direitos exclusivos de publicação em língua portuguesa para o Brasil
adquiridos pela
EDITORA BEST SELLER LTDA.
Rua Argentina, 171, parte, São Cristóvão
Rio de Janeiro, RJ — 20921-380
que se reserva a propriedade literária desta tradução.

Impresso no Brasil

ISBN 978-85-7684-670-3

Para os nossos fãs

Sumário

Agradecimentos

Gostaríamos de agradecer a várias pessoas. Pessoas importantíssimas para as nossas vidas e carreiras, e que viraram integrantes da grande família McFly, que só vem aumentando nos últimos nove anos. Seria impossível citar todos os nomes, mas temos certeza de que vocês sabem quem são e esperamos que saibam o quanto são importantes para nós. Tivemos muita ajuda e muita orientação ao longo da nossa carreira, e somos abençoados por trabalhar com pessoas de quem gostamos de verdade e que também gostam da gente. Agradecemos um milhão de vezes a vocês por nos ajudarem a chegar tão longe.

McFly

Prólogo

Massagem especial

Indonésia, 2011

Imagine a cena.

Quatro simpáticos rapazes acabam de chegar a um hotel, vindos de uma longa viagem. Uma multidão de fãs os aguardava no aeroporto — o que foi um alívio, pois nenhum deles sabia ao certo o quanto eram conhecidos na Indonésia, mas isso significou que eles precisaram ser escoltados por seguranças. Agora estão no sossego dos seus quartos. Um momento de paz antes de voltarem ao turbilhão.

Normalmente, um fisioterapeuta viaja com a banda durante as turnês. Fazer shows é um esforço físico. Por isso, músculos precisam ser exercitados, e costas, massageadas. Mas essa seria uma visita rápida, e o fisioterapeuta ficou em casa.

Um dos rapazes dá uma olhada no que o hotel oferece e descobre um anúncio de massagens. Exatamente o que precisava depois de um longo voo. Ele liga para a recepção e pede um massagista.

— Certo, senhor. Agora mesmo, senhor. Qual é mesmo o número do seu quarto?

Dez minutos depois, alguém bate à porta. Uma mulher entra, olha o jovem de cima a baixo e diz:

— Você tirar a roupa, por favor. — Ela não falava muito bem o idioma dele.

O rapaz fica apenas de cueca boxer.

— Tire também, por favor.

— Tirar tudo?

— Sim, por favor...

— Tem certeza?

O rapaz se sente meio desconfortável por não estar acostumado com isso. Mas já que está ali mesmo... ele tira a roupa íntima.

Seguindo as instruções da massagista, ele deita na cama com o rosto virado para baixo, e as partes íntimas ficam protegidas apenas por uma toalhinha branca. A massagista começa a trabalhar nas costas dele. Primeiro os ombros, depois desce pela coluna. Ela vai um pouco mais para baixo do que ele considera normal, mas tudo bem, porque agora ela passou a massagear as pernas, começando nos pés e indo para cima.

Panturrilhas.

Coxas.

Parte superior das coxas.

Parte *ainda mais* superior das coxas.

"Isso é bem mais acima do que o normal", pensa ele consigo mesmo, mas talvez seja assim que a massagem seja feita na Indonésia.

O rapaz recupera o fôlego. A mão da massagista passou levemente pelos testículos dele? Foi de propósito ou foi um erro?

Um erro, decide ele.

Mas depois... É, *definitivamente* não foi um erro.

A massagista levanta a toalha e deixa o bumbum do rapaz exposto. Obviamente algo inesperado está acontecendo, mas ele se sente britânico demais para protestar. Ela está sentada nas pernas dele agora, massageando cada centímetro do traseiro nu e exposto do rapaz. Ele gostaria que ela parasse, mas já tinha deixado a situação ir longe demais. Como poderia reclamar agora?

O que ele deveria fazer?

O rapaz está suando. Já se passaram 15 minutos de massagem intensa no bumbum. A massagista sai de cima dele e instrui:

— Vire de barriga para cima.

De barriga para cima. Tudo bem.

Ele obedece, pegando de forma desajeitada a toalha para se cobrir. A massagista começa no tórax, mas não é mais uma massagem comum. Os padrões de qualquer pessoa diriam que é uma massagem sensual. Ele se concentra muito para manter a calma. Qualquer sinal de animação por baixo da toalha passará uma mensagem que ele não quer enviar.

De repente, ela arranca a toalha. E agora não há dúvida quanto às intenções da massagista. Ela segura os testículos do jovem nas mãos enquanto bate no ombro dele.

— Você quer a massagem especial? — pergunta ela.

— Errr...

— A massagem *especial*? — ela o pressiona.

— É... Já está especial o bastante... Muito obrigado — ele mal consegue pronunciar as palavras.

Ela faz uma pausa.

— Tem certeza?

Ele faz que sim com a cabeça vigorosamente, até demais.

— Absoluta.

❖

No quarto ao lado, outro dos quatro rapazes tem a mesma ideia. Ouve-se uma batida na porta, e entra uma massagista diferente, que diz:

— Tirar roupas, por favor.

O rapaz se despe. Enquanto isso, a massagista anda pelo quarto, experimentando os óculos escuros e mexendo no *nécessaire* dele.

— Posso ficar de cueca? — pergunta o rapaz.

Ela ri e faz o gesto de "não" com o dedo:

— Tire, por favor.

A massagista sequer utiliza uma toalha. Ela o deita na cama, deixando o rosto dele virado para baixo, e começa a trabalhar. A namorada deste jovem já foi massagista, e ele sabe que existem certas áreas que as mãos dela não têm permissão de tocar para se evitarem quaisquer embaraços a clientes do sexo masculino. Estes limites são logo ultrapassados. Não demora muito para ela dar pancadinhas no traseiro nu dele. Quando a mão da massagista toca de leve os testículos do rapaz, ele se esforça para não rir.

Em seguida ela o vira de barriga para cima. Ele não tem tanto sucesso em esconder o indesejado estado de excitação. A mente do rapaz está desesperada, tentando descobrir o que dizer para tirá-lo desta situação.

Ela começa nos pés, mas logo vai para as pernas dele. Cada vez mais para cima. Cada vez mais estranho. Ele está ciente de que certa parte de sua anatomia está mandando sinais errados.

— Você gosta disso? — pergunta ela.

Não há resposta.

— Você quer a massagem *especial*?

É a senha para ele pular da cama e vestir a cueca.

— Estou ótimo — diz ele, muito nervoso e começando a se enrolar com as palavras. — É sério, estou ótimo.

A massagista fica de pé e mais uma vez remexe nas coisas dele. Ela pega óculos de sol, roupas e bronzeador, e pergunta:

— Posso levar isso? Você me dá isso?

Ele diz que não e pede para a moça ir embora, mas ela não vai. No fim, ele coloca algumas camisetas, presentes de fãs indonésias, nas mãos dela. A massagista analisa as roupas com muito cuidado, obviamente nem um pouco disposta a aceitar algo velho e esfarrapado, antes de relutantemente deixar o jovem em paz.

❖

Dizem que grandes mentes funcionam de forma parecida. O terceiro rapaz recebe a massagista no quarto. Enquanto tira a roupa, ela aponta para as cuecas dele.

O rapaz olha para baixo.

— Isso aqui?

Ela faz que sim com a cabeça.

— Hmmm, tá bom! — responde ele educadamente.

A massagista começa a trabalhar nos músculos do rapaz. Não é o que ele esperava. Quando a atenção dela se volta para a parte do corpo que não se massageia, ele se repreende por não reclamar. Por não dizer que se sente desconfortável, que seria melhor ela parar e sair do quarto. Por apenas ficar deitado lá, quieto, fingindo que está tudo bem.

E aí vem a pergunta:

— Você quer a massagem especial?

Ele lança um olhar falso de desculpas para a moça:

— Não tenho dinheiro — lamenta.

— Sem dinheiro?

— Sem dinheiro.

— Ah...

Ela continua a massagem, agora tão casta e desinteressante como qualquer outra. Quinze minutos de silêncio desagradável e constrangedor depois, ela sai do quarto sem fazer barulho e fecha a porta.

❖

O primeiro rapaz liga para o segundo.

O segundo liga para o terceiro.

— *Você...?*

— *Ela...*

— *Mas que...?*

Eles revivem os acontecimentos embaraçosos e dividem o alívio por tudo ter acabado. E aí um deles tem uma ideia.

O último rapaz não gosta de massagens. Acha entediante. O amigo liga para o quarto dele, dizendo:

— Cara, você tem que pedir uma massagem.

Há um silêncio levemente confuso.

— Por quê? Eu não gosto de massagem.

— Vai por mim, cara, *dessa* você vai gostar.

Afinal de contas, ele é solteiro e parece certo que um deles aproveite o que é, claramente, um costume indonésio.

O amigo não dá mais explicações, mas o quarto jovem não é bobo e tem uma ideia do que está sendo dito de forma implícita. Ele pensa por um momento, pega o telefone na cabeceira e liga para a recepção.

— Oi, eu gostaria de pedir uma massagem.

Afinal, eles são uma banda em turnê. *Alguém* precisa agir como um astro do rock, não é?

O extraterrestre na janela

CAPÍTULO

1

Tom: Uma das primeiras coisas de que me lembro é que tenho medo de extraterrestres desde sempre.

Foi meu pai quem me apresentou aos extraterrestres, ele costumava contar histórias sobre eles. Eu adorava as histórias e implorava para que ele contasse mais. Uma em particular ficou na minha cabeça. Era sobre turistas que passavam a noite numa cabana de madeira e só percebiam que um extraterrestre os observava havia várias horas quando o rosto dele sumia da janela iluminada pela lua. Essa história colocou um ET na minha cabeça, e ele nunca mais saiu de lá. Mesmo depois de adulto e fazendo turnês pelo mundo, eu sempre voltava para o meu quarto de hotel, de casa ou onde quer que estivesse dormindo e ficava deitado, morrendo de medo do extraterrestre na janela. Mesmo depois de me apresentar diante de centenas de milhares de fãs, eu tinha que dormir com a televisão ligada em volume baixo e a porta do banheiro aberta. Nunca tive medo de ladrões. Nunca tive medo de fantasmas. Tenho medo apenas de extraterrestres e às vezes sinto tanto medo que nem consigo me mexer. Sei exatamente o que a expressão "paralisado de medo" significa, porque vivi isso inúmeras noites. Mesmo com esses terrores noturnos me acompanhando por boa parte da vida, adoro ficção científica, especialmente histórias de extraterrestres e discos voadores. Isso significa que sou completamente maluco? Provavelmente sim.

Mas meu pai também me apresentou a outras coisas. Uma delas foi bem mais importante e teve um efeito muito maior na minha vida. Ele me apresentou à música. Nossa casa era cheia dela. Tive muita sorte: uma das melhores coisas da minha infância foi o fato de ter música por toda parte. E, quando paro para pensar, percebo que minha boa sorte começou muito antes de eu ter capacidade de lembrar. Antes da música. Antes dos extraterrestres. Começou com meus pais.

Minha mãe e meu pai, Debbie e Bob, não eram ricos. Longe disso. O dinheiro era sempre pouco, mas não percebia isso quando era criança, porque minha irmã, Carrie, e eu tivemos uma infância maravilhosa. Só agora olho para trás e percebo o quanto meus pais se sacrificaram por nós. Não fomos mimados, pelo menos eu não acho, mas eles fizeram tudo o que puderam para garantir que tivéssemos oportunidades na vida.

Quando eu era bem pequeno, minha mãe trabalhava numa locadora de vídeos. Eu achava isso a coisa mais legal do mundo, porque significava filmes grátis. Nunca me esquecerei do dia em que ela trouxe para casa uma cópia do filme *As Tartarugas Ninja* muito antes de ser lançado. Nessa época era preciso esperar uma vida inteira para os filmes saírem em vídeo, então ter uma cópia antes de todo mundo era sensacional.

Com 4 anos, frequentei a minha primeira escola, a Roxeth Manor. Pouco tempo depois, minha mãe fez trabalho voluntário lá, tomando conta das crianças na hora do recreio e distribuindo a merenda. Pouco depois, ela passou a trabalhar na escola em tempo integral, subindo na carreira até chegar a seu cargo atual: professora-assistente sênior. Esse ainda é o trabalho dela: ajudar crianças com dificuldades de aprendizado a fazer o seu melhor. Meu pai trabalhava para a Kodak. Ele era do ramo de "recuperação de prata", algo muito menos glamouroso do que parece. Naqueles tempos, o filme fotográfico continha traços de prata, e meu pai era responsável por recuperá-la dos rolos usados de filme. Era um emprego bastante puxado: turnos de 12 horas, o que significava trabalhar várias noites seguidas numa fábrica imensa, opressiva e barulhenta no noroeste de Londres, perto de onde fomos criados. Ele trabalhou lá por vinte anos, mas, pouco depois que saí da escola, foi demitido. Eu não tinha noção disso na época, mas olhando para trás posso ver como aquele periodo deve ter sido incrivelmente difícil e estressante para os meus pais.

Mas a recuperação de prata não era a paixão dele, e sim a música. Desde que me entendo por gente, meu pai tocava guitarra e cantava numa banda de covers, tendo se apresentado na organização de caridade Royal British Legion e em pubs e bares da vizinhança. Mesmo quando eu era bem criança, antes da minha irmã nascer, ia com a minha mãe vê-lo se apresentar, e meu pai me levava ao palco para cantar uma música com ele em todos os seus shows. Alguns anos depois, pude devolver a gentileza e convidá-lo para se apresentar comigo, só que dessa vez o palco em questão era a Wembley Arena — foi um momento muito especial para nós dois.

Nossa casa estava sempre repleta de pessoas tocando guitarra e cantando. Praticamente fui desmamado ao som de Rolling Stones, Eagles e Eric Clapton, um pouco de Beatles e muita música country, tudo o que ele costumava tocar na banda. Minha mãe era a maior fã do mundo do Bryan Adams. Ela era apaixonada por ele, eu acho. (Desculpe por dizer isso, pai.) Não importa o que aconteça na minha vida, parece que, aos olhos dela, a coisa mais legal que já fiz foi trocar e-mails com o Bryan e falar com ele ao telefone algumas vezes. De acordo com a minha mãe, é assim que você sabe que deu certo na vida. Adoraria fazer com que eles se conhecessem algum dia, mas, pensando bem, não tenho certeza se ela conseguiria lidar com a emoção...

Para mim, contudo, bom mesmo era o Michael Jackson. Eu definitivamente o *adorava*. Minha mãe e meu pai viam o quanto eu era fã e economizaram para poder me levar a dois shows dele: um na turnê *Dangerous* e outro da *HIStory* (onde ele voava para fora do palco e do estádio no fim do show com uma espécie de foguete nas costas. Talvez a gente devesse tentar isso algum dia). Até fui um daqueles garotos que esperavam na frente do hotel, sonhando em vê-lo de perto ou quem sabe conhecê-lo. E cheguei perto disso. Ele saiu do hotel um dia para falar com alguns fãs e ficou a apenas um metro de distância de onde eu estava, quando uma menina pulou a barreira para chegar até ele. Na mesma hora, os seguranças o levaram para o carro, dirigiram para bem longe, e foi isso. Agora, sempre que saio do ônibus da turnê para ser recebido por montes de fãs aos berros, tento me lembrar de que *eu* já fui um fã. E ainda sou.

Com a música sendo tão importante lá em casa, acho que ninguém se surpreendeu quando eu quis tocar violão aos 5 anos. Meu pai vendeu um dos violões dele para que eu pudesse ter o meu e, junto com a minha mãe, pagou aulas de violão clássico para mim. Meus pais eram assim. Se Carrie ou eu mostrássemos muito interesse em algo, eles faziam de tudo para nos dar a oportunidade de experimentar. Tenho certeza de que isso resultou numa série de privações para eles. Aprendi o básico do violão nessas aulas, mas as coisas sérias, isto é, o que uso agora, aprendi com meu pai e todos os outros músicos que estavam constantemente lá em casa. Sempre que havia um aniversário, um churrasco ou uma festa de natal, a casa ficava cheia de violões e pessoas tocando. Ainda é assim hoje. E, como meu pai também era cantor, eu estava sempre cantando pela casa com ele, desde que era bem novo.

Carrie e eu éramos um pouco diferentes da maioria das crianças do nosso bairro. Não conhecíamos mais ninguém que tivesse vontade de tocar violão, cantar ou dançar, pois isso não era considerado legal nem era levado a sério pelos outros. Eles só se irritavam com tudo aquilo. Nós éramos os estranhos. De certa forma, éramos os extraterrestres na janela. Eu tinha alguns poucos amigos mais chegados quando era mais novo, mas ninguém com quem mantivesse contato, e tenho certeza de que isso aconteceu porque sempre tive interesses diferentes dos das outras crianças da minha idade, pelo menos até a escola onde eu estudava começar a ter aulas ministradas pela Stagecoach, aos sábados de manhã. A Stagecoach é uma escola de teatro de meio período para crianças, e meus pais, sempre ansiosos para me dar todas as oportunidades, me deixaram frequentar as aulas. Eu adorei; eram três horas por semana de canto, dança e interpretação num lugar onde ninguém me achava estranho por gostar de tudo aquilo.

Uma das professoras da Stagecoach também dava aulas na Ravenscourt Theatre School, em Hammersmith. Ela viu o quanto eu gostava de teatro e sugeriu que fizesse um dos workshops de verão deles. Era um curso de duas semanas, e no final a gente apresentava uma pequena peça. O diretor da escola foi assistir e me ofereceu uma bolsa. Eu tinha 9 anos.

E foi isso. Nunca mais voltei para a minha escola convencional.

Ravenscourt não era apenas uma escola de teatro. Era também uma agência. De repente, me vi fazendo testes constantemente e até conseguindo alguns trabalhos. Parece ótimo, não é? Bom, verdade seja dita, e por motivos que não sei explicar muito bem, eu não estava tão feliz assim em Ravenscourt. Ela estava a um mundo de distância da minha escola anterior, mas eu ainda me sentia deslocado por lá.

Ao longo das primeiras semanas, sempre esbarrava em alunos de outra escola de teatro quando estava trabalhando, a Sylvia Young. Lembro de achá-los bem-comportados, em comparação aos meninos da Ravenscourt, que eram sempre indisciplinados. Eles também pareciam ser um pouco mais profissionais e levavam a apresentação muito mais a sério que os meus colegas. Não sei quem foi o primeiro a sugerir que eu entrasse lá, mas, na metade do meu primeiro semestre em Ravenscourt, me vi sentado com meus pais na sala da própria Sylvia Young. Ela me pediu para cantar, acho que cantei algo do musical *Oliver!*, e quando me dei conta ela tinha me oferecido uma vaga. Eu começaria na segunda-feira seguinte.

A Sylvia Young Theatre School ficava em Marylebone. Meu pai ainda trabalhava em turnos na Kodak, e minha mãe, na escola. Meus avós me levavam para o colégio todos os dias; sem eles eu jamais teria conseguido frequentar as aulas. Era impossível para os meus pais me levarem e buscarem lá, pois trabalhavam em tempo integral. Meus avós me levavam de carro até Londres e de lá iam comigo à Sylvia de trem. Devo muito a eles e espero ter aproveitado ao máximo todas as oportunidades que meus pais me deram. Com isso, finalmente encontrei um lugar onde me sentia bem. As aulas na Sylvia eram intensas: segundas, terças e quartas eram dedicadas ao trabalho acadêmico; eles nos ensinavam matemática, inglês e ciências que todos precisavam aprender, e eu era suficientemente bom nos estudos regulares. Sempre fui fascinado por ciências, espaço e aviação, e também amava artes e escrita criativa. As quintas e sextas eram apenas os estudos específicos. Nós ficávamos imersos nas disciplinas de canto, dança e interpretação, que eram a minha paixão especialmente o canto. Também tive a sorte de ser um dos alunos que conseguia trabalhar muito. Eram os trabalhos típicos para crianças: figuração na novela *EastEnders* e na série *Grange Hill*, anúncios, narrações... Descobri que levava jeito para dublar anúncios estrangeiros para o inglês, então uma ou duas vezes por semana eu saía para fazer pequenos trabalhos desse tipo.

Eu estava com 10 anos quando fiz um teste geral para *Oliver!*, no West End. A peça estava em cartaz há mais ou menos um ano, e meus pais tinham me levado para assistir. Fiquei apaixonado por ela. Já falei que tive sorte, certo? É verdade. As coisas que realmente quero na vida parecem acontecer naturalmente. Eu me lembro de assistir a *Oliver!* e, de alguma forma, saber que um dia eu estaria naquela peça. Não acho que era arrogância. Era apenas algo que desejava com todas as minhas forças, como as crianças às vezes fazem. Eu *ia* fazer *Oliver!*. Por isso, quando chegou a notícia na Sylvia de que estavam fazendo testes para a peça, fui o primeiro da fila.

A essa altura, já estava acostumado ao processo de testes, mas isso não significa que não tenha sido incrivelmente difícil. Nas etapas de testes do reality show *The X Factor*, por exemplo, eles pelo menos deixam você se apresentar antes de mandá-lo embora. Mas nesses testes de elenco, na primeira rodada eles podem muito bem olhar para a sua cara e mandá-lo para casa antes mesmo de você abrir a boca. Se você tem cabelo castanho e eles procuram um louro, não vale a pena perder tempo. Se você não está devidamente preparado, ser rejeitado dessa forma pode causar um estrago na autoestima, mas nós aprendemos cedo na Sylvia a ser profissionais nos testes e a lembrar que se você não fosse aceito, nunca seria algo pessoal. Imagino que muitas pessoas ficaram intimidadas por todo aquele processo. Isso realmente nunca me incomodou. Eu adorava me apresentar e já fazia isso desde bem pequeno. Lembrando: isso era algo que eu realmente queria fazer.

Acabei conseguindo o papel de Kipper, um dos garotos que faziam parte do bando do Fagin. As leis do trabalho infantil dizem que crianças só podem trabalhar um determinado número de dias na semana, então havia duas equipes infantis na peça. Isso significa que trabalhei uma semana sim, outra não, durante um período de três meses e vivia para aquelas noites passadas no palco.

Eu era muito profissional quando criança. Sempre sabia as minhas falas e, com bastante frequência, as dos outros também. Uma noite, o menino que fazia o Artful Dodger* perdeu totalmente a voz no meio da peça. Ele não estava um pouco rouco: a voz sumiu totalmente, e ele mal conseguia falar, que dirá cantar alto o bastante para ser ouvido nos balcões. Havia dez garotos no palco, e quando você está no primeiro ato, fica até o intervalo, com dois mil pares de olhos voltados para você. O menino que interpretava o Dodger estava nervosíssimo, dizendo que não tinha como cantar mais nenhuma nota e implorando que um de nós entrasse no lugar dele. Claro que eu era o único que sabia as letras de todas as músicas, então me vi

---

* Apelido do personagem Jack Dawkins no livro *Oliver Twist*, fonte de inspiração para o musical *Oliver!*, traduzido como "Matreiro" por Machado de Assis, "Raposa Esperta" em outras edições em português e mantido no original nos quadrinhos da *Liga Extraordinária*, onde também aparece como personagem. (*N. da T.*)

cantando "I'd Do Anything" e "Be Back Soon" enquanto ele atuava. No intervalo, o diretor me procurou para agradecer, e deve ter sido a primeira vez que fiquei cara a cara com ele. Quando o período de três meses acabou, fiquei arrasado. Odiava a ideia de ter que ir embora, pois se pudesse cantaria feliz da vida no bando do Fagin para todo o sempre diante de teatros lotados. Por isso, adorei quando o coreógrafo me perguntou se eu aceitaria fazer o teste para o papel de Oliver.

Eu tinha apenas 10 anos quando consegui o papel. Como era época de Natal, só recebi permissão para começar a trabalhar novamente em janeiro, agora no papel principal. Eu ainda precisava ir à escola durante o dia, então era uma loucura, e, mesmo que tivesse permissão para entrar no primeiro intervalo, na época das minhas apresentações na peça, houve um período em que eu não queria ir à escola de jeito nenhum. Inventava doenças ou me escondia nos banheiros e chorava. Foi um tempo meio esquisito da minha vida, algo que não entendia bem. Ao longo dos anos que se seguiram eu continuaria tendo esses ataques, mas ainda levaria um bom tempo até perceber o que realmente se passava em minha cabeça. Mesmo me sentindo infeliz na escola, amava estar em *Oliver!*. O elenco era fantástico: Jim Dale interpretava Fagin, e ele era absolutamente incrível com as crianças. De modo geral, foram três meses muito especiais que eu não queria que acabassem.

Mas acabaram, é claro, e tudo voltou ao normal na Sylvia. Ou tão normal quanto a vida consegue ser numa escola de teatro. A Sylvia era um lugar minúsculo e nunca tinha mais de 120 alunos, o que significava que eu conhecia praticamente todo mundo pelo nome e que todos sabiam o que todo mundo queria da vida. Amy Winehouse estava alguns anos a minha frente, e eu a conhecia, assim como a todo mundo por lá. Mesmo adolescente, ela era basicamente o que você espera que ela fosse: rebelde, para dizer o mínimo, mas sempre muito amigável. Não sei se ela foi convidada a sair da Sylvia antes do curso terminar, mas tenho certeza de que saiu antes e lançou seu primeiro álbum na mesma época em que lançamos o nosso. O da Amy passou meio despercebido na época, mas a gente se encontrava em programas de TV e ela sempre dava um oi. O pessoal da Sylvia é assim: você faz parte do grupo mesmo depois que sai da escola. Até hoje, se vejo alguém usando o uniforme da Sylvia, eu paro e bato um papo.

Tinha um cara do mesmo ano que a Amy, o nome dele era Matt Willis. Na época, nunca poderia ter imaginado como os nossos caminhos de vida e carreira se cruzariam de modo tão profundo. Agora tenho a honra de chamá-lo de amigo, mas duvido que o Matt tenha me notado quando estávamos na escola. Devia ser apenas mais um dos pirralhos chatos para ele. Eu era do tipo queridinho da professora, enquanto ele tinha fama de *bad boy*. Não que seja difícil ter uma reputação dessas numa escola em que todos os garotos usam macacão colado e fazem balé, mas a verdade é que eu queria ser um pouco mais parecido com ele...

Um ano se passou. Voltei para a casa dos meus avós depois da escola numa tarde, e estávamos sentados comendo curry (a gente comprava um e ganhava outro, e a vovó sempre brincava que eu poderia ficar com o que era grátis), quando o telefone tocou. Era o meu agente, perguntando se eu poderia estar no London Palladium às 7 da noite. O garoto que interpretava o Oliver tinha ficado doente, e o seu substituto (lembrando que eram dois meninos para cada papel) morava no País de Gales e não chegara lá a tempo. Será que eu poderia interpretar o papel por uma noite?

Eu não fazia a peça havia um ano, e o elenco adulto era totalmente diferente agora. Mas por que não tentar?

Eles atrasaram a peça em 15 minutos, enquanto eu corria para a cidade. Tive meia hora de conversa com Robert Lindsay, que era o novo Fagin, e não troquei mais do que algumas palavras com o menino que fazia o Artful Dodger antes de subir ao palco. Na coxia, com 11 anos e sem ter cantado aquelas músicas no espaço de um ano, eu estava uma pilha de nervos, mas assim que pisei no palco todas as falas e músicas voltaram. A peça correu bem, e tive uma noite sensacional, fazendo o que gostava.

Uma semana depois, aconteceu a mesma coisa, mas desta vez o Oliver do País de Gales tinha ficado preso no trem para Londres, enquanto seu substituto ainda estava doente. Então, o substituí novamente.

No dia seguinte perguntaram se eu poderia fazer outro período de três meses. Agarrei a oportunidade com unhas e dentes, mas da segunda vez não foi a mesma coisa. Não me dei tão bem com o elenco, como tinha acontecido no ano anterior: Robert Lindsay foi substituído por Barry Humphries, e o ator conhecido pelo papel de Dame Edna não tinha a mesma química com as crianças que Jim ou Robert tinham. A temporada da peça estava no fim, e ninguém parecia tão entusiasmado quanto da primeira vez. Aprendi muito nessa época sobre a importância de se cercar de pessoas com quem se tem alguma ligação e que sejam tão comprometidas com o trabalho quanto você. E acima de tudo aprendi que, quando se tenta recriar um período mágico da sua vida, é bem comum descobrir que a mágica se perdeu.

Acho que, de novo, vivi meu período na peça de modo bastante profissional. Talvez até demais. Quando se interpreta Oliver, você está no palco o tempo todo, do começo do primeiro ato até o intervalo. Eu devia estar com pressa uma noite, porque me esqueci de ir ao banheiro antes de subir ao palco. Senti vontade de ir ao banheiro antes do fim da primeira música, mas aí já era tarde demais.

Eu me segurei, e muito, mas o primeiro ato é longo. Pensei rapidamente em me aliviar ali mesmo no palco enquanto estivesse meio escondido. De repente, poderia fazer o que precisava enquanto estava preso dentro de um dos caixões do Sr. Sowerberry por alguns minutos. Mas sou muito indeciso e, antes que me desse conta, tinha perdido a oportunidade. Foi uma agonia. AGONIA! Não faço ideia de como consegui cantar "Where is Love?" e dançar no palco durante "Consider Yourself". Já tinha se passado uma hora de peça quando Nancy chegou ao covil do Fagin para cantar "I'd Do Anything" e cheguei ao ponto em que *realmente faria* qualquer coisa por um banheiro. Houve um momento nesta música em que precisei ficar ao lado do palco apenas observando a ação e não consegui mais segurar. A atenção de todos estava voltada para Dodger e Nancy, então foi o momento certo...

Caro leitor, eu mijei nas calças. No palco do London Palladium. Com mais de 2 mil pessoas assistindo. Felizmente, eu estava usando o meu figurino sujo do reformatório, então acho que ninguém da plateia notou, a menos que estivessem vendo a expressão de puro alívio que tomou conta do rosto de Oliver. Eu cochichei no palco para o Dodger: "Cara, eu mijei nas calças!" Definitivamente nunca esquecerei o olhar que *ele* fez. Foi muito vergonhoso, mas até hoje não acredito que haveria outra opção. O show tinha que continuar. Eu falei que era um garoto profissional.

Meu entusiasmo por *Oliver!* tinha acabado, mas o mesmo não se podia dizer do meu entusiasmo pelo palco. Eu continuei trabalhando e estudando. Um dos trabalhos mais legais foi cantar no coral a nova versão de *O retorno de Jedi*. Se você fosse até minha casa e visse toda a coleção de produtos ligados a *Guerra nas Estrelas*, teria uma ideia do quanto adorei fazer isso. Até participei de alguns testes abertos para várias *boy bands* anunciados na revista *Stage*, e geralmente passava por boa parte do processo de seleção, mas eu sempre era novo demais: a idade mínima para essas bandas geralmente era de 16 anos. Eu estava com apenas 14 ou 15 na época e jamais teria coragem de mentir sobre a minha idade. (Ponto para você, Dougie Poynter.) Parando para pensar, isso foi bom. Aqueles testes eram para *boy bands* bem típicas, e eu realmente não acho que seria feliz numa delas mesmo que chegassem a ter sucesso, o que não aconteceu.

Saí da Sylvia aos 16 anos e ainda considero aquela a melhor época da minha vida, e também a mais importante, especialmente porque foi lá que encontrei a garota que seria minha esposa. Giovanna e eu nos conhecemos aos 13 anos. Eu já estudava na Sylvia há alguns anos, e ela tinha acabado de entrar, no meio do curso. Me lembro de sentar na nossa pequena sala de reunião com meu amigo Jason, olhando todos os alunos novos e perguntando quem iria para a nossa turma. Aí essa garota linda entrou, e imediatamente virei para Jason e comentei que ela tinha um corpo muito bonito. Um dos professores disse para ela se sentar perto de mim, pois o sobrenome era próximo do meu na ordem alfabética. Ela sorriu para mim e disse:

— Oi, eu sou a Giovanna, mas você pode me chamar de Gi.

Devolvi o sorriso e respondi:

— Oi, eu sou o Tom, mas você pode me chamar de T.

Hummm... Mandei bem (só que não).

Apesar da minha tentativa pavorosa de agradar, no final daquele dia Giovanna já era minha namorada. Mas não durou muito. Dois dias depois, a troquei por uma menina chamada Gemma Gould. Triste, mas é verdade. Acabei me arrependendo na mesma hora e passei os dois anos seguintes completamente obcecado por Giovanna. Só pensava na Gi e deixei os meus colegas de turma malucos de tanto falar dela. Estraguei tudo, fui um babaca por tê-la abandonado na primeira semana de escola nova, e ela, com toda razão, fez de tudo para fazer da minha vida um inferno. Passei dois anos tentando convencê-la a sair comigo de novo. No fim, acabei vencendo pelo cansaço. Ela finalmente cedeu, e a gente começou a se ver de novo no último ano na Sylvia.

Quando terminamos a escola, nos separamos de novo. Gi era de Essex, eu, de Harrow, e as cidades pareciam ficar a um milhão de quilômetros de distância. Terminar parecia o mais sensato e adulto a se fazer... Até o momento em que realmente decidimos fazer isso. Mais uma vez, passei os dois anos seguintes tentando reconquistá-la e, embora tenha me envolvido em outros relacionamentos naquela época, sempre soube: quem eu queria mesmo era a Gi.

Mesmo adorando estudar na Sylvia, quando acabei os estudos senti que era hora de mudar. Dediquei quase metade da minha infância a atuar e cantar — trabalhei quase o tempo todo e sentia que não havia conseguido muito ser criança. Queria algo diferente, mais normal. Tive um bom amigo fora da escola chamado Neil — na verdade, o único amigo fora do meu grupinho na Sylvia. O irmão dele era cadete da aeronáutica e tinha nos estimulado a servir com ele. Eu estava doido para aceitar. O meu amor pela aviação foi outra herança dos meus pais, que costumavam me levar a shows aéreos quando eu era criança. Nós até fomos de carro ao aeroporto de Heathrow e estacionamos perto da pista para ver o Concorde decolar. Parece meio nerd, mas foi uma experiência incrível. Eu me alistei no Esquadrão 1454 em Northolt e achei ótimo. Tínhamos uniformes, fazíamos exercícios militares, e uma vez por mês podíamos saltar de paraquedas ou voar. Fiquei obcecado por aviões e pensei seriamente em entrar para a Real Força Aérea (depois realizei um sonho de criança tirando brevê de piloto), mas no fim das contas acabei decidindo por algo mais monótono. Em setembro de 2001, entrei na Stanmore College para cursar artes, literatura inglesa, estudos de mídia e teatro. Foi um dos maiores erros que já cometi.

Sou muito tímido e não gosto de socializar. Mesmo hoje em dia, quando temos festas em casa, eu me tranco no banheiro por dez minutos só para ter um momento em que não precise falar com ninguém. Não é que eu não goste de outras pessoas, simplesmente não faço questão de ter uma companhia. Estou bem sozinho. Gosto e sempre gostei disso, desde criança. Então eu era o tipo de pessoa para quem o primeiro dia na escola era um verdadeiro pesadelo. Cheguei ao primeiro dia de faculdade muito nervoso, e foi total e completamente tão ruim quanto eu esperava. Quase todos os outros garotos já se conheciam de suas escolas, e nenhum deles prestou atenção ao calouro tímido. Odiei todos os momentos que passei lá. Eu não tinha amigos de verdade. Tinha saído de uma das melhores escolas de teatro do mundo para fazer algo bastante amador na faculdade local. Senti que tinha feito uma imensa besteira.

Um mês deprimente se passou, e a perspectiva de dois anos passando um tempo indesejado em Stanmore pairava sobre mim como uma sombra. Cheguei da faculdade um dia, e minha mãe mostrou um anúncio na *Stage* para um teste no dia seguinte, às 10h30. Era para uma *boy band*, mas não era pedido apenas caras bonitos que cantassem bem e dançassem muito. Era um teste para uma *boy band* diferente, que seria capaz de tocar instrumentos de verdade. Minha mãe sugeriu:

— Por que você não tenta?

Eu fiz que não com a cabeça. Mesmo odiando a faculdade, ainda tentava me convencer de que desejava ter uma vida normal e de que queria continuar em Stanmore. Eu estava sendo indeciso como sempre, então acordei no dia seguinte pensando que talvez *devesse* ir ao teste, para logo em seguida rejeitar a ideia de novo. Meus pais foram levar o cachorro para passear. Assim que ouvi a porta fechar, mudei de ideia de novo. Eu *queria* fazer o teste. Então liguei para eles voltarem do passeio, peguei o violão do meu pai, ensaiei uma música para tocar (*The Dance*, do Garth Brooks) e corremos para a cidade.

O teste era no Pineapple Dance Studios, em Covent Garden, um lugar que eu conhecia bem por já ter feito vários testes lá. Estava lotado com aproximadamente 2 mil garotos carregando violões, obviamente para o teste, mas assim que subi as escadas para o local onde deveríamos nos reunir, vi uma cara conhecida. Era Matt Willis, e, para ser sincero, fiquei meio decepcionado.

Nós nos cumprimentamos, e perguntei:

— Você está aqui para o teste?

Matt balançou a cabeça negativamente e disse:

— Não, já estou na banda.

Ótimo. É melhor voltar direto para casa. Matt era muito mais popular do que eu, e eu tinha certeza de que ele não iria me querer na banda dele. Deveria ter ido para a faculdade. Disse tudo isso para a minha mãe, mas ela me convenceu a ficar lá e fazer o teste mesmo assim. Graças a Deus ela fez isso.

Fomos divididos em grupos, e chegou a hora do meu entrar na sala de testes. Havia uma mesa comprida, com quatro pessoas sentadas atrás dela: Matthew "Fletch" Fletcher (jovem, empolgado, *sempre* falando) e Richard Rashman (mais velho, norte-americano e de fala arrastada) eram os empresários responsáveis por formar a banda, o cérebro por trás da operação. Eu não sabia na época, mas eles seriam importantíssimos na minha carreira. A terceira pessoa era um garoto chamado James Bourne, que já estava na banda, e Matt era a quarta. Havia cerca de dez pessoas no meu grupo. Um deles se chamava Charlie Simpson.

Foi um daqueles raros testes em que tudo correu maravilhosamente bem. À medida que cada um dos candidatos se apresentava e cantava, eu sabia que tinha vantagem sobre eles, e Charlie e eu estávamos entre os três candidatos que seriam vistos novamente naquela mesma tarde.

O teste da tarde foi mais aprofundado. Conheci Matt e James, e pediram para que eu cantasse algumas músicas com eles. Fletch e Richard me colocaram na berlinda, mas tudo correu bem. Ao final do dia, os cento e pouco esperançosos foram reduzidos a mim, Charlie e dois outros caras.

Fui chamado para um segundo teste alguns dias depois. Dessa vez nós fomos ao Hotel InterContinental, no Hyde Park. Mais tarde descobri que Richard Rashman ficava lá quando estava em Londres, e eu não fazia ideia do quanto aquele lugar seria importante na minha vida. Foi só quando cheguei ao InterContinental que descobri o nome da banda para a qual eu estava fazendo o teste: Busted.

Matt e James estavam lá e eles tocaram uma música composta por eles chamada "What I Go To School For". Eu adorei. Tudo na música soava perfeito para mim. Gostei porque era bem pop, mas com uma musicalidade própria. O que mais me marcou, porém, foi a letra. Era uma música irreverente sobre querer transar com a professora, passando longe do clichê da *boy band* certinha. Era o que a música pop deveria ser: divertida. A meus ouvidos, o Busted estava anos-luz à frente das *boy bands* que existiam no mercado. Quando ouvi aquilo, tive coragem suficiente para mostrar uma das minhas músicas que tinha uma letra tão debochada quanto a de "What I Go To School For". Ela se chamava "I'm in Love With a Whore". "Estou apaixonado por uma prostituta", em inglês. Todos morreram de rir quando ouviram, e, embora fosse uma música horrível, acho que pelo menos mostrou que eu estava em sintonia com o tipo de música que eles gostavam de fazer. Quando cantei "What I Go To School For" com eles, percebi que queria muito — *muito* — estar na banda. Fui para casa com o "entraremos em contato" de Fletch e Richard na cabeça, torcendo para ter ido bem e tentando ignorar a vozinha na minha cabeça dizendo que não tinha como o Matt me querer na banda dele, porque a gente mal se conhecia. Preferi me concentrar no fato de James Bourne e eu termos muito em comum: ele também tinha interpretado Kipper em *Oliver!* antes de fazer o personagem-título, e, quando conversamos, percebemos que trabalhamos juntos em outros projetos quando éramos bem mais novos.

A ligação aconteceu naquela noite. Era Richard Rashman, com seu sotaque norte-americano:

— Parabéns, Tom. Nós realmente gostamos de você. Adoraríamos tê-lo na banda.

Ele explicou que Charlie seria o quarto integrante e perguntou se eu poderia ir ao estúdio na semana seguinte.

Fiquei em êxtase, e não só por ter sido aceito numa banda pop da qual tinha gostado muito. Entrar no Busted era a minha rota de fuga da faculdade. Eu tinha cometido um erro imenso indo para lá e agora havia outra opção. Poderia continuar a cursar estudos de mídia em Stanmore, cercado de pessoas com quem eu não me dava bem, fazendo algo de que não gostava, ou poderia ser um astro pop. Decisão difícil essa.

Matt, James, Charlie e eu chegamos ao estúdio na semana seguinte e ouvimos algumas versões iniciais das músicas em que eles estavam trabalhando para o primeiro álbum. Me dei maravilhosamente bem com James e Charlie, e até o Matt pareceu amigável. Adorei todas as músicas e, se é que era possível, no fim do dia estava ainda mais empolgado do que quando Richard tinha oferecido a vaga. Me lembro de nós quatro indo ao Burger King, todos juntos, vivendo o tipo de companheirismo que só é possível obter numa banda. Era algo que eu nunca tinha feito, e a sensação foi fantástica. Eu me lembro de andar pela estação com Charlie, de me despedir com um aperto de mão e concordar com ele que aquele era o começo de algo incrível.

E foi mesmo. Para eles.

Eu estava nas nuvens. Voltei para casa e comecei a falar para todo mundo que ia abandonar a faculdade para entrar nessa banda incrível. Era a melhor sensação do universo. Júbilo. Tudo parecia estar se encaixando.

Alguns dias se passaram. Era Halloween, e minha irmã, Carrie, resolveu dar uma festa. Tínhamos muita gente em casa, incluindo a minha família inteira e crianças por toda a parte. Minha mãe atendeu o telefone e o passou para mim, dizendo que era Richard Rashman. Eu subi para atender.

O sotaque norte-americano de Richard estava arrastado como sempre. Ele é totalmente direto. Um cara que diz a verdade nua e crua:

— Oi, Tom. Nós conversamos e decidimos manter a banda como um trio. Então pedimos desculpas, mas vão ficar só o Matt, o Charlie e o James. Você não estará na banda.

Eu estava voando alto e agora me sentia na sarjeta. Arrasado. Era o fim do mundo. Tive dois dias para curtir a ideia de que eu seria um astro pop. Dois dias para contar vantagem na frente de todos que conhecia. (Graças a Deus não havia Twitter nem Facebook naquela época). Agora eu seria obrigado a admitir que tudo tinha sido um engano. E ainda pior: eu teria de voltar à faculdade no dia seguinte.

Enquanto todos esses pensamentos passavam pela minha cabeça, eu estava vagamente ciente de que Richard ainda falava, tentando me confortar:

— Nós gostamos mesmo de você, e isso não tem nada a ver com o que pensamos de você como artista... Realmente gostamos do tipo de música que você compõe... Adoraríamos continuar trabalhando com você.

"Besteira", pensei comigo mesmo. Obviamente, Richard estava apenas sendo gentil ao me dispensar. Eu o ouvi educadamente, mas lá no fundo eu sabia que tudo estava escapando pelos meus dedos.

— Eu vou para Los Angeles amanhã, mas volto em algumas semanas... Você deveria aproveitar o tempo para trabalhar em algumas músicas. E talvez conversar comigo para acertar umas coisas, mostrar algo quando eu voltar... Podemos ajudar você a desenvolvê-las...

Ok. Eu tinha certeza absoluta de que nunca mais ouviria falar dele. Resmunguei algo ao telefone e desliguei. Meus sonhos foram totalmente destruídos.

As duas semanas que se seguiram foram terríveis. Passei de um dos pontos mais altos da minha vida a um dos mais baixos. Obviamente Rashman estava me enrolando, e acho que nem cheguei a pegar no violão, quanto mais trabalhar em músicas novas. Então quando o telefone tocou 14 dias depois e uma voz com sotaque americano disse "Oi, Tom. Você pode me encontrar amanhã?", fiquei surpreso, e estava totalmente despreparado. Definitivamente eu não era um compositor prolífico. As primeiras canções que fiz foram no meu curso de música para a prova do GCSE* quando tinha 15 anos: duas músicas, ambas absolutamente terríveis. Só lembro que uma delas era a cópia de uma música do Green Day. Não acredito que tenha sido intencional, mas eu estava experimentando a composição,

* *General Certificate of Secondary Education* [Certificado Geral de Educação Secundária], certificado de proficiência em determinados assuntos, espécie de diploma de nível técnico no Reino Unido. (*N. da T.*)

aprendendo a estruturar melodias, então não chega a surpreender que as músicas ouvidas por mim na época inconscientemente acabassem nas minhas canções.

Eu precisava desesperadamente de material para o dia seguinte, porque não podia simplesmente aparecer e tocar "I'm in Love With a Whore" cinco vezes. Uma provavelmente já seria demais. Passei aquela noite tentando improvisar algumas músicas. Minha breve experiência com o Busted tinha me ensinado que era possível fazer músicas decentes sobre coisas bobas e juvenis da adolescência, e isso me deu um pouco de confiança de que aquilo era algo que eu poderia fazer. Contudo, não posso dizer que consegui isso naquela noite. As músicas que criei provavelmente eram ainda piores que "I'm in Love With a Whore". A melhor da leva se chamava "Hot Chicks Dot Com" e falava das delícias de encontrar fotos da própria mãe num site pornô. Não espere ouvi-la algum dia, eu fiz questão de apagar os detalhes da minha mente.

No dia seguinte, armado com um violão e algumas músicas, fui encontrar Richard e Fletch de novo.

Toquei minhas músicas.

Fletch olhou para Richard.

Richard olhou para Fletch.

Fletch olhou para mim.

E aí ele começou a me dizer de forma dolorosamente prolixa e detalhada como elas eram uma bosta.

Fletch não mediu palavras (depois eu aprendi que esse era o jeito dele), e senti cada uma delas como um soco me nocauteando. Apesar disso, ele não foi totalmente destrutivo. Sendo excelente pianista e um músico muito versátil, Fletch identificou *pequenas* partes de *algumas* músicas que tinham *potencial* para serem boas. Ele me disse quais partes poderiam virar ganchos e me ensinou a estruturar uma música. Quando chegou a hora de ir embora, ele praticamente passou um dever de casa:

— Ouça músicas de sucesso. Não importa se você não gosta delas, mas apenas que façam sucesso. Descubra o que todas têm em comum. Aprenda como elas funcionam.

Saí daquela conversa com a sensação de que Richard e Fletch falavam sério quando disseram que gostariam de trabalhar comigo. Contudo, também percebi que não era fácil impressioná-los. Se quisesse chegar a algum lugar com eles, teria que melhorar o meu jogo.

Já em casa, me joguei no dever de casa de Fletch com um entusiasmo que jamais senti pelos trabalhos que meus professores da faculdade passavam. Eu ouvi de tudo, não só o que fazia sucesso na época, como Backstreet Boys e Britney, como também o rock americano mais pesado que eu realmente adorava, como Limp Bizkit, Blink-182 e Green Day. Eu me perguntei: quem são os maiores compositores do nosso tempo? A resposta foi óbvia para mim e para todos com quem conversei: Lennon e McCartney. Então saí, comprei todos os discos dos Beatles e fiquei obcecado por eles. Achei impressionante o fato de conhecer todos os singles sem nunca ter ouvido um disco inteiro deles até então. Essas músicas pareciam estar implantadas no meu subconsciente, e, agora que estava ouvindo com atenção, descobri que era a melhor coisa que já tinha ouvido na vida. As melodias do Paul me conquistaram, e ouvindo os Beatles comecei a aprender o que era um gancho e um *middle eight* (parte do meio de uma música, geralmente com oito compassos de duração, que traz novas ideias ou novos acordes para manter o ouvinte interessado, também chamada de ponte). Gradualmente, tentei acrescentar essas características às minhas canções, que foram melhorando aos poucos.

Mantive contato com Fletch e Richard. A gente se encontrava de tempos em tempos. Eu mostrava as músicas em que estava trabalhando, eles me davam algumas palavras de estímulo e diziam o que estava acontecendo com o Busted (eles tinham assinado contrato e estavam gravando o primeiro álbum), além de tocar demos das músicas deles. Eu tinha várias sensações ouvindo aquelas composições: ainda estava arrasado por não estar na banda, mas parte de mim ficava feliz por estar envolvido no processo, ainda que minimamente, mesmo que este envolvimento só tenha me levado a estar na banda por dois dias. Como resultado, consegui uma forma criativa que talvez me permitisse sair da faculdade. Isso já me deixava ansioso para melhorar e disposto a manter contato com Fletch e Richard, após perceber que eles realmente poderiam fazer as coisas acontecerem para mim.

Eu também queria muito manter contato com outra pessoa: Giovanna. Mesmo que não estivéssemos juntos, e que ela tivesse outro namorado, fui descarado o bastante a ponto de mandar para ela as canções de amor melosas que estava compondo. Imagino que o então namorado dela não tenha gostado muito, mas uma coisa é certa: posso não ser confiante, mas sou persistente.

Alguns meses se passaram. Eu continuava compondo e mostrando minhas músicas a meus quase empresários. Um belo dia, então, mostrei uma música chamada "Hot Date". Quando terminei, Fletch virou para mim e, em vez de destruí-la como normalmente fazia, comentou:

— Parabéns, você compôs sua primeira música que pode render algo.

Ela não chegou a render alguma coisa, graças a Deus, porque de tempos em tempos os caras do McFly tocam uma demo que fiz dessa música e me sacaneiam muito. Valeu, pessoal!

Richard e Fletch não estavam apenas me ensinando o caminho das pedras. À medida que minha habilidade para compor melhorava, a ideia de achar um parceiro para trabalhar comigo começava a se concretizar, e um dia Fletch disse que gostaria que eu me encontrasse com um cara chamado Gary para tocar algumas das minhas músicas e ver como poderíamos melhorá-las. Gary era de Newcastle, parecia um sujeito correto e tinha uma bela voz. Ele era muito mais descolado do que eu (o que não era difícil de acontecer), mas concluí que a gente poderia se dar bem mesmo assim. Gary ficou hospedado na casa dos meus pais e, por alguns meses, a gente foi o rascunho de uma banda nova. Foi com ele que gravei a demo de "Hot Date" e mais algumas músicas, como "Leap of Faith" e "Anything". Comecei a sentir que algo estava tomando forma. A gente encontrava os caras do Busted de vez em quando. Eles ouviam as nossas demos, e o *feedback* era bom. E apesar de eu ainda estar na faculdade, tudo parecia ir bem.

Um dia, Gary e eu fomos ao hotel do Richard para mostrar algumas músicas novas. A gente nem teve a oportunidade de fazer isso. Do nada, Gary anunciou que não estava mais a fim do que estávamos fazendo e que queria ir embora. Talvez tenha sentido saudades de casa ou algo mais complexo. Independente do que houvesse de errado com ele, essa tinha sido a primeira vez que eu o ouvia falar naquilo, mesmo com ele morando comigo e minha família havia meses. O pai dele trabalhava na construção civil, e Gary tinha decidido que preferia trabalhar com ele em vez de perder mais tempo tentando fazer sucesso com a banda.

Ótimo. Eu estava de volta à estaca zero. O que fazer?

Mais uma vez eu não tinha com quem formar uma banda. Foi uma época terrível, que melhorou apenas quando o James Bourne, do Busted, sugeriu a Fletch e Richard que a gente se encontrasse para compor, agora que eu tinha aprendido a estruturar uma música. Obviamente, aproveitei a oportunidade.

O Busted havia acabado de gravar o primeiro álbum, mas a fama ainda não tinha chegado. Eles dividiam um apartamento num condomínio pretensioso e exclusivo no norte de Londres chamado Princess Park Manor. Passei lá um dia, em meu carrinho horroroso para encontrar com James, e meus olhos quase saíram das órbitas, igual a um desenho animado. Era de longe o lugar mais chique que eu já tinha visto. O prédio era um antigo hospício com arquitetura impressionante, academia particular superequipada e portões de metal imensos, que pareciam saídos do filme *Parque dos dinossauros*. O apartamento do Busted era ultramoderno, com três suítes, teto com pé direito duplo e a maior TV que já tinha visto. A ideia de três caras formando uma banda e morando juntos num lugar como aquele parecia a coisa mais legal do mundo.

E ainda mais legal foi a química que surgiu entre mim e o James. Nos demos bem desde a primeira vez que nos encontramos. Adorávamos os mesmos filmes: clássicos dos anos 1980, como *De volta para o futuro* e *Cocoon*, o tipo de coisa que minha mãe trazia da locadora havia alguns anos e ninguém na escola de teatro jamais admitiria que gostava. Éramos uma dupla de nerds. Eu achava o James hilário. Cheguei para a primeira sessão de composição às 8 da noite e só saí às 5 da manhã do dia seguinte. Acho que a gente sabia que tinha rolado algo muito especial na época. Compusemos uma música muito boa juntos, chamada "Chills in the Evening", e combinamos um novo encontro. Toda vez que a gente se juntava, as músicas pareciam fluir, tanto que finalmente abandonei a faculdade porque estava passando todas as noites na casa da banda, compondo com James, e só chegava na minha casa de manhã.

Apesar de admirar demais Matt Willis desde os tempos de escola, àquela altura percebi que tinha mais em comum com James. Quanto mais o tempo passava, mais eu via que tinha encontrado um amigo e mentor incrível nele. Ele me ensinou tudo o que sei sobre composição, e realmente acredito que ele seja um dos talentos mais subestimados do nosso tempo, um gênio com uma energia criativa incrivelmente contagiante. Se não fosse pelo James Bourne, o McFly jamais teria surgido.

O Busted assinou contrato com a Universal Records. Quando o primeiro single e depois o álbum chegaram às lojas, e ficou claro que eles estourariam, a Universal pediu a Fletch e Richard para criar uma *boy band* mais tradicional em vez de uma banda com guitarras como o Busted. Eles contaram que eu poderia entrar se quisesse, mas eu sabia que não seria feliz nesse tipo de grupo. Eu queria fazer o meu trabalho, compor as minhas músicas, ter a minha banda, tocar um instrumento. Então, fui para a estrada com Richard e Fletch durante a turnê que fizeram pelo Reino Unido, realizando testes com caras para a banda que acabaria virando o V. Eles me pagavam para ajudar no processo de seleção, separando os formulários dos candidatos e filmando os testes. Talvez eu pudesse achar alguém adequado para a banda que desejava montar.

Os testes foram feitos em vários locais do país. Por serem organizados pela Universal Records e pelos empresários do Busted, não surpreende que eles tenham sido muito bem-recebidos por um monte de candidatos extremamente fortes. Esta era uma *boy band* de verdade, então você deve imaginar o tipo de pessoa que apareceu: caras de cabelo pintado de louro se alongando no corredor e cantando Backstreet Boys e Justin Timberlake. Eram talentosos, mas ficava difícil diferenciar um do outro. Todos eram certinhos demais para o que eu estava procurando. E nenhum deles trouxera uma guitarra...

Até chegarmos a Manchester. Um cara entrou e imediatamente chamou a minha atenção, porque não era definido e musculoso nem fazia *moonwalking* na sala de aquecimento. Ele se vestia de um jeito diferente dos outros e das centenas de pessoas que tínhamos visto em todo o país. Além disso, foi o primeiro a aparecer carregando uma guitarra.

Ele parecia bem legal. Seu nome era Danny Jones.

Não estou a fim de dançar

CAPÍTULO

2

Danny: Esta é uma das minhas lembranças mais antigas. Eu aos 6 anos em casa, em Bolton. Minha mãe está folheando as Páginas Amarelas. Ela olha para mim e pergunta:

— Você quer fazer aulas de violão?

Qual garoto de 6 anos *não* quer fazer aulas de violão? Mas acho que eu queria mais do que a maioria. Já era obcecado. Quando era bem pequeno, tinha um violão branco de plástico que levava para todos os lugares, enquanto a maioria dos garotos carregava um ursinho de pelúcia. Agora que tinha 6 anos e um violão de verdade com cordas de náilon comprado na Argos, na minha cabeça eu já era o Bruce Springsteen, tocando no meu quarto como se fosse no Madison Square Garden. Então, fazer aulas de verdade com um violonista de verdade seria a coisa mais legal do mundo. A cereja do bolo.

Minha mãe discou para o número e falou com o professor de violão, enquanto eu olhava para ela e prestava atenção em cada palavra da conversa. Ela desligou o telefone, dizendo:

— Desculpe, querido. Ele só poderá aceitá-lo quando você estiver com 7 anos. As suas mãos ainda não são grandes o suficiente.

Sete? Era como se o professor tivesse pedido para eu esperar até ter idade para entrar de graça em meios de transporte.

Fomos ver o professor de violão para tentar convencê-lo. Ele deu uma olhada nas minhas mãos e decidiu que eram grandes o bastante, afinal. O mais importante era que eu tinha vontade de aprender. Passaria o dia inteiro estudando feliz da vida, mas, infelizmente, eu tinha que ir para a escola.

A escola não foi a melhor coisa que já me aconteceu, mas também não foi a pior. Se eu estivesse numa aula que me interessasse, ficava totalmente envolvido, perguntava quase a cada minuto, mas, se me colocassem numa aula de História ou de Educação Religiosa, eu ficava olhando pela janela, completamente entediado. Tive um excelente professor de música chamado Sr. Martin, que colocava todo mundo para trabalhar, até quem acreditava não ter jeito para a música. Infelizmente, o professor de música que veio depois dele, cujo apelido era Sr. Pendle Bender, não chegou a cativar minha imaginação. Foi frustrante porque essa era a única aula em que eu realmente queria ser bom aluno e aprender de verdade. O Sr. Pendle Bender gostava de ensinar teoria musical, mas eu sempre estive mais interessado nas apresentações. Tentava me apresentar de qualquer jeito, fosse subindo ao palco em peças da escola (fiz um teste e acabei com o papel principal em *Bugsy Malone*) ou tocando violão nas apresentações de *Jesus Cristo Superstar* e *Grease — Nos Tempos da Brilhantina* feitas pela escola.

O problema é que tocar violão não era bem-visto na escola, e implicavam muito comigo por isso. Às vezes até cuspiam em mim. Eu não era muito bom em me defender, então tinha que aturar as piadinhas nos corredores — não que isso me impedisse de tocar violão. Quando voltava para casa, se eu não estivesse estudando no quarto, estaria na rua com meus amigos, andando nas nossas bicicletas BMX ou batendo uma bolinha. Eu era bom no futebol, e chegaram a me oferecer uma chance no Birmingham City sob o comando de Trevor Francis, mas eu teria que passar a semana toda lá, e a gente não tinha dinheiro para bancar isso.

Meus pais eram bem diferentes um do outro, tanto quanto Bruce Springsteen e Pink Floyd, os cantores favoritos deles responsáveis pela trilha sonora da minha infância. E embora não tenha qualquer lembrança triste, nunca fui o tipo de garoto que pensava demais nas coisas. Quando olho para trás, posso ver que os problemas de relacionamento da minha família começaram a aparecer bem cedo.

Eu tinha uma boa relação com meus pais, falando sempre sobre música com minha mãe e indo aos jogos de futebol com meu pai. Depois descobri que nem tudo era totalmente perfeito em nossa casinha em Bromley Cross. Meu pai era agente penitenciário em Strangeways e adestrador de cães. Foi surfista em Newquay quando era mais novo, um rapagão que teria sido um bom segurança de boate. Perfeito para ser agente penitenciário, presumo. Mas, segundo a opinião geral, ele mudou quando passou a trabalhar em Strangeways. Isso não surpreende, afinal, era um lugar estressante. Às vezes eu sentia que precisava "pisar em ovos" quando estava perto dele. Ainda me lembro dele voltando do trabalho e se sentindo obviamente esquisito.

— O que houve, pai?

— Ah, não quero falar disso.

— Não, pode falar. O que está havendo?

E ele me contava alguma história horrível, como sobre a vez em que mandou um preso voltar à cela, e, quando o viu novamente, ele estava com a antena do rádio de pilha cravada no peito.

— Essa imagem não sai da minha cabeça — disse ele antes de se fechar novamente.

Eu era muito ligado a meu pai. Mais do que à minha mãe e à minha irmã, acho. E ter um pai durão tinha lá suas vantagens. Se eu chegasse em casa e dissesse que algum garoto tinha cuspido em mim no corredor porque tocava violão, ele sempre estava pronto para me defender. Uma vez, chegou a ir além disso.

Eu tinha uns 13 anos e estava na rua jogando hóquei sobre patins com meus amigos. A apenas alguns minutos a pé da minha casa ficavam uma série de lojas e um ponto de ônibus onde alguns jovens passavam o tempo, às vezes bebendo ou usando drogas. Era meio assustador passar por ali num sábado, quando todos estavam lá. No dia em questão, meu amigo Sam e eu passamos a caminho de uma das lojas para comprar doces. Senti alguns garotos olhando a gente, mas até aí nada de novo. Alguns instantes depois, porém, notei que o Sam tinha criado uma confusão com eles. Nenhum de nós era do tipo que começava uma briga, mas um garoto do bairro que sempre tinha sido meio encrenqueiro atacou Sam, tentando roubar os doces dele, e o deixou muito irritado. Sam o enfrentou e jogou a bicicleta dele num arbusto.

O garoto correu atrás de nós, que fomos de patins para casa. Estávamos quase chegando, quando o caminho foi bloqueado por outros quatro garotos: um era bem novo, dois tinham uns 16 anos e o quarto provavelmente uns 18. Eles chamaram o Sam, parecendo bem amigáveis, e perguntaram se ele poderia dizer as horas. Sam respondeu:

— Claro!

Mas antes que a gente pudesse entender o que estava acontecendo, os garotos partiram para cima dele. Sam estava levando uma surra daquelas, e eu nem hesitei. Assim que percebi o que estava acontecendo, só pensei numa coisa:

Pai.

Provavelmente pareci um covarde fugindo assim, mas sabia que meu pai estava ali perto e que a gente precisava dele. Comecei a bater com força na porta da frente, gritando por ele, berrando que estavam batendo muito no Sam. Ele não pensou duas vezes: saiu correndo da casa, comigo tentando acompanhá-lo, até encontrarmos o Sam. Ele estava deitado no chão, muito machucado, com o rosto todo ensanguentado. Ele apanhou tanto que nem sabia onde estava.

Meu pai não deixaria aquilo barato. Ele colocou a gente no banco de trás do carro e disse:

— Vamos atrás deles.

Tinha um vale em forma de V atrás da nossa casa e, depois dele, uma região chamada Sharples. Os garotos de Sharples estavam sempre brigando com os de Bromley Cross, e meu pai sabia aonde ir para pegá-los. Eles levariam dez minutos para chegar lá a pé. Nós conseguiríamos fazer o caminho em sete.

Chegamos a Sharples e esperamos perto de um campo, de onde sabíamos que os garotos sairiam, e Sam ainda estava deitado no banco de trás, coberto de sangue.

Não demorou muito para eles chegarem.

Meu pai precisava que a gente identificasse o grupo antes de agir:

— São aqueles ali?

Eu fiz que sim com a cabeça.

— Tudo bem, meninos. Fiquem abaixados.

Sam e eu ficamos encolhidos no banco de trás do carro enquanto meu pai ficou no banco da frente, fingindo ler o jornal. Quando os garotos passaram pelo carro, ele largou o jornal e gritou:

— Ei! Vocês bateram no amigo do meu filho, porra!

Ele deixou os mais novos irem embora, mas pegou o garoto de 18 anos pela gola da camisa e começou a empurrá-lo pela rua, jogando-o de um lado para outro com força.

Àquela altura, metade da rua já tinha aparecido na porta das casas para ver o que estava acontecendo. Eu também tinha saído do carro, achando tudo o máximo e incitando o meu pai. A notícia do que havia acontecido logo se espalhou, e, daquele dia em diante, os garotos da área pensavam duas vezes antes de ir para cima de mim ou dos meus amigos. Os garotos do meu bairro nunca mais mexeram comigo.

Esse era o lado bom de ter um pai igual ao meu, mas isso tinha lá suas desvantagens. Com o passar do tempo, ele e minha mãe pararam de se comunicar, e as discussões aumentaram. Ele era incapaz de falar das coisas difíceis que aconteciam no trabalho, mas parecia trazer tudo para casa, e as frustrações explodiam do nada. É muito triste que ele nunca tenha se sentido capaz de dividir tudo isso com a minha mãe. A única forma de relaxar era indo para o pub e deixando a família em casa.

Minha mãe não aceitou muito bem essa mudança de comportamento. Algumas das minhas lembranças mais antigas são de ficar deitado na cama ouvindo as discussões homéricas que aconteciam entre eles. Eu me lembro de ficar com o coração acelerado e o estômago embrulhado. É estressante testemunhar essas coisas na infância. Ninguém quer ouvir os pais gritando um com o outro. Com bastante frequência, as discussões aconteciam por motivos banais, discordâncias bobas, insignificantes, até tudo sair do controle quando meses de frustrações reprimidas eram exteriorizadas. Era algo horrível de se ouvir, mas, parando para pensar, acho que aprendi muito com aquilo tudo. Meus pais lutavam para falar sobre seus problemas adequadamente, como adultos. Agora me esforço para falar de *tudo* com a minha namorada, Georgia, porque sei que sou igual a minha mãe e fico remoendo tudo.

Com o tempo, virei o pacificador da família. Quando as discussões começavam, sempre me colocava no meio dos dois, dizendo ao meu pai para não brigar mais com a minha mãe. As discussões sempre acabavam da mesma forma: meu pai saía batendo a porta rumo ao pub, e eu ficava aliviado por ele ter ido embora; assim, minha mãe poderia relaxar um pouco enquanto ele não estava lá. Para todo mundo, meu pai era totalmente tranquilo, mas em casa parecia que outro lado dele vinha à tona.

Não queria admitir que tinha algo errado, mas lá no fundo eu sabia. E quanto mais o tempo passava, mais eu sentia que a família estava se afastando. Éramos uma família católica bem tradicional. Os domingos eram o ponto alto da semana: a gente ia à igreja de manhã e depois se reunia na casa da minha avó para o almoço, bastava subir a rua. Porém, o meu pai quase não ia mais a esses almoços, preferindo ficar no pub. Ele adorava ir lá. Essa época da minha vida influenciou uma música que compus muito depois, chamada "Don't Know Why".

Aos 12 anos ganhei uma guitarra Encore vermelha e branca, e chorei de felicidade. Eu passava o dia todo com aquela guitarra, fingindo que era o Mike Oldfield tocando "Tubular Bells", enquanto meu pai me filmava. Quando finalmente conheci Tom, descobrimos que tínhamos em comum o fato de termos vídeos assim feitos na infância: Tom cantando "Kids Wanna Rock", de Bryan Adams, na frente da árvore de Natal, e eu tocando músicas do Bruce Springsteen na minha Encore. Springsteen era o meu ídolo. Eu tinha pouco mais de 10 anos quando o vi em sua turnê acústica no Manchester Apollo. Minha mãe acampou do lado de fora para pegar lugares na primeira fila, e nós conseguimos. Cantei o show inteiro, e no final Bruce pediu ao técnico de guitarra para me dar a gaita dele. Numa entrevista dada ao jornal no dia seguinte, Bruce Springsteen citou o quanto ficou feliz de ver um garoto cantando todas as suas músicas. Acho que ele estava falando de mim.

Mas a minha irmã Vicky cantava melhor. Quando criança, eu costumava acompanhá-la em apresentações no pub do bairro com meu violão. Além disso, ela estava sempre fazendo testes para grandes peças, porque também era ótima atriz. Quando eu tinha 14 anos, porém, vi um anúncio para um show de talentos da região. Minha mãe disse, "Por que você não vai lá e canta uma música do Oasis? Você adora o Oasis."

Eu achava que não sabia cantar, mas minha mãe sempre dava muito apoio e elogiava a mim e a Vicky, fazendo a gente se sentir como se realmente pudesse conquistar tudo o que desse na telha, mesmo que houvesse a possibilidade de acabar sendo um desastre. Ela me convenceu a participar, e nos dias anteriores à competição, sendo um bom menino católico, rezei muito: "Por favor, Deus, não me deixe esquecer a letra de 'Don't Look Back in Anger'!"

O dia do show de talentos chegou, e eu parecia um bandidinho, vestindo uma camisa da Ben Sherman, com cabelo quase máquina zero e óculos redondos estilo John Lennon. Uma figura. Fiquei em pé e imóvel no palco de um estranho Labour Club, que ficava em algum lugar do norte, tocando minha guitarra e cantando com toda a expressão e todo o sentimento que se esperariam de um adolescente apavorado de 14 anos. Eu devo ter cantado mais parecido com o Noel Edmonds do que com o Noel Gallagher. Na plateia estavam apenas as famílias dos garotos que estavam tocando. Todo o show pareceu a pior versão do mundo do *Britain's Got Talent*, com direito a uma banda de má qualidade fazendo tributo ao Abba e alguns mágicos horríveis. Incrivelmente, saí de lá com o prêmio de segundo lugar. E o mais importante: passei a acreditar um pouco mais em mim mesmo.

Minha Encore vermelha e branca me serviu bem, até que um dia, no ônibus de volta para a escola, achei uma bolsa com uma imensa quantidade de dinheiro: 1.500 libras. Fiquei na dúvida sobre o que fazer com ela e acabei entregando ao meu pai, que a encaminhou para a polícia. Ninguém a reivindicou depois de algum tempo, então a polícia achou que era dinheiro do tráfico de drogas e me deu. Lá estava eu, um simples estudante, com 1.500 paus para gastar. Então comprei uma linda guitarra Taylor com o dinheiro do tráfico que achei no ônibus.

Aos 15 anos, montei uma banda com mais alguns caras. Batizamos o grupo de Jinx e entramos em outro show de talentos, agora em Wigan. E vencemos. Comecei a pensar que talvez eu quisesse fazer faculdade de música, mas para isso seria preciso tirar uma boa nota no exame de acesso. Passei com louvor, mas odiava aquele negócio de teoria musical, escalas e música clássica. Não tinha nada a ver com o tipo de música que eu queria tocar, e já até esqueci tudo.

Minha mãe e minha irmã estavam sempre por dentro dos testes que seriam feitos. Eu tinha apenas 17 anos quando Vicky viu um anúncio na internet dizendo que a Universal Records e os empresários do Busted estavam fazendo um teste para uma nova banda em Manchester. Ela o imprimiu e mostrou para a minha mãe. O problema era que a gente tinha uma impressora velha e meio ruim, que costumava não imprimir alguns trechos no fim da página. Agradeço a Deus por aquela impressora, porque sem ela eu jamais teria dado uma segunda olhada no anúncio. Não me lembro das palavras exatas, mas a ideia central era que eles procuravam cantores pop, e não de rock, então, por favor, não tragam guitarras. A impressora comeu a palavra "não". Eu era muito fã do Oasis e do Ocean Colour Scene, banda que toca uma espécie de rock mod, e estava diante de um anúncio que pedia para roqueiros que gostariam de estar numa banda aparecerem com suas guitarras, ou pelo menos foi o que pensei. Estou nessa!

O dia do teste chegou, e minha mãe nos levou para Manchester. Sempre que fico nervoso, só consigo pensar em ir embora, e por isso não lembro muito bem o que aconteceu naquele dia. Fiquei muito nervoso esperando na fila na frente do Palladium carregando minha guitarra. Eu era o único sujeito lá com um instrumento, e as pessoas me olhavam de um jeito engraçado. Algo obviamente estava errado. E falei para a minha mãe:

— Não quero fazer isso, vamos para casa.

Mas ela me convenceu a ficar, dizendo:

— É a Universal Records, você não sabe o que pode conseguir daí.

Eu me misturei ao pessoal na sala de espera, carregando a guitarra. Ao meu redor, apenas adolescentes bem-arrumados fazendo alongamentos como se estivessem se preparando para a porcaria de um balé. Nunca fiz um exercício de alongamento na vida. Preferi um aquecimento rápido com a guitarra, mas logo em seguida resmunguei com a minha mãe de novo, implorando para ir embora. E mais uma vez ela me estimulou a ficar.

— Não tem problema se não conseguir nada.

Ela continuou a alimentar minha confiança enquanto eu ficava sentado lá como um peixe fora d'água. Mal podia esperar para que aquele teste chegasse ao fim.

Éramos chamados na sala em grupos de seis. Quando o meu grupo entrou, recebi a ordem de deixar a guitarra para trás. Que desastre! Eu me senti mal, pois deixar minha guitarra para trás era pior que abandonar a minha mãe, e, antes que eu percebesse, já estava na frente dos juízes, no estilo *The X Factor*. Todos eram perfeitamente bem-apessoados e elegantes. Até usavam loção pós-barba! As pessoas de Bromley Cross *nunca* usavam loção pós-barba. Eu estava diante de gente importante! Eles tinham uma certa aura, afinal, vinham de Londres. Eu só tinha ido a Londres uma vez, e fora para ver o Bolton jogar a final contra o Watfort em Wembley. Para mim, ir a Londres era como ir à Espanha ou à Grécia: um verdadeiro evento. O que raios um garoto do interior estava fazendo na frente daqueles caras?

O teste, este era o motivo pelo qual estava lá. Um cara de 20 e poucos anos e cabelo preto imaculado, que só depois descobriria ser o Fletch, perguntou se eu podia cantar uma música.

— Claro.

— Então o que você vai cantar para nós, Danny?

Eu tinha pensado muito nisso e disse:

— "Mr. Writer", do Stereophonics.

Eu conhecia a música de trás para frente, e ela ficava boa na guitarra. Só tinha um problema: minha guitarra estava encostada na parede da sala ao lado.

Fletch não pareceu impressionado. O que não é de surpreender, convenhamos. A música era *totalmente* errada para aquele tipo de teste. Ele perguntou:

— Você conhece alguma música pop?

Passei os olhos pela sala, tentando lembrar.

Fletch pressionou:

— Alguma coisa de Backstreet Boys, 'N Sync?

— Hummm... Paul Weller?

Todos riram. Eu também, mas no fundo queria estar em qualquer outro lugar, menos ali.

No fim, eles me deixaram pegar a guitarra, e cantei "Bittersweet Symphony", do Verve. Não era exatamente a música mais pop e alegre do mundo, mas devo ter feito algo certo, porque eles me pediram para aprender algo mais apropriado. E, para a minha surpresa, pediram ao cara que filmava o teste para me ensinar uma música.

Ele tinha mais ou menos a minha idade, e o nome dele era Tom.

Aí a gente se viu num corredor com paredes verde-limão, fora da sala de testes. Nos agachamos, cada um com sua guitarra, e Tom me ensinou "I Want it That Way", dos Backstreet Boys, frase por frase e com uma ajudinha da Vicky, que conhecia muito bem a letra. Para minha surpresa, eu *realmente* gostei de fazer aquilo. Nunca tinha ouvido acordes pop diretos e limpos como aqueles, e achei bem satisfatório de tocar. Depois de decorar tudo, apertei a mão do Tom e desejei boa sorte para o teste *dele* (pois é, eu não tinha a menor noção). Depois voltei para a sala de testes, mostrei para os juízes o que tinha acabado de aprender e fugi para encontrar minha mãe.

— Mãe, eles queriam que eu tocasse pop!

— Ah, tudo bem. Você parece meio pop, não é, meu amor? Um pouco do Paul Weller, não é? Nada pode ser mais pop do que isso.

— Foi o que eu disse, mas todo mundo riu!

Minha mãe continuou sendo a otimista de sempre:

— Não seja bobo, fique tranquilo, vai dar tudo certo...

Conseguimos ignorar muito bem todos os caras musculosos ao redor usando macacões colados e fazendo alongamento.

Tom: De volta à sala de testes, Fletch e os outros estavam conversando sobre o que viram. Eles riram do Danny, mas todos o adoraram, sem sombra de dúvida. Ele tinha carisma e era obviamente talentoso, mesmo que Paul Weller fosse *mesmo* o máximo de pop de que ele conseguia gostar. Fletch e eu tivemos uma conversa tranquila e concordamos que talvez ele fosse bom para trabalhar comigo. Enquanto isso, todos estavam ansiosos para vê-lo dançar...

Danny: Fui chamado para a segunda rodada. Havia mais candidatos na sala de testes dessa vez, e eu me lembro do Tom escondido lá no fundo com a câmera de vídeo. Fletch explicou que Lee gostaria de ver todos nós dançando. De repente, a sala se encheu de música, e todos mandaram ver nos seus melhores passos de dança. Eu estava perto de um cara de Liverpool que usava calças largas, cabelo cortado curtinho e dançava igual ao Michael Jackson. O resto dos garotos de rosto brilhante e dentes brancos que pareciam ter saído do filme *Fama* fazia o mesmo. E eu? Fiquei lá em pé, me lembrei das palavras de estímulo da minha mãe e pensei: você está aqui agora, Danny, então pode muito bem fazer o seu melhor.

Sabe quando você vê o seu pai dançando e é a coisa mais constrangedora do mundo porque ele parece a pessoa mais careta que você já viu? Eu estava assim. Nervoso, assustado, com o rosto vermelho. Resumindo, absolutamente patético, e parecia ainda pior quando todos ao meu redor faziam o *moonwalking*. Eu me lembro de olhar pelo vidro da sala, ver minha mãe e minha irmã do outro lado. Elas estavam se mijando de rir.

Tom: O Danny tentando dançar foi uma das coisas mais engraçadas que já vi. Ele era tão obviamente o cara errado no lugar errado que ninguém conseguiu ficar sério enquanto o observava. Mas ele conquistou os juízes mesmo assim.

Danny: A dança acabou, e os juízes agradeceram a presença de todos nós. Eles entrariam em contato se quisessem que alguém viajasse para Londres para a próxima rodada de testes. A gente foi embora, mas logo vi que um dos caras do júri vinha me abordar. Ele era mais velho que o Fletch e tinha um sotaque norte-americano meio arrastado. Depois descobri que o nome dele era Richard Rashman.

— Oi, Danny. Você tem alguma música original?

Por acaso eu tinha, então apresentei algumas para ele. Richard ficou comigo um tempão, ouvindo as músicas e batendo papo. Por fim ele me deu o cartão de visitas dele e sugeriu que eu fosse encontrá-lo em Londres. "Legal", pensei. "Por que não?"

De volta para casa, eu e minha mãe contamos ao meu pai tudo o que tinha acontecido naquele dia, e eu disse que gostaria de aceitar a oferta desse tal de Richard para vê-lo em Londres. Meu pai não gostou da ideia. Um rapaz viajando sozinho até Londres para encontrar um homem mais velho e desconhecido no hotel dele? Entendo totalmente por que ele era contra a minha ida: estava apenas sendo um pai protetor, mas me lembro de estar sentado no peitoril da janela, ouvindo a conversa e ficando mais desanimado a cada minuto. Não só o meu pai estava inflexível, alegando que eu não deveria encontrar um cara duvidoso num hotel londrino, como eu estava prestes a começar a faculdade de produção musical, e ele não queria que eu jogasse tudo fora pela falsa promessa de ser um astro pop. Eu conseguia entender os dois lados da discussão, mas é claro que gostaria de arriscar.

Minha mãe sugeriu ir comigo caso eu fosse encontrar Richard, e foi assim que resolvemos a situação. Mas mesmo sem saber *por que* esse cara queria me encontrar, eu estava doido para fazer aquilo sozinho. A última coisa que precisava era dos meus pais causando problemas a cada etapa do caminho.

Meus pais conversaram e acabaram chegando a um acordo. Minha mãe me levaria a Londres e se hospedaria no mesmo hotel para ficar de olho em mim e estar presente caso acontecesse algo. Richard não saberia de nada quanto a isso.

Pegamos o trem de Bolton para Londres, e até hoje acho que Richard não sabe que minha mãe estava lá, escondida no InterContinental do Hyde Park e de olho tanto em mim quanto nele, como uma espiã. Quanto a mim, jamais tinha visto algo como o InterContinental. Parecia um daqueles grandes hotéis de Nova York que se veem nos filmes, com um charme de realeza do velho mundo e um aroma levemente bolorento que agora sempre me leva de volta àqueles dias. Encontrei Richard no saguão de negócios, pedi uma Coca light (sinceramente, aquela foi a melhor Coca que já bebi) e fiquei lá absorvendo tudo. Eu me encontrava a um milhão de quilômetros da minha vida em Bolton e, mesmo sem saber ao certo por que estava lá, me sentia ótimo.

Richard começou a fazer perguntas:

— Danny, se você estivesse numa banda, preferiria que ela tivesse quatro ou cinco integrantes? Você gostaria de cantar muito? Ou preferia *não* cantar muito?

Minhas respostas não devem ter sido muito esclarecedoras, pois a maioria girava em torno de "Sei lá, cara. Tanto faz!". Eu estava sinceramente aberto a qualquer coisa, com uma exceção:

— Não importa o que aconteça, quero tocar guitarra.

A verdade é que eu realmente não me importava com mais nada. Reencontrei o Tom, e a gente se deu bem logo de cara, como aconteceu em Manchester, e no dia seguinte peguei o trem de volta para Bolton com minha mãe, com seu papel de agente secreta já terminado.

Tom: Richard me ligou naquela noite:

— E aí, Tom, o que você achou?

Àquela altura, Fletch, Richard e a Universal tinham reduzido os candidatos para a V a uns 15, todos supertalentosos. Para a Universal, contudo, apenas um deles estava garantido: Danny. Mas de alguma forma isso não parecia se encaixar bem. O V era a banda errada para Danny, e eu sabia que poderíamos progredir juntos. Richard concordou. Tínhamos que fazer de tudo para arrancá-lo das garras da Universal.

Danny: Eu não fazia ideia de que tudo isso estava acontecendo nos bastidores. Só sabia que algumas semanas depois, em outubro de 2002, a turnê *Smash Hits* estava chegando a Manchester, tendo o Busted como atração principal. Recebi uma ligação do Tom me convidando para ver o show.

Na noite da apresentação, Tom e Richard me buscaram. No caminho para o local, eu estava cheio de perguntas:

— Vocês *conhecem* o Busted? Falam com eles? Vocês *falam* com eles? *Uau*...

Não conseguia entrar na minha cabeça que o Tom conhecia aqueles caras ultrafamosos. Parecia que eu tinha caído num mundo de sonho. E mesmo durante o show, eu ainda não conseguia acreditar e ficava enchendo a paciência do Tom:

— O Charlie, que tá ali no palco, você *fala* com ele? Você *sai* com ele?

Quando o Tom fez que sim com a cabeça, como se isso fosse a coisa mais normal do mundo, fiquei incrivelmente impressionado. As músicas que o Busted estava cantando me conquistaram na hora. E, obviamente, havia as 15 mil adolescentes enlouquecidas. Os meus olhos estavam sendo abertos para o mundo do pop.

Richard estava obviamente tentando me impressionar com o papo de "venha ver esta banda da qual sou empresário". E funcionou. Tive a mesma sensação quando vi o Bruce Springsteen. Eu queria fazer o que o Busted estava fazendo. Queria me apresentar naquele palco. E queria ter garotas gritando por mim. Meu coração batia forte, empolgado com tudo aquilo, e eu achava sensacional o fato do Tom sair com caras assim.

Algumas semanas depois, fui chamado a Londres mais uma vez, com o objetivo de participar dos testes finais para o V no Pineapple Studios. Por um período de quatro dias, todos nós ficamos num hotel perto do estúdio, e me vi dividindo o quarto com o Tom, que estava filmando os testes novamente. É curioso. Nós ficamos ainda mais amigos, fazendo bagunça e coisas bobas e infantis, como bater na porta dos outros hóspedes e sair correndo, como boas crianças que éramos. E não era só a gente. Coloque um bando de garotos juntos num hotel que sempre será uma baderna.

Tom: O James Bourne ficou com a gente por um tempo. Mesmo ele já sendo bem famoso por causa do Busted àquela altura, acabamos dividindo a cama, cada um dormindo com a cabeça para um lado.

James não tirou as meias, e os pés dele, que ficaram a poucos centímetros do meu nariz, *fediam* demais...

Danny: Eu me senti intimidado. Pra começar, não sabia como me vestir. Todos aqueles caras com os quais eu estava concorrendo eram muito descolados. Todos eram bonitos, tinham desenhos perfeitos nos cabelos raspados, bronzeados impecáveis e eram intimidantes, enquanto eu era apenas um moleque magrinho de Bolton. Tentei entrar no estilo *boy band*, minha mãe até pagou um bronzeamento artificial, e acabei gostando disso. Sabia que se não entrasse na V, ainda poderia compor com o Tom. De qualquer modo, foi uma época muito empolgante para mim.

A gente ficava acordado até tarde naquele hotel, ouvindo música, fazendo bagunça, tocando guitarra...

Tom: James e eu éramos guitarristas bem medianos naquela época. Quase tivemos um treco quando vimos tudo o que Danny podia fazer, tendo se aprimorado nas aulas de guitarra na sua terra natal. Ele sabia tocar todas as coisas puxadas para o blues que cresci ouvindo graças ao meu pai: Rolling Stones e Eric Clapton, (que eu conhecia tão bem). E embora tenha mostrado seu talento na guitarra, James e eu poderíamos mostrar a ele os acordes pop que tocávamos há um ano.

Danny: Quando tocávamos juntos, havia uma conexão instantânea. Tom e eu parecíamos saber o que o outro ia fazer. E aí, do nada, ele começava a cantar harmonias em cima das minhas linhas vocais. *Harmonias?* Fiquei de queixo caído. Não sabia como ele fazia aquilo, mas sabia que tínhamos algo especial. Algo que eu queria exibir por aí.

Tom: Acima de tudo, Danny e eu nos demos bem em nível pessoal. Ele era mais legal que eu, e muito mais esperto. Mais rebelde, também. Era sempre o Danny que queria roubar uma cerveja do frigobar ou tentar beber num pub, o tipo de coisa que eu *jamais* faria. E ele era mais sociável, o tipo de cara de quem todos gostam assim que conhecem. Era impossível imaginar o Danny se escondendo no banheiro para fugir de pessoas numa festa. Dizem que os opostos se atraem, e foi isso mesmo. James também conseguia sentir isso e teve a mesma empolgação que eu. Ele sabia quanto tempo eu tinha passado sozinho, musicalmente falando, desde a decepção de não ter entrado no Busted. Também sabia que eu estava esperando a pessoa certa para formar uma banda. E, como eu, ele sabia que Danny seria essa pessoa.

Danny: Era estranho, virar noites em todas essas sessões com Tom e James e depois ir para os testes do V durante o dia, com Tom filmando tudo enquanto eu fazia uma tentativa débil de criar uma coreografia sofisticada. Minha mãe tinha falado que roupas folgadas eram boas para dançar, então vesti minhas "calças de *boy band*": calças militares bem largas e com umas tiras soltas; era preciso ser o David Beckham para conseguir sustentar aquele visual, não o Danny de Bolton (ainda me sinto constrangido só de pensar nisso). Só comprei aquela calça por achar que ficava parecido com um integrante dos New Kids on the Block, mas eu me sentia bem com ela e gostava de ficar de bobeira com os possíveis colegas do V.

Eu era um cara quieto naquela época, e no fundo apenas um músico largadão. Só o fato de estar num lugar com aqueles caras cheios de personalidade já me intimidava, mas eu adorava todos eles. O primeiro cara com quem falei foi Antony Brant, que acabou virando um amigão meu e do pessoal, a ponto de anos depois a gente pagar a passagem dele à Austrália para nos encontrar nas gravações do nosso quarto álbum porque gostávamos muito da companhia dele. Ele ainda é um dos caras mais legais que já conheci.

Tentei aprender toda a coreografia complicada de "Everybody", dos Backstreet Boys. Fui acompanhando os outros, fazendo o melhor que eu podia, mas todo dia ligava para a minha mãe, dizendo que não tinha como, que eu não era bom o bastante. Ela me dava muito apoio e dizia para eu continuar lá. Assim, passei os dias dançando na frente desse grupo de caras da Universal e tentando ignorar o fato de me achar um idiota ali e sem a menor ideia de que a gravadora já tinha decidido que me queria no V.

Tom: E a gravadora não fazia a menor ideia de que nós tínhamos outros planos para o Danny...

O V acabou sendo uma *boy band* de talento, com cantores incríveis e bons compositores. Pena que não deu certo. Foi a época errada para eles, o grupo nunca teve as músicas certas, por isso não fizeram o sucesso que deveriam. Parando para pensar, imagino que o fracasso deles tenha sido culpa do McFly e do Busted. Nós éramos bandas de verdade e fizemos as *boy bands* que apenas dançavam perderem a graça. Na época, contudo, a gente não sabia o que o futuro reservava para eles. Mas eu tinha certeza de que queria o Danny na minha banda, então precisávamos descobrir se ele queria entrar no V ou se aceitaria se arriscar comigo.

Danny: Foi o Fletch quem me convenceu gradualmente. Me lembro dele dizendo: "Se você quiser entrar numa *boy band*, Danny, tudo bem. Se quiser apenas cantar e dançar, tudo bem. Eles são uma banda com contrato assinado. Têm uma gravadora. O Tom é só um cara que compõe músicas. Ele conhece gente, tem empresários, mas não tem contrato com uma gravadora. Agora, pense nisto: você está num quarto de hotel na Alemanha com cinco outros caras e não tem uma guitarra. Você ficaria feliz?" Eu dei uma resposta bem sincera: não. Foi quando percebi que não queria o que estava recebendo de bandeja. Não queria fazer parte do V.

Recusei o convite e voltei a Bolton sabendo que tinha assumido um risco e tanto, mas também que tinha tomado a decisão certa. Nos meses que se seguiram, viajei para Londres e fiquei o máximo possível com Tom, saindo e tocando músicas. Esses momentos influenciaram uma música que escrevi no quartinho em Bolton, chamada "Not Alone". Quando não estávamos juntos, Tom me mandava *minidiscs* com as músicas em que estava trabalhando (com direito à voz da mãe o chamando para descer e tomar chá). O Busted estava cada vez mais famoso. A gente sabia que todos estavam esperando o próximo grande sucesso na mesma linha, outra banda com guitarras para tirar as *boy bands* do mercado. E depois de nos conhecermos bem e desenvolvermos um som próprio e original, a gente esperava ser o próximo grande sucesso.

Tom: Quando eu não estava com Danny, passava muito tempo com James Bourne. James era bem parecido comigo: meio nerd, não bebia nem fumava. Já os colegas de banda, Charlie e Matt, não tinham uma vida assim tão certinha. Com a turnê do Busted chegando, James sabia que os colegas cairiam na farra, então ele me perguntou se eu gostaria de acompanhar a turnê para que a gente pudesse começar a compor o segundo álbum do Busted.

Agarrei a oportunidade com unhas e dentes, e aquela primeira turnê foi um evento importante na minha vida, a coisa mais legal que eu já tinha visto. Nunca tinha experimentado a vida num ônibus de turnê, nem aquele nível de adulação dos fãs. O Busted tinha acabado de colocar o primeiro sucesso no topo das paradas e já tinha estourado. Com isso, embora fosse uma turnê em teatros em vez de arenas, eles tinham fãs histéricas e loucas, e havia tumulto em todos os lugares aonde iam, sem falar nas centenas de adolescentes (acompanhadas das mães) em volta dos hotéis tentando ficar com eles.

James não ligava muito para isso. Ele parecia mais empolgado em poder pedir serviço de quarto nos hotéis em que ficávamos. Enquanto Charlie e Matt saíam e faziam o que astros pop fazem, a coisa mais rock 'n' roll que James e eu fazíamos era pedir milk-shakes às 3 da manhã, *quando eles nem estavam no cardápio*! Nós éramos totalmente noturnos. Era bastante comum a gente tomar café da manhã no hotel com todo mundo que tinha acabado de acordar e *só depois* ir dormir. Durante estas maratonas noturnas regadas a milk-shake, a gente compôs muito. Do ponto de vista de compositor, foi a época mais produtiva da minha vida. A gente fazia duas ou três músicas por noite, uma atrás da outra, e o segundo álbum do Busted ficou pronto em menos de duas semanas. "Crashed the Wedding", "Air Hostess", "Who's David"... As músicas pareciam simplesmente brotar.

Uma noite, Charlie se juntou a nós em vez de sair. Charlie e eu nunca passamos muito tempo juntos. Não que a gente não se desse bem, mas talvez ele se sentisse um pouco desconfortável quando eu estava por perto, sei lá. Naquela noite, contudo, nós três fizemos uma música chamada "That Thing You Do", que não era como as outras músicas do Busted. Ela tinha um estilo meio Beatles, Beach Boys, cheia de harmonias de três partes. Dava para imaginar instantaneamente guitarras metálicas de surf music no arranjo. Nós gostamos tanto da música que caíamos na gargalhada sempre que tentávamos cantá-la.

Era uma música brilhante. Diferente de tudo o que tocava na época — pelo menos era o que a gente pensava. E, acima de tudo, ela não soava como o Busted. Pela primeira vez, criamos algo novo e original que seria mais adequado ao *meu* projeto, fosse ele qual fosse. Harmonias dos anos 1960, guitarras de surf music... Aquela música foi a centelha de tudo o que viria depois.

Nós tínhamos meia banda e o começo do nosso som. O que não tínhamos era um nome, e só de *pensar* em um já me dava dor de cabeça. Depois que Danny passou a fazer parte do grupo, nós começamos a pensar nisso com mais seriedade. Rashman tinha uma lista de sugestões, e o nome que ele defendia era sem dúvida o PIOR que eu já tinha ouvido na vida. Se o nosso empresário tivesse ganhado a parada, a gente se chamaria Skate Park. Pergunte ao Rashman sobre isso agora, e ele dirá que não importava, um nome é só um nome. Mas tenho certeza de que com aquele nome nossa carreira teria acabado antes de começar. Game over. As outras opções na lista de Rashman não eram muito melhores: Cool Ethan, Abel Cain, Kevin (*Kevin?!*)...

Danny: Uma das minhas sugestões foi Keeva. (WTF?)

Tom: Todos eram bizarros, sem exceção.

Meu filme favorito na infância sempre foi *De volta para o futuro*, e o amor pelos filmes dos anos 1980 foi um dos motivos pelos quais James Bourne e eu nos demos tão bem. Durante a turnê com o Busted, um belo dia eu estava sentado no fundo do auditório da Sheffield Arena, vendo a banda fazer a passagem de som da música "Year 3000". A letra dessa música, que fala de máquinas do tempo e capacitores de fluxo, nasceu do amor de James por *De volta para o futuro*, e me fez pensar em DeLoreans, Doc Emmett e Marty McFly...

Marty McFly...

Era isso. A palavra tinha surgido na minha cabeça. Na mesma hora eu soube que era isso. Corri para os bastidores, onde a banda estava depois de terminar a passagem de som, encontrei o James e gritei:

— Descobri! O nome da banda! Descobri!

— Qual é?

— McFly!

James olhou para mim, arregalou os olhos e foi à loucura na mesma hora.

— Isso é muito legal, muito legal! Rápido, conte ao Danny...

Dei a boa notícia ao Danny:

— McFly!

Silêncio. Até que ele perguntou:

— McFlurry?

Danny: Não entendi. Nunca tinha visto *De volta para o futuro*. Sinceramente pensei que ele estava falando de sorvete. McFly era só uma palavra aleatória para mim.

Tom: Eu não consegui acreditar que alguém nunca tivesse assistido ao filme, então falei para o Danny que, na próxima vez que ele viesse para Londres, nós íamos vê-lo juntos.

Isso só aconteceu dali a algumas semanas, reunidos na casa do James. Estávamos tão desesperados para o Danny gostar do filme e concordar com o nome McFly que fizemos de tudo para transformar o evento numa noite perfeita, fazendo milk-shakes incríveis e sanduíches de cinco andares antes de juntar a galera na casa do James para ver o filme ao estilo dos Z-Boys*. Quase senti inveja do Danny por nunca ter visto *De volta para o futuro*, mas eu queria mesmo era que ele concordasse comigo, porque na minha cabeça o nome já estava resolvido.

Danny: Comecei gostando do filme, mas ainda não estava totalmente de acordo com o nome. Até que chegou na parte em que o Biff está perseguindo o Marty McFly e bate no caminhão de esterco. Eu gritei de repente:

— Uau! Volta aí, volta!

Os caras me olharam como se eu estivesse maluco, mas insisti, e eles voltaram o filme. Um pouco antes de o esterco atingir o carro do Biff, a câmera passa pela carroceria.

— Pausa aí! Agora!

Na carroceria do caminhão estava escrito: *Transporte de esterco D. Jones.*

Era o destino. Gritei:

— O nome é McFly!

Tom e James me olharam, quase sem acreditar. Foi um momento incrível. O começo de tudo.

— *O nome é McFly!*

---

* Grupo de garotos que andavam de skate e surfavam, surgido na década de 1970, nos Estados Unidos. (*N. da E.*)

O bilhete dourado

CAPÍTULO 3

Tom: A turnê do Busted tinha acabado, e eu mal podia esperar para compor com Danny de novo. James e eu mostramos "That Thing You Do" para ele. Com este novo som na cabeça, trabalhamos em trio, e pela primeira vez fizemos uma música juntos. Ela se chamava "Obviously".

A gente sempre se inspirava no que estava acontecendo na nossa vida. Eu tinha contado aos caras que estava obcecado por essa garota chamada Giovanna. Este foi o período em que ainda tentava reconquistá-la. Eu sempre tentava rastejar de volta para a Gi, mas ela tinha um namorado bem mais velho que eu, que era policial. Odiava o meu rival, mesmo que o fato de não estar com a Gi fosse minha culpa; fui um idiota. Os caras acharam isso engraçado, e rapidamente surgiu a base de uma música: "She's got a boyfriend/ He drives me round the bend/ He's twenty-three, he's in the marines/ He'd kill me." [Ela tem um namorado/ Ele me irrita /Ele tem 23 anos e é fuzileiro/ Ele me mataria.] Ele não era fuzileiro, claro, mas concordamos que ficava mais legal assim.

Isso foi no começo do verão de 2003, e Danny morou comigo o verão inteiro. A gente dividia o tempo entre a casa dos meus pais, a casa do Busted e um quarto no terceiro andar do Hotel InterContinental, onde Rashman sempre ficava. Nessa época a gente compôs boa parte do nosso primeiro álbum: "That Girl", "Broccoli", "Surfer Babe", "Down by the Lake" e "She Left Me" ficaram prontas em mais ou menos uma semana enquanto estávamos compondo com James na casa do Busted. O restante foi feito só por mim e por Danny.

"Room On The 3rd Floor" foi a primeira música que fizemos em dupla, uma letra sobre ficar meio pirado depois de tanto tempo trancados no InterContinental. Já a canção "Five Colours in Her Hair" foi baseada num seriado de TV chamado *As If*. Nós dois gostávamos da personagem Sooz, apesar de ela ser meio esquisita, com dreads de cinco cores diferentes no cabelo. (Aparentemente, a atriz que interpretava Sooz, Emily Corrie, *odiou* a música.)

Durante a criação, a gente sabia que as músicas pareciam diferentes. E elas também eram diferentes do material com o qual eu trabalhava no Busted. Um pouco menos artificiais. Todo mundo que ouvia as músicas ficava doido pelo som, e sabíamos que algo de bom estava prestes a acontecer.

Danny: Mas poderíamos ter quantas músicas quiséssemos. Nada disso adiantaria se não tivéssemos uma banda. A gente precisava de um baixista e um baterista. Encontrar os caras certos foi bem mais difícil do que a gente imaginou que seria.

Tom: Nós ficamos de antena ligada, fazendo todos os processos normais de seleção para encontrar pessoas que poderiam se dar bem com a gente, em termos musicais e pessoais. Passamos por todos os métodos tradicionais, colocamos anúncios em escolas de bateria e na revista *Stage*. Foi muito complicado. Raramente alguém aparecia para os nossos pequenos testes, e os que iam nunca eram os caras certos. A gente exigia muito. Nossos recrutas precisavam ser completos: bons músicos, com o estilo certo e pessoas com quem gostaríamos de conviver.

Danny: E precisavam ter fome de conhecimento. Já tínhamos escrito esse monte de músicas juntos e queríamos que nossos novos colegas de banda ficassem tão empolgados com elas quanto a gente. Conhecemos bateristas incríveis, caras que poderiam tocar qualquer coisa, mas que não tinham o *estilo* certo. Conseguimos caras que até *pareciam* bacanas, mas que nunca tinham posto a mão num instrumento musical na vida. A gente até abordou alguns caras na Topshop, perguntando se eles tocavam baixo e bateria, mas nem músicos eram.

Tom: Enquanto tudo isso acontecia, Danny e eu trabalhávamos no nosso material. As músicas continuavam a tomar forma. Gravamos demos de "Obviously" e "Surfer Babe" com um jovem produtor chamado Craig Hardy. A gente costumava gravar numa sala na casa dos pais dele. Mesmo não sendo um estúdio sofisticado, tinha algo muito especial no som desenvolvido pelo Craig nessas primeiras demos. Ele acabou produzindo metade do nosso primeiro álbum, e se não fosse por ele e o trabalho que fez nessas demos, provavelmente nunca teríamos assinado com uma gravadora.

Também trabalhamos nas versões acústicas de "That Girl" e "Memory Lane". Quando as coisas pareciam estar se acertando para nós, com Busted continuando a fazer sucesso, nossos empresários decidiram que tinha chegado a hora de ver se conseguiriam o interesse de alguma gravadora.

Passamos duas semanas mostrando nossa música pelos escritórios das principais gravadoras. Sony, BMG, EMI, V2, Warner Bros; visitamos todas. Essas foram sem dúvida as duas semanas mais estressantes da nossa vida. A gente sabia que tinha apenas uma chance com esses caras, e, se pisássemos na bola, nossa carreira musical poderia terminar antes mesmo de começar.

Danny: A gente não deveria ter se preocupado tanto. A reação foi incrível, e todos pareceram interessados. Já tinha um burburinho rolando sobre a gente. Esta foi uma época em que a cena pop estava dominada por *boy bands* como o Blue e o Westlife. Do nada o Busted surgiu com suas guitarras e fez os caras que dançavam e ficavam sentados em banquinhos parecerem cafonas. O próximo sucesso poderia ser a gente, e, dada a relação que Rashman, Fletch e o

Busted tinham com o selo Island Records, da Universal, era lógico que acabaríamos mostrando nosso trabalho para eles. E quando eles ofereceram um contrato, tudo pareceu se encaixar. Se estivéssemos no mesmo selo do Busted, ficaria mais fácil fazer turnês com eles. Com um pouco de sorte, o sucesso *deles* poderia virar o *nosso* sucesso.

Tom: Mas a gente não teria sucesso sem as pessoas certas para completar a nossa banda. A diferença era que agora, tendo o contrato com a gravadora nas mãos, poderíamos dizer que a Universal Music e os empresários do Busted estavam procurando bateristas e baixistas. Os possíveis candidatos começaram a prestar um pouco mais de atenção no anúncio. Fizemos um teste aberto em Covent Garden, e a resposta foi bem diferente. Centenas de pessoas apareceram, e o primeiro da fila era um garoto chamado Dougie, que parecia bem novinho.

Dougie: Um garoto que parecia bem novinho e que preferia ter ficado em casa.

E essa casa era numa pequena cidade chamada Corringham, em Essex. Um lugar tranquilo, daqueles onde nada acontece, todos se conhecem e de onde ninguém quer sair. Se você nasceu em Corringham, há uma grande probabilidade de viver na cidade pelo resto da vida. Fazer testes para bandas em Londres não era o tipo de coisa que garotos da minha cidade faziam. Especialmente garotos esquisitos, cafonas e nem um pouco populares. E eu era totalmente esquisito, cafona e nada popular.

Tinha um grupo pequeno de amigos, e o skate era a nossa vida. A gente andava de skate todo dia depois da escola, e nos fins de semana íamos a Leigh-on-Sea para andar ainda mais. Porém, quase todos eram mais velhos, e eu não tinha amigos da minha idade. Estudei na Gable Hall School e odiava aquele lugar com todas as minhas forças. Para mim, a escola significava um esforço constante para evitar situações esquisitas e vergonhosas. Significava correr de quem não gostava de mim e tentar não cometer um erro no corredor. Significava sofrer bullying e não ter coragem de me defender.

Eu era muito ansioso nessa época. Sendo tímido, nunca tinha chamado atenção na minha escola de ensino fundamental; mas quando cheguei ao ensino médio e todos começaram a se dividir em grupinhos e se definir pelo tipo de música que ouviam, a situação piorou. Gostar de rock e skate era o bastante para ser odiado. O pessoal popular só gostava de música eletrônica e futebol. Eles usavam calças de corrida com as meias por cima e bonés da Nike. Nenhum dos populares gostava de mim apenas porque não me vestia como eles nem ouvia o mesmo tipo de música. Parece bobo agora, mas na época era sério. Certas pessoas preferiam morrer a serem vistas comigo. Eu era chamado de *grunge* todo dia. Por ser baixo e parecer bem vulnerável, sempre motivo de chacota. Os garotos maiores tinham o hábito de pegar os menores pelas alças da mochila e girá-los. Quanto menor você fosse, mais fácil era para eles, por isso eu era um dos principais alvos. Se você não andasse de cabeça baixa depois que isso acontecesse, só pioraria a situação, então nunca reclamei e, mesmo morrendo de ódio por tanta humilhação, nunca me defendi. Apenas tentava ignorar as garotas bonitas rindo quando os caras implicavam comigo. Geralmente eu tinha medo de almoçar porque os populares costumavam ficar batendo papo na fila do refeitório. Se você fosse escolhido por um deles, seria alvo instantâneo de deboche. Se você fosse Dougie Poynter e tivesse sido escolhido por um cara popular, era dez vezes pior. Por isso eu não almoçava e literalmente desmaiava de fome na escola. Por todos esses motivos, eu apenas tentava ficar longe deles e esperava que ninguém me notasse.

Nunca fui de criar problemas na escola, mas estava *sempre* atrasado com os deveres nas aulas. Sempre era flagrado copiando o trabalho dos outros (era a minha especialidade) e adorava não fazer o dever de casa. Eu pensava o seguinte: já passava seis horas por dia na escola, então qualquer tempo longe dali seria só meu. Afinal, eu *nunca* seria um skatista profissional se desperdiçasse meu tempo fazendo dever de casa. E por alguns anos, antes de entrar no meio musical, essa foi a minha ambição.

Eu gostava mais andar de skate em rampas do que nas ruas, principalmente por ser mais seguro. Se a gente fosse praticar *street*, a chance de alguém tentar nos atacar seria grande. Era incrível: só porque usávamos calças jeans largas e tínhamos skates, as pessoas queriam arrumar briga com a gente. Numa ocasião, passamos a tarde numa pista de skate e fomos andando até a estação de trem para ir embora, quando ouvimos um barulho atrás de nós. Olhei para trás e vi quarenta garotos mais velhos correndo a toda velocidade na nossa direção. Eles começaram a gritar:

— A gente vai matar vocês, porra!

A gente se cagou de medo. Eu pensei que fosse morrer de verdade. Ainda me lembro de ficar com o rosto dormente de tanto pavor. Acabei conseguindo escapar, mas eles conseguiram pegar um dos meus amigos. Primeiro, pegaram o celular dele para evitar que pedisse ajuda, depois bateram tanto nele que seu rosto ficou todo ensanguentado, e foi preciso levá-lo ao hospital. A briga foi totalmente sem motivo. Ele não era um garoto briguento nem metido a valentão. Ele não atacou ninguém. Apenas usava as roupas erradas e gostava das coisas erradas. Como eu.

Ainda me lembro da noite em que decidi que gostaria de fazer parte de uma banda como profissão. Eu estava numa aula de marcenaria com um dos meus pouquíssimos amigos, Daniel Higgins. As aulas de marcenaria foram uma perda de tempo enorme, porque nunca cheguei a *construir* nada. Daniel e eu costumávamos passar uma hora lixando pedaços de madeira e falando de música. Eu já sabia que gostava de rock, mas não tinha muito acesso à internet na infância, então era difícil descobrir músicas novas e definir exatamente o meu gosto musical. Eu tenho uma tia muito legal, irmã da minha mãe, que me emprestou alguns CDs do Nirvana e do Pearl

Jam e comprou o meu primeiro CD do Blink-182. Aquele disco do Blink, para mim, foi o começo de tudo. Dessas bandas eu passei para o Limp Bizkit e o Linkin Park, tudo o que os garotos do rock escutavam naquela época. Durante essa aula específica de marcenaria, convenci o Daniel a me emprestar a cópia do *The Tom, Mark and Travis Show (The Enema Strikes Back!)*. Era um disco ao vivo, muito raro, do Blink.

Lembro que estava chovendo pra cacete naquela noite e corri para casa. Coloquei o disco no meu aparelhinho de som e fiquei lá ouvindo, com as roupas ainda molhadas da chuva, quando deveria estar fazendo o dever de casa. Aquele disco foi a coisa mais legal que eu já tinha ouvido, e pela primeira vez percebi que estar numa banda não era só uma questão de tentar ser o mais moderno possível. Também poderia significar se divertir muito no palco. Percebi que gostaria de fazer aquilo na vida. Depois de ouvir o *The Tom, Mark and Travis Show*, perguntei a minha mãe se eu poderia aprender a tocar guitarra.

Minha mãe trabalhava em casa como esteticista, enquanto meu pai era engenheiro de elevadores. Ele não ficava muito em casa porque saía cedo e chegava tarde, então nunca tivemos uma relação particularmente significativa. Ele gostava de Fórmula 1 e futebol. Eu odiava os dois, então a gente não tinha muito em comum. Minha mãe era uma parte muito mais importante da minha vida. Ela estava sempre por perto, e era muito mais fácil conversar com ela, que poderia falar pela Inglaterra inteira. Eu estava obcecado por uma garota da escola chamada Chelsea Dodkins e costumava falar dela para a minha mãe o tempo todo. Mas ela devia saber que era pouco provável que um cara nada popular, esquisito, skatista e grunge arrumasse uma namorada, especialmente Chelsea Dodkins. Mas mesmo minha mãe e eu sendo próximos o bastante para falar dessas coisas, a gente não concordava quanto a tocar guitarra. Ela disse que eu deveria aprender violão primeiro. *O quê?* Um violão não teria serventia para mim. Eu precisava pensar em outra coisa.

Lagartos eram o meu hobby. Eu tinha um monte deles e costumava criar alguns do tipo "dragão-barbudo" para vender em feiras de répteis. Isso não ajudava a aumentar minha popularidade na escola. A comida favorita de um lagarto é um grilo vivo, mas eles sempre fugiam e entravam em tudo, inclusive na minha mochila e no meu estojo. Existem formas de garantir que as pessoas não percebam que você existe e que você não se destaque por ser diferente ou esquisito, e ter grilos vivos pulando ao seu redor na sala de aula definitivamente não é uma delas. Mas criar lagartos dava uma *boa* grana. Às vezes eu ganhava 200 ou 300 libras num fim de semana, então sempre tinha dinheiro para gastar. Usei uma parte dessa renda para comprar uma guitarra Hohner vagabunda com cordas de náilon horríveis. Eu não fazia ideia de como tocar guitarra, mas isso não me impediu de ficar sentado no meu quarto por horas ouvindo músicas e tentando me entender com a escala.

Um amigo com quem eu costumava andar de skate também tinha começado a aprender guitarra, e um dia tive uma epifania. A gente poderia formar uma banda! Certamente encontraríamos alguém na escola que tocasse bateria, e o meu amigo me convenceu de que tocar baixo seria mais fácil que guitarra, pois ele tem apenas quatro cordas. Mal pude acreditar que podia simplesmente esquecer as cordas B e E da minha guitarra. Parecia bom demais para ser verdade. Comecei a aprender linhas de baixo na minha Hohner até vender a quantidade de lagartos necessária para comprar um baixo decente, um Fender Squier que me custou umas centenas de libras. Aquele primeiro grupo se chamou Ataiz. Não faço ideia do que significa o nome, mas achamos que soava bem. Cara, era uma bosta. A gente não sabia *nada*, nem ao menos contar as batidas de uma música. E o nosso som era horrível.

Naquela época, estavam tentando transformar minha escola numa espécie de centro de artes, e um dia divulgaram um teste para baixista e baterista que saiu na revista *Stage*. Como sempre, cheguei atrasado e perdi o anúncio. E teria ficado por isso mesmo se um garoto que me odiava não tivesse me procurado no corredor aquele dia e perguntado se eu faria o teste. Não sei por que fez isso, mas agradeço por ele ter aparecido. Fui conferir o anúncio. Vi as palavras "Universal" e "Busted" e já me convenci. Pulei a parte que exigia ter entre 16 e 21 anos para se inscrever. Eu tinha só 15, mas era quase o suficiente, não é? O teste era na semana seguinte, e perguntei a minha mãe se eu poderia ir. Ela deixou.

Eu achava que seria igual ao *Pop Idol*, com milhares de pessoas se amontoando no local, então quando chegou o sábado enchi a paciência da minha mãe para que a gente saísse supercedo. Acabamos chegando lá duas horas antes do horário marcado, e até onde eu pude confirmar após uma rápida olhada pela rua Covent Garden, eu era o único candidato. Passou pela minha cabeça que tinha errado o dia ou o lugar. Também pensei que ia fazer papel de idiota. O que raios eu estava *fazendo* ali? Nesse meio-tempo, eu vomitei. (Não disse que eu era um garoto ansioso?) Sorte que minha mãe tinha levado um remédio.

— Não adianta vir e ficar nervoso, Dougie. Ponha um pouquinho disso debaixo da língua. Isso, agora mais um pouquinho...

Sempre que sinto o cheiro desse remédio me lembro daquele teste e do quanto eu estava nervoso e com náuseas. Mas fiquei feliz por minha mãe estar lá. Tudo era muito assustador, e eu jamais teria conseguido enfrentar aquilo se estivesse sozinho.

Ficamos esperando em frente ao local, só nós por um tempão. Eu ficava olhando para ver se encontrava alguém que estivesse lá para o teste. Depois de um tempo, vi um jovem de cabelo pintado de louro que tinha ficado levemente ruivo. Ele definitivamente parecia o tipo de pessoa que faria o teste, mas não estava esperando em frente ao local marcado, como eu. Em vez disso, ele preferiu ficar num café do outro lado da rua, apenas observando. Quando finalmente uma fila começou a se formar atrás de mim, ele se aproximou. Vi que ele usava uma camisa do Starting Line, uma das minhas bandas favoritas, e era algo sobre o que conversar! Então criei um pouco de coragem:

— Cara, você tava naquele show do Starting Line?

Ele sacudiu a cabeça:

— A camisa é de um amigo meu.

Ele respondeu e foi embora. Decepção total.

O cara do cabelo pintado parecia muito mais esperto do que eu e exalava confiança. Era até meio metido. Ele nem chegou a dizer que se chamava Harry Judd.

Harry: Metido? Bom, talvez. Tenho certeza de que estava muito menos confiante do que pareceu. Afinal, por que me sentaria num café e esperaria os outros formarem fila antes de me juntar a eles? Mas é verdade que eu era confiante, às vezes até demais.

Fui uma dessas crianças que nunca ficam paradas. Segundo todos os relatos, pulei do berço aos 9 meses, andei aos 10 e subi no trepa-trepa sozinho aos 11. Eu era cheio de energia, incapaz de parar quieto, sempre querendo fazer algo. E também era meio perfeccionista. Minha mãe diz que eu sentava para fazer o dever de casa, apontava o lápis por meia hora e escrevia o título várias vezes porque ele não ficava bonito o bastante. Não que o dever de casa fosse o meu forte. Eu adorava ficar ao ar livre, praticando esportes e correndo por aí, e precisava de entretenimento constante. Resumindo, exigia muita atenção, e meus pais agora admitem abertamente que me mandaram para o internato quando tinha 8 anos porque não conseguiam mais lidar comigo.

Quando comparamos nossas épocas de escola, tenho a impressão de que meus colegas de banda pensam que fui para Hogwarts, e acho que para eles o Old Buckenham Hall, em Suffolk, não estava muito longe disso. Ainda me lembro da noite de domingo em que viajei de casa (Tenderings Farm, em Essex) para o OBH com minha mãe e meu irmão. Eu já tinha me despedido do meu pai. Foi a única vez em que o vi chorar e primeiro achei que fosse brincadeira. Ri e depois me senti muito mal quando percebi que ele estava realmente triste. O OBH ficava a uma hora de viagem de carro, no meio do nada, um belo prédio antigo no fim de uma longa e elegante estrada. Era cercado de terras e campos para a prática de esportes, e acho que devo ter ficado meio espantando quando cheguei lá com minha malinha e minha lancheira. Quando me mostraram o dormitório e me despedi da minha família, me toque de que não os veria até o próximo feriado.

Senti muita saudade de casa no primeiro semestre, mas logo entrei no ritmo do lugar. Em geral, penso na minha época de escola com muito mais carinho que o Dougie. Eu adorava o internato. Tinha todos os meus amigos por perto, podia praticar todos os esportes que quisesse. Foi o melhor momento da minha vida.

Foi no OBH que passei a gostar de críquete. Meus pais eram muito atléticos, e eu jogava em clubes de críquete do bairro desde os 5 ou 6 anos. Na escola, contudo, comecei a perceber que podia levar aquilo a sério. Eu estava sempre na equipe principal e já fazia testes para times municipais aos 11 anos. Também costumava fazer cursos de críquete em Lords na Páscoa e aos 12 anos fui selecionado para um teste na MCC School of Merit, e fui aprovado. Isso significou que de vez em quando eu precisaria viajar para Lords no fim de semana e jogar com excelentes times. Sempre achava que não estava à altura deles, mas foi uma ótima experiência. Eu também tinha um bom desempenho em outros esportes: futebol, hóquei, rúgbi, tênis e tênis de mesa, mas o críquete foi o meu primeiro amor.

Academicamente, não fui motivo de comemoração. Eu me concentrava muito pouco e ficava ocupado demais fazendo bagunça na aula. Meus relatórios sempre diziam o mesmo: "Harry distrai os outros em aula, Harry precisa aprender a se concentrar, Harry poderia ter um desempenho melhor..." Todo feriado, meu irmão, minha irmã e eu éramos chamados para ouvir a leitura desses relatórios junto com os meus pais. Eu tinha muito medo daqueles momentos, porque a bronca era garantida. Prometia que no próximo semestre seria diferente e que iria me comportar melhor, mas, no fim das contas, eu era sempre o primeiro a sair da aula quando tocava o sinal, doido para conseguir um bastão de críquete antes de todo mundo.

Também aprendi a tocar trompete no OBH. Éramos eu e mais um aluno. O outro cara até tocava melhor, mas o derrotei algumas vezes na competição de música porque ficava menos nervoso na hora da apresentação. (Embora ainda me lembre de como as minhas pernas tremiam sempre que eu precisava tocar trompete em público.) Raramente deixo meus nervos me derrotarem, por isso sempre queria fazer testes para as peças da escola, e acho que gostava do desafio. Nem sempre eu era bem-sucedido, claro. Quando tive vontade de entrar para o coral, falei com o corista principal antes do teste. Ele me levou para uma sala, tocou algumas notas no piano, fez com que eu as cantasse e disse:

— Você consegue cantar, vai ficar bem.

Mas entrei em pânico na hora do teste, e o regente do coral não concordou com a opinião do seu principal integrante. Foi uma carreira vocal promissora tragicamente encerrada cedo demais, pois fui reprovado.

Eu passava minhas férias frequentando aulas de críquete, trompete, hóquei... Relembrando, tenho certeza de que meus pais apenas tentavam me manter ocupado e longe de problemas. Aos 13 anos, passei para a Uppingham School. Eu ainda estava no OBH quando visitei a escola nova pela primeira vez. Era uma versão muito maior do internato anterior. A escola fica na parte principal da cidade, mas os 15 internatos diferentes estão espalhados pela região, e eu ia ficar numa casa chamada Fircroft (na verdade, eram apenas 14 internatos quando estudei lá, acrescentaram outro depois). Era o último dia de aula quando o visitei com meu pai. Nós chegamos em Fircroft e vimos uma área cercada pela polícia. Havia uma mancha de sangue no chão, com moscas zumbindo ao redor. O responsável pela casa estava por perto, branco igual a um fantasma. Acabou que alguns estudantes ficaram meio putos da vida e descontaram a raiva num terceiro cara. Espancaram tanto o sujeito que ele precisou fazer cirurgia para reconstruir o rosto. Bem-vindo a Uppingham!

Eu posso ter ficado meio decepcionado nessa visita, mas Uppingham foi totalmente diferente dessa primeira experiência. Adorei a escola e sei o quanto tive sorte pela oportunidade de estudar lá. Fircroft era uma das três "casas da colina" situadas no subúrbio da cidade. Minha casa tinha dez garotos do mesmo ano que eu, vindos de várias escolas preparatórias do país, e também caras muito mais velhos, com até 18 anos. Aquilo era meio assustador, embora não fosse da minha natureza *parecer* intimidado. Uma descrição gentil de Harry Judd aos 13 anos diria que era um garoto confiante demais. Uma descrição mais precisa me classificaria como um arrogantezinho de merda. Eu era abusado, atrevido. Achava que conseguiria fazer tudo em que colocasse a mão.

Além disso, eu era bem popular na escola. A gente sempre brincou que eu deveria me dar bem com o Danny e não com o Dougie, que, segundo ele mesmo, estava longe de ser adorado na escola. Fui popular pelo menos até o fim do meu primeiro ano em Uppingham, quando acabei sendo considerado confiante *demais*. Agitado *demais*. Todo mundo se afastou de mim. Pela primeira vez na vida eu sofri bullying. Caras que eram amigos próximos de repente não queriam mais ser vistos comigo. Eles fugiam quando eu aparecia ou visivelmente preferiam sentar do outro lado da mesa no almoço. Olhares estranhos. Comentários agressivos. Chegou ao ponto de eu nem querer passar perto das camas dos meus ex-colegas de dormitório porque sabia que era pedir para arrumar confusão.

Primeiro, reagi a tudo aquilo do meu jeito metido de sempre:

— E aí, cara? Qual é o seu problema?

Mas não demorou muito para eu ser vencido pelo cansaço. Isso passou a acontecer não só com meus amigos mais próximos, afetou também todo mundo do mesmo ano que eu. Apenas um cara continuou falando comigo. O nome dele era Ben, e até hoje é um dos meus melhores amigos. Eu me lembro de perguntar para ele por que todos tinham mudado comigo e ele disse:

— Eles estão com inveja, cara. Porque você é bom demais nos esportes...

Foi gentileza do Ben dizer isso, mas tenho certeza de que o real motivo era o fato de eu ser arrogante demais. Tentava me fazer de durão, mas no fundo ficava muito magoado. A noite era o pior momento, eu ficava deitado na cama, pensando nos meus amigos em casa, sentindo saudade dos meus pais e desejando estar em qualquer outro lugar...

Felizmente, tudo mudou com a chegada do verão, graças ao críquete. Em uma semana, fiz 163 pontos sem ser eliminado, na semana seguinte foram 180. Eu estava batendo recordes da escola e começando a me destacar para valer. Num sábado, logo de manhã, o responsável pela casa disse que um dos garotos do time sub-17 estava doente e perguntou se eu gostaria de jogar no lugar dele. Este foi o meu momento de glória: andar pela escola vestindo meu uniforme de críquete, sabendo que todos ouviram a notícia de que um garoto de 14 anos do segundo ano fora chamado para o time principal. Joguei com eles durante o resto do período e até acabei sendo o primeiro a rebater na partida. Eu estava fazendo cinquenta pontos regularmente e me sentia intocável no campo de críquete, como se fosse impossível fazer algo errado. Isso me rendeu um pouco de respeito na escola, e, aos poucos, os ex-amigos me deixaram retornar ao grupo. Em vez de ser chamado de Judd, voltei a ser o Juddy, num sinal incontestável de que voltara a ser aceito.

Aprendi uma lição naquele ano: jamais seria uma pessoa retraída e modesta. Porém, gosto de pensar que aprendi a não ser tão arrogante, tão cheio de mim. Meus problemas de amizade se resolveram, e fiquei feliz pelo resto do tempo que passei em Uppingham. Infelizmente, minha carreira no críquete não foi tão sólida. No terceiro ano, pouco antes do início da temporada, peguei mononucleose (por beijar tantas garotas, é claro...). Em consequência disso, joguei muito mal, e foi nessa época que o meu sonho de jogar críquete profissionalmente foi destruído. Minha confiança foi embora por completo, e, mesmo sabendo que poderia fazer centenas de pontos numa temporada quando voltasse à velha forma, também sabia que tinha um cara em Bedford School chamado Alastair Cook que estava marcando 10 mil pontos numa temporada. Eu não estava à altura dele.

Mas há males que vêm para o bem, pois foi nessa época que peguei um par de baquetas pela primeira vez.

Minha carreira musical até então tinha sido instável. Eu consegui passar de ano em trompete, toquei na orquestra da escola e me lembro de conseguir tocar "The Last Post" até chegar às notas altas, mas nunca fui muito fã daquilo. Acabei desistindo no meu segundo ano em Uppingham. Eu sempre faltava às aulas de trompete, era um desperdício do dinheiro dos meus pais. Eles não queriam que eu largasse, é claro, mas consegui convencê-los de que não gostava mais daquilo.

Nessa época, comecei a gostar de bandas mais a sério e decidi que queria mesmo era tocar guitarra. Obviamente, *todo mundo* queria tocar guitarra, então só consegui uma aula de meia hora num domingo à tarde e mesmo assim não aprendi muita coisa além de "Good King Wenceslas" e "Twinkle Twinkle Little Star". Músicas infantis não eram exatamente o que eu tinha em mente, então desisti disso também.

Mas logo todo mundo do mesmo ano que eu estava em alguma banda. Eles tinham graus variados de sucesso e talento. Charlie, do Busted, estava um ano à frente do meu. Muito depois, surgiu a notícia de que um colega dele chamado Ollie Redmond faria um teste para uma nova banda que os empresários do Busted estavam montando. Todos devem ter pensado que tinham chance de entrar, assim como o Charlie. Enquanto isso, alguns amigos meus que tocavam guitarra e baixo, Josh e Tom, tinham um trio pop punk chamado Boy Genius, junto com um baterista que estudava no ano seguinte.

Quando ele saiu para entrar em outra banda, Josh e Tom ficaram arrasados por terem que ensaiar apenas em dupla. Eu costumava assistir aos ensaios deles de vez em quando, sentado atrás da bateria, na sala de ensaio no porão da escola. Foi aí que tive a ideia:

— Eu podia aprender a tocar bateria! Aí entraria na banda de vocês!

Mandei um e-mail para o único cara do mesmo ano que eu que tocava bateria e pedi para ele me dar uma aula. Aprendi a tocar uma batida básica: bumbo no um e no três, caixa no dois e no quatro. Coisa simples, mas achei irado. Com aquela batida, qualquer pessoa poderia tocar algumas músicas punk, e aquilo era o suficiente para me colocar na banda dos meus amigos.

Mas aí, como costuma acontecer, comecei a ficar obcecado. Roubei a chave da sala da escola que tinha a melhor bateria e guardei no bolso da minha jaqueta para praticar sempre que quisesse. Eu não ia a lugar algum sem as minhas baquetas. A partir daquele momento, minha vida passou a girar em torno da bateria e do críquete, não que eu fosse tão bom na música quanto no esporte. Para convencer meus pais a me deixarem fazer aulas de bateria tive que atormentá-los por um ano depois de ter abandonado as aulas de trompete e guitarra. Meu professor de bateria era superlegal. Não dava nota nem exercícios de teoria, muito menos pedia aquelas coisas chatas que eu não gostaria de fazer. Eu só levava um monte de CDs, como do Led Zeppelin, Red Hot Chili Peppers e Rage Against the Machine, e pedia a ele para me ensinar como tocar as músicas que gostava. Até convenci meu pai a comprar uma bateria usada. Nós fomos a um posto de gasolina perto de Leicester para encontrar o cara que a estava vendendo. Algumas partes estavam faltando, não tinha pedal de bumbo, e o braço de um tom-tom tinha sumido. Eram peças pequenas, mas importantes. Meu pai falou que pagaria metade na hora e metade quando ele mandasse as peças que faltavam. O vendedor não pareceu muito a fim de fechar o negócio, e eu estava tão doido para conseguir a bateria que tentei convencer meu pai a dar todo o dinheiro. No fim, o cara aceitou metade, e claro que nunca mais ouvimos falar dele, apesar de eu ligar quase todo dia, tentando não parecer que tinha 15 anos enquanto ameaçava processá-lo! Fiquei com a bateria que estava ansioso para ter, mas não conseguia tocá-la adequadamente porque estava incompleta. Eu não entendia nada do instrumento, e não sabia que era possível comprar pedais e peças separadas até minha mãe me levar a uma loja de bateria em Cambridge e comprar o que faltava. Fiquei nas nuvens.

Durante as férias da escola, meu amigo Josh viajou para Londres para ver se a carreira musical dele decolava. E acabou conseguindo. (Agora ele compõe para a Alexandra Burke, entre outros.) Na época, ele acabou tocando suas músicas para um cara chamado Richard Rashman, que disse que não estava procurando por um guitarrista naquele momento, mas que queria um baixista e um baterista para a nova banda que estava formando. Josh me ligou:

— Cara, o empresário do Busted está procurando um baterista. Você devia ir atrás disso...

Na hora não entendi o que ele estava falando. Por que *eu* deveria fazer um teste? Afinal, eu tocava bateria havia apenas um ano e meio. Só de pensar fiquei tão nervoso que me deu enjoo. Mas aí liguei os pontos. Essa devia ser a mesma banda para a qual o Ollie Redmond, colega do Charlie, estava fazendo teste. Eu estava longe de ser um prodígio, mas tinha coordenação motora razoável e boa noção de ritmo. Muitas pessoas eram melhores que eu, mas o meu ouvido era bom, e o pouco que sabia tocar, eu tocava bem. Nunca tinha falado para ninguém, mas tinha certeza de que era *melhor* que o Ollie. Então, se ele podia fazer o teste, eu também poderia.

Decidi tentar.

Tive que pedir autorização para ir a Londres naquele sábado de manhã, primeiro dos meus pais e depois da escola. Agora minha mãe conta que não ficou entusiasmada com a ideia. E se eu fosse para Londres e ficasse com a cabeça cheia de ideias malucas de ser um astro pop quando havia coisas mais importantes a se pensar, como escola e faculdade? Meu pai comentou:

— Pelo amor de Deus, não precisa se preocupar. O Harry *nunca* conseguirá entrar nessa banda.

Meu irmão, Thomas, veio comigo no trem para dar apoio moral. Pegar um trem sozinhos e ir a Londres foi um evento. Éramos apenas crianças, e este definitivamente não era o tipo de coisa que fazíamos todo dia. Eu me lembro de sentar naquele café, observar a concorrência e ver um garoto de cabelo louro espetado no começo da fila com a mãe. E quando meu irmão e eu finalmente entramos na fila, me lembro de um norte-americano — na época a gente não sabia que era Richard Rashman — saindo do prédio e passando ao lado da fila. As únicas pessoas com quem ele parou para conversar foram eu e o garoto lá na frente.

Dougie: Fiquei na minha e deixei o Rashman falar com a minha mãe. Meu plano era evitar falar com qualquer pessoa que perguntasse a minha idade. Pensando bem, tirando a tentativa fracassada de engatar uma conversa com o Harry, meu plano era evitar falar com qualquer pessoa, ponto. Eu tendia a me fechar na presença de estranhos, e acho que nunca tinha falado com um americano de verdade antes. Com exceção do Mickey Mouse na Disneylândia, mas tenho certeza de que isso não conta...

Harry: Rashman perguntou se eu poderia cantar. Na época eu não sabia que tinha toda uma influência da harmonia de quatro partes estilo Beach Boys no material que Tom e Danny vinham fazendo juntos, e ele estava em busca de músicos que tinham mais de um talento.

Tom: O Rashman era assim. Sempre tentava encontrar pessoas que soubessem tocar, cantar, dançar, plantar bananeira...

Harry: Tentei parecer o mais tranquilo possível:

— Sim, eu canto — menti, fazendo questão de esquecer o meu teste fracassado para o coral.

Meu irmão se meteu:

— Olha, ele está mais pra um... meio que... Backing vocal.

Neste momento, Tom e Danny chegaram segurando seus violões. Eu me lembro de ter acontecido uma comoção na fila:

— São eles. *São eles.*

Tom usava uma camisa listrada de manga comprida, calça larga cheia de remendos, e tinha metade da cabeça raspada. Danny vestia calça jeans preta rasgada, camiseta, e usava cabelo espetado com uma parte loura atrás. Foi um momento épico, além de ter deixado todos completamente intimidados.

Tom: Nós é que ficamos intimidados passando pela fila, sentindo os olhares de todos e ouvindo os cochichos. Eu *odeio* saber que as pessoas estão me observando. Talvez eu esteja no emprego errado. Mas vi que tinha muita gente, e dava para dizer de cara só pelas roupas de algumas pessoas que elas estavam em sintonia com a gente. Eu me lembro de ver Dougie na frente da fila e ter uma expectativa bem alta em relação a ele. Além disso, a gente sabia de antemão, via fofocas de Uppingham, que o colega de Charlie, Harry, também viria para o teste.

Nós entregamos uns formulários que deveriam ser preenchidos com nome, instrumento que tocava e uma breve descrição pessoal, além de uma foto anexada, para os caras que estavam fazendo o teste. Assim que vimos os formulários, dava para dizer de cara que certas pessoas definitivamente não serviriam, mas quando vimos as respostas do Harry, percebemos que ele deveria ser o colega do Charlie, e já tínhamos gostado do visual do Dougie. Os candidatos foram divididos em grupos de cinco, e começamos a chamá-los para a sala de teste, que tinha uma bateria montada e um amplificador no meio, com uma câmera de vídeo apontada para eles. O cenário se completava com cinco cadeiras vazias ao lado de uma mesa comprida na frente da bateria e dos amplificadores, onde ficávamos sentados eu, Danny, Fletch, Rashman e Louis Bloom, da gravadora. O primeiro grupo de cinco a entrar incluía o Dougie.

Dougie: Fui a primeira pessoa no meu grupo a fazer o teste. Um pesadelo, porque eu não sabia o que esperar nem o que me pediriam para fazer.

Fletch falou primeiro:

— Ok, Dougie, fale um pouco de você.

Sabe quando as suas bochechas ficam dormentes de medo e você sente aquele gosto estranho de ansiedade na boca? Quando está tão nervoso que parece estar vivendo uma experiência fora do corpo? Era eu naquele momento. Por um breve e terrível instante, voltei a ser aquele skatista impopular, sendo caçado por quarenta moleques tentando me matar. Eu estava completamente apavorado, com todos aqueles adultos me olhando enquanto mentia para eles dizendo que tinha 16 anos e murmurava algo sobre a escola que tinha frequentado. Além disso, não tinha nada para dizer sobre mim.

Tom: Conhecendo o Dougie como conhecemos agora, deve ter sido uma verdadeira tortura. E foi o que pareceu, então Fletch tentou continuar o teste perguntando se ele poderia tocar baixo para nós.

Dougie: O baixo estava ligado no maior amplificador que eu já tinha visto. Como eu só tinha um amplificadorzinho de ensaio, aquele imenso Trace Elliot na sala de teste era totalmente novo para mim. A alça do baixo estava super curta, e eu só tocava com ela bem lá embaixo. Logo eu não podia nem *parecer* um cara de atitude. Eu estava mais tenso que as cordas do meu instrumento. Tudo parecia estar acontecendo em câmera len...

— Você pode tocar alguma coisa pop? — pediu Fletch.

Pop? Eu não *conhecia* nada de pop. Pretendia tocar alguma coisa do Blink, a) porque pensei que seria muito legal, e b) porque era supersimples, apenas notas básicas. O que raios eu ia fazer?

Espera aí. Outro dia eu estava de bobeira no meu quarto e aprendi a tocar a linha de baixo de "Billie Jean", do Michael Jackson. Deve servir...

Comecei a tocar, mas bastaram algumas notas para lembrar que na verdade eu tinha apenas *tentado* aprender a tocar essa linha de baixo, mas fiquei entediado no meio do caminho. Eu só sabia a introdução de dois compassos. Um total de oito notas...

Eu toquei. E depois toquei de novo.

E de novo.

E de novo.

Devo ter tocado a introdução de dois compassos de "Billie Jean" por um longo e doloroso minuto até que...

Tom: Até que a gente mandou parar. Eu me lembro de ficar sentado lá pensando: "Quando isso vai acabar? Não vai passar para a próxima parte da música? Temos que acabar com o sofrimento dele."

— Tá bom, cara, pode parar!

Dougie: Alguém na mesa disse:

— E aí, Dougie, você consegue cantar e tocar baixo ao mesmo tempo?

Eu meio que dei de ombros:

— Bom, posso tentar...

Eu tinha feito uma canção chamada "The Last Girl Story", sobre ser a última pessoa viva no mundo e encontrar uma carta. Eu a achava totalmente épica (mas na verdade era uma bosta) e pensei que Tom e Danny ficariam impressionados com o riff de baixo que eu tinha criado. Como nunca tinha ouvido os dois tocarem, não sabia o quanto eles eram bons. Na minha cabeça, era preciso ser adulto para ser um bom músico. Se você fosse um moleque como eu, isso automaticamente significava que você seria meio ruim. Então por que eles não pareciam impressionados?

Eles me interromperam assim que comecei e pediram para que me sentasse de novo. Fiquei totalmente frustrado. O candidato número dois pegou o microfone. Ele era cem vezes mais confiante que eu. Quando falou de si mesmo, até fez uma piadinha. Droga! Eu deveria ter feito algo assim. E aí ele tocou um pouco de baixo. Ele ficava literamente subindo e descendo na escala, batendo nas cordas, tocando essas coisas incríveis e funkeadas e parecendo bem descolado. Eu queria sumir. O nível era muito alto para mim, e me senti um idiota completo por estar lá. Os outros três caras eram bateristas, e só me lembro de ter ficado naquela sala por mais ou menos meia hora com apenas um pensamento na cabeça: tinha estragado tudo.

Quando fico nervoso, todo o meu corpo se sente desconfortável. Tenho vontade de sair dele. Tive essa sensação bem ali. Estava deslocado, como se eu tivesse feito a coisa mais terrível do mundo. Quando o teste acabou, disseram para a gente aguardar fora da sala. Eu mal podia esperar para sair dali. Fiquei em pé no corredor, falando nervosamente com o baixista bom de verdade e esperando para ser dispensado a qualquer momento.

Tom: De volta à sala de testes, todos estavam muito decepcionados. A gente esperava muito do Dougie. Ele era muito legal, com o cabelo louro espetado. Parecia que já era da banda (o mesmo vale para o Harry, quando chegou a vez dele), e todos estavam rezando para que ele fosse um ótimo baixista.

Danny: Talvez, ele estava nervoso, dissemos a nós mesmos. Talvez, se déssemos outra chance, ele poderia melhorar e nos conquistar. O outro baixista era ótimo, mas não tinha um visual legal. Era confiante demais e não tinha nada a ver com a gente.

Dougie: Rashman saiu da sala de testes e sorriu para todos nós, dizendo:

— Ok, você, você e você... — Apontou para os três bateristas — podem ir embora. Muito obrigado por terem vindo. Agora você e você... — ele apontou para mim e o outro baixista... — Gostaríamos que ficassem.

Achei que ele tinha cometido um erro. Como eu consegui aquela *proeza*? Senti um pouco de confiança surgindo. Talvez minha música sensacional é que tivesse conseguido! Definitivamente não foi "Billie Jean".

Harry: Para mim, o processo de testes foi mais fácil, mesmo estando tão nervoso quanto Dougie. Eu estava num grupo de cinco, e um dos caras passou boa parte do tempo falando das coisas sensacionais que conseguia fazer na bateria. Ele foi o primeiro, e nem tocou tão bem assim, o que me animou. Alguns caras pegaram o microfone. Todos eram muito tímidos e não passavam confiança. Aí percebi que eu não tinha nada a perder e que, quando chegasse a minha vez, só precisaria passar uma boa imagem.

Eles me chamaram. Acho que disfarcei muito bem o meu nervosismo quando me apresentei. Em seguida, sentei atrás da bateria e toquei. Eu não era mesmo o melhor baterista dali, mas também não era o pior. Um dos outros caras era sensacional, mas tinha cabelo longo e oleoso, usava sobretudo de couro e olhava para o chão o tempo todo, então eu sabia que eu tinha uma *aparência* melhor, mesmo não tocando tão bem.

Eles perguntaram a todos no teste se sabiam cantar. Todo mundo disse que não. Eu decidi que só tinha uma chance, então quando veio a pergunta, eu respondi "sim".

— Você conhece "Year 3000"?

— Conheço...

Eles me colocaram na frente da câmera com o Danny, e tenho certeza de que o meu desempenho vocal foi uma das coisas mais pavorosas que eles já viram. Errei a letra inteira e a maioria das notas, mas tinha tentado. E no fim do teste fui um dos caras a quem eles pediram para continuar.

Dougie: Na segunda rodada do teste, Fletch ficou em pé e começou a falar:

— Esta banda já tem contrato assinado com uma grande gravadora. Eles se apresentarão em programas de TV como o *CD:UK* e o *Top of the Pops*...

Harry: Dei uma olhada ao meu redor. Apenas uns dez bateristas tinham sido chamados para o segundo teste. Isso significava que eu poderia dizer a todo mundo que tinha ficado entre os dez finalistas para tocar em uma banda que estaria no *CD:UK*. Me gabaria disso pelos próximos cinco anos, pelo menos...

Dougie: O Fletch disse:

— Quero dar a vocês uma ideia do estilo da banda...

E tocou a demo no sistema de amplificadores.

Era genial, parecia um encontro entre o Green Day e os Beach Boys. Depois de ouvir aquilo fiquei superempolgado. Eu *tinha* que estar naquela banda. Mas aí fomos chamados para cantar com Danny. Ele começou a tocar guitarra, e juro que nunca tinha ouvido *ninguém* tocar tão bem assim, totalmente profissional e muito melhor do que eu. Eu o acompanhei como se estivesse fora do meu corpo, ouvindo tudo de longe e sem gostar muito.

Harry: Quando os testes acabaram, Rashman e Fletch fizeram todo aquele discurso de "não liguem para nós, nós ligaremos para vocês". Cada um foi para o seu canto. Não esperava ter notícias deles de novo, mas, mesmo assim, tinha ficado entre os dez! Aquilo foi sensacional!

De volta à escola naquele domingo à noite, falei para todo mundo sobre o que tinha acontecido:

— O negócio é sério, cara. Vão tocar no *CD:UK* e tudo.

E aí eu voltei para o quarto e acessei meu e-mail. Tinha uma mensagem do Richard Rashman na caixa de entrada. Bem direta: "Você está entre os dois finalistas."

Ai... meu... Deus.

Fiquei totalmente maluco.

De repente, havia um burburinho na escola toda. Era o semestre do verão. Eu tinha várias provas para fazer, e apenas mais uma semana de aula. As férias chegaram, e na semana seguinte fui chamado para o teste final no John Henry's, um estúdio de ensaios em Londres.

O embate era um cara chamado Martin, que era um baterista muito bom, mas eu tinha uma vantagem sobre ele. Antes da audição e sem que ninguém soubesse, Richard Rashman havia me enviado uma demo de quatro faixas dos caras. Eu tinha passado uma semana em casa ouvindo as músicas direto e adorei. Havia vários bons músicos na minha escola, a maioria clássicos, mas eu nunca tinha ouvido alguém da minha idade cantar como Tom e Danny. Fiquei maravilhado com aquilo tudo, e não conseguia acreditar que poderia ser parte da banda. Passei horas na sala de jogos lá de casa, onde minha bateria estava montada, fazendo de tudo para tentar acompanhar as músicas.

O teste durou dois dias, e a gente se concentrou em "Surfer Babe" e "That Girl". "Obviously" tem um ritmo que eu não tinha entendido muito bem, por isso não consegui tocar, e logo ficou claro que Martin era um baterista muito melhor que eu. Mas era meio sério e muito certinho, então eu sabia que Podia usar isso a meu favor. Decidi apostar nos meus pontos fortes e me concentrar em ficar amigo de todo mundo.

Danny: Mas eu não entendia muito bem o senso de humor do Harry. A gente tinha histórias de vida totalmente diferentes: eu era um proletário do norte, e ele, um privilegiado que estudou nas melhores escolas. Eu nunca tinha conhecido alguém que exalasse confiança como ele, fazendo piadas que eu não compreendia de jeito nenhum o tempo todo. Ele era muito sarcástico, e eu nunca tinha me deparado com sarcasmo. Minha ideia de algo engraçado era muito mais simples, e, embora os jogos de palavra inteligentes do Harry tenham sido rapidamente incorporados pela banda, na época eu achava aquilo... bom... meio babaca.

Tom: Eu me lembro de implorar ao Richard pra não me obrigar a dividir o quarto com *nenhum* deles no InterContinental, onde estávamos hospedados naquela noite. Teria sido muito esquisito.

Harry: Aí eu acabei dividindo o quarto com o Martin. Foi meio complicado, pois a gente sabia que apenas um de nós entraria para a banda. Naquela noite nós quatro jogamos sinuca e fomos ao pub do InterContinental, então a equipe soube que Tom e Danny eram menores de idade e não havia a menor chance de nos servirem álcool. No fim do segundo dia de testes, Fletch deu uma carona para mim e Martin até a estação de trem e disse:

— Bom trabalho, vocês dois. Acho que isso é meio constrangedor. Um de vocês terá um bilhete dourado para a fama e o sucesso, e o outro voltará à vida normal.

Sem enrolação. Totalmente direto. Era tudo ou nada.

E aí ficamos apenas eu e o Martin em pé em frente à King's Cross, trocando votos de boa sorte antes de cada um seguir o seu rumo.

Danny: Vou confessar: eu estava torcendo pelo Martin. Eu não era do tipo que fazia planos a longo prazo e só via a questão do ponto de vista de quem era o melhor baterista, enquanto Tom, muito corretamente, lembrava que estávamos escolhendo alguém para estar numa banda por muito tempo. Pelo resto da vida, se tivéssemos sorte...

Tom: Martin era mesmo o melhor baterista, a gente já sabia disso, mas o que me impressionou no Harry era que ele só tocava bateria havia um ano e parecia ter muita vontade de aprender.

Harry: Tive que esperar uma semana até receber a ligação. Era o Fletch. E, meu Deus, como ele falou. Nunca tinha encontrado alguém que falasse tanto. Até chegar ao que interessava, ele deve ter ficado quase uma hora no telefone comigo, sem que eu pudesse dizer uma palavra sequer. Agora a gente chama isso de ser "fletchado", algo que aconteceria muito nos próximos anos. Quanto mais ele falava, mais certeza eu tinha de que estava sendo educadamente dispensado. Ele ficava dizendo o que eles precisavam levar em conta, que o escolhido precisaria estar preparado para lidar com a vida pública, que a decisão tinha muito sido difícil... Até que finalmente:

— Então, para resumir...

Prendi a respiração.

— É por isso...

É por isso o quê?

— Que chegamos à conclusão...

Que conclusão?

— No fim das contas...

Quem vai ser o escolhido?

— Escolhemos você para a banda.

Silêncio.

Expirei muito lentamente.

Murmurei algumas palavras educadas de agradecimento e tentei controlar a empolgação, mas assim que desliguei o telefone corri para a cozinha e gritei para minha mãe que havia entrado na banda.

Minutos depois eu estava no telefone de novo. Todos os meus amigos da escola estavam juntos no ônibus a caminho do aeroporto para jogar rúgbi na Austrália. Gritei no telefone que tinha entrado na banda e ouvi a notícia sendo repetida:

— O Juddy entrou para a banda... *O Juddy entrou para a banda...*

Meu amigo Browner perguntou:

— E agora?

— É isso, cara. Vou sair da escola. Não vou voltar.

Não vou voltar. Como já disse, percebi que dali em diante tudo, *tudo* mudaria para mim.

Naquela noite, meus pais sentaram para conversar comigo, ambos com uma expressão séria. Eles não sabiam como reagir, especialmente meu pai, que tinha absoluta certeza de que tudo aquilo não daria em nada. No fim das contas, eles não queriam que eu entrasse para a banda. Disseram que eu precisava terminar o ensino médio, ir para a universidade e conquistar um diploma ou trabalhar como aprendiz. Meu pai tinha trabalhado em Londres a vida inteira, e acho que desejava o mesmo futuro para mim. Aos olhos deles, eu estava jogando fora: uma educação cara e boas perspectivas na vida, esperando que alguma banda pop desconhecida pudesse ser o próximo grande sucesso.

Eles mal haviam acabado de falar quando fiz que não com cabeça, dizendo:

— Vocês *precisam* me deixar fazer isso.

Como eles continuaram relutantes, insisti ainda mais:

— Vocês não podem me impedir. Realmente não podem me impedir.

Eu até conseguia entender a preocupação deles, mas sabia que estava fazendo a coisa certa. Mesmo sendo apenas um garoto ingênuo de 17 anos, tinha ouvido a fita demo, encontrado Tom e Danny e visto o talento deles. Era totalmente óbvio para mim que eles seriam um sucesso. E falei:

— Eu *vou* fazer isso e vocês *têm* que me apoiar.

Eles viram que eu estava falando sério e, graças a Deus, mudaram de ideia.

Viajei de férias para Paxos no dia seguinte com minha mãe, um amigo e a mãe dele. Eu e meu amigo só falávamos da banda.

Obviamente, toda garota que cruzava o nosso caminho ouvia que eu estava numa banda, com contrato assinado — não resisti e usei minha boa sorte para aumentar as minhas chances.

Não existem muitas viagens de férias que você mal pode esperar para voltar. Essa foi uma delas.

Dougie: Um e-mail do Richard Rashman também chegou na minha caixa de entrada no dia seguinte ao teste. Nessa época, tudo demorava muito para carregar no computador. Eu me lembro de ficar clicando duas vezes na mensagem, impaciente, tentando fazer com que ela abrisse mais rápido. Duas horas depois (ou talvez tenham sido dois minutos), o e-mail finalmente carregou.

Não era o que eu queria ler.

"Este é um trabalho sério", explicou Rashman. Pelo que li, eu simplesmente não era um músico bom o suficiente para ser aceito.

Senti um aperto no peito. Só o fato de aparecer lá já tinha sido uma ofensa para eles. Esse era o meu talento, na opinião deles. Desliguei o computador, ignorei o baixo apoiado num canto do meu quarto e comecei a chorar.

Minha mãe veio para o quarto e perguntou o que estava acontecendo. Eu expliquei, e ela me abraçou. Em seguida veio o meu pai, e falei o motivo da minha tristeza. Ele pareceu um pouco confuso.

— Mas você esperava o quê? É *claro* que você não é bom o bastante.

"É", pensei, ainda à beira das lágrimas. O que eu esperava? Claro que não era bom o bastante. Fim da história.

Cinco contra um

CAPÍTULO 4

Dougie: Olhando para trás, o curto e-mail de rejeição do Rashman foi bom, mesmo que eu não tenha achado isso na época. Aquilo me fez tirar a bunda da cadeira. No dia seguinte, depois de superar a decepção, percebi que se eu realmente quisesse fazer sucesso numa banda, teria que ralar muito no baixo. Eu podia bancar as aulas com o dinheiro ganho com os lagartos, então marquei aulas de baixo todas as noites e de canto duas vezes por semana. Em seguida, mandei e-mail para o Rashman e contei o que tinha feito. Não esperava nada dali, mas ele era um bom contato, por isso imaginei que deveria tentar manter a proximidade.

Para a minha surpresa, Rashman respondeu, dizendo: "Mantenha-me informado, Dougie."

Logo percebi que tocar baixo não era tão fácil como eu tinha imaginado. Quando você está tocando guitarra, a mão esquerda costuma ficar na mesma posição; no baixo, ela muda o tempo todo. Como estava determinado a melhorar, pratiquei o máximo que pude e comecei a mergulhar em músicas um pouco mais desafiadoras do que as que estava acostumado a ouvir. Tentei acompanhar um disco dos Beatles e decidi que Paul McCartney era o melhor baixista do mundo, além de ter me esforçado para acompanhar um CD dos Beach Boys. De vez em quando eu mandava um e-mail para o Rashman. Após algumas semanas, recebi uma resposta. Rashman queria marcar um encontro no hotel dele. Quem sabe a gente poderia conversar e eu poderia tocar algumas músicas sem o estresse de ter outras pessoas me observando?

Tom: Danny e eu não fazíamos ideia que Rashman mantinha contato com Dougie. A gente já tinha dispensado ele, e, até onde constava, ele estava fora.

Dougie: Consegui encontrar Rashman no fim de semana seguinte, mas naquela sexta-feira aconteceu algo que mudaria a vida da minha família para sempre.

Eu sabia que algo estava errado assim que cheguei da escola. Vários parentes estavam lá em casa, e todos os meus primos corriam pelo jardim. Não tinha nada particularmente estranho nisso, mas normalmente a gente se reunia às terças e sextas. Não conseguia entender o que eles estavam fazendo ali.

Entrei na cozinha e encontrei minha tia. Assim que me viu, ela começou a falar.

— Olha, Dougie, não quero que você se preocupe, mas... um dos seus filhotes de lagarto morreu.

Eu apenas pisquei. Se você tem trinta filhotes de lagarto, como eu tinha na época, existe a probabilidade de que um ou dois acabem morrendo. Era totalmente normal. A família inteira não pode ter aparecido por causa de um lagarto morto, certo?

— Ah — respondi, totalmente confuso. — Como?

— Esmagado — respondeu ela.

Saí da cozinha e entrei no quarto da frente. Minha mãe estava lá, cercada de parentes e chorando. Fiquei muito confuso. Afinal, era só um lagarto. Eu tinha outros 39 no meu quarto. Por que ela estava tão triste? Minha mãe tentou dizer algo, mas mal conseguia falar de tanto que chorava, e eu não conseguia entender tudo aquilo.

Ela apontou para algo ao lado. Eu vi um lagarto morto, mas levou alguns segundos para me dar conta de que ela não estava apontando para o lagarto. Ela apontava para uma carta perto dele. Era uma folha de papel A5, com um bilhete do meu pai rabiscado num dos lados. Não o li inteiro, apenas passei os olhos. Só me lembro de uma frase:

— Não consigo mais fazer isso.

Ele tinha nos abandonado. Não queria mais nada com a minha mãe, minha irmãzinha Jasmine e eu. Ele não ia voltar.

Foi como se um raio tivesse caído na minha cabeça. Nunca imaginei que meus pais fossem se separar. Até aquele momento, nada indicava que havia algo errado. Nunca ouvi discussão alguma, nem vi qualquer sinal de que meu pai estava infeliz. Depois soube que ele tinha ido morar com outra mulher. Não sei dizer se ele estava tendo um caso. Se estivesse, devia ser muito bom em esconder, porque ninguém suspeitava. E de uma hora para outra tínhamos deixado de ser uma família normal para ser apenas eu, minha mãe e minha irmã.

Tudo parecia estar dando errado na minha vida. Não tinha conseguido entrar na banda, e agora meu pai tinha nos abandonado. Toda a minha visão de mundo tinha mudado de repente. Minha mãe deixou claro naquela noite que meu pai não ia voltar para me ver, nem a Jasmine. Ele sempre tinha sido o provedor da casa, então agora o dinheiro seria pouco. Eu decidi de imediato que precisava parar de gastar dinheiro com aulas de baixo e de canto. O dinheiro que eu ganhava vendendo lagartos ajudaria a sustentar a nossa pequena família. Eu precisava abandonar aquela fantasia idiota de fazer sucesso um dia. Precisava crescer.

No dia seguinte, eu ainda havia marcado um encontro com o Richard Rashman em Londres no dia seguinte. Ir à cidade era um grande evento para mim. Eu não poderia ir sozinho, e minha mãe obviamente não estava em condições de me levar. Disse para ela não se preocupar, e foi uma espécie de alívio ter uma desculpa para não ficar estressado quanto à possibilidade de entrar numa banda. Mas meu tio estava lá, disse que eu deveria ir à reunião e se ofereceu para me levar até Londres. Eu ainda não tinha muita certeza, mas relutante aceitei.

O chuveiro quebrou naquela noite. Minha mãe, minha irmã e eu nos perguntamos o que a gente ia fazer agora que o meu pai não estava lá para consertar as coisas. A casa inteira estava com um clima diferente. Ficou mais quieta, mais sombria. Era estranho. Fui dormir com a sensação assustadora de que minha infância tinha acabado de terminar.

No dia seguinte, entramos no metrô para a cidade. Levei meu baixo e minha guitarra, e fomos para o InterContinental, no Hyde Park. Eu nunca tinha visto um hotel como aquele: grandioso e à moda antiga, piso de mármore, candelabros. Lá não tinha chuveiro quebrado. Para mim parecia mais um cenário de filme do que um hotel de verdade, quando cheguei à recepção, me senti como Macaulay Culkin em *Esqueceram de mim 2*. As coisas pareceram mais esquisitas quando encontramos Rashman, aquele homem estranho que meu tio nunca tinha visto na vida. Esse tio *fez questão* de gravar o seu número no meu celular, dizendo:

— Se ele encostar em você, aperte o número dois. Meu telefone vai tocar, e eu venho na hora...

Obviamente ninguém encostou em ninguém. Eu e o Rashman conversamos por um tempo, e então comecei a relaxar. Toquei algumas músicas para ele, mas isso foi antes de eu saber tocar acordes numa guitarra, que só a usei para pegar notas básicas, como num baixo. Rashman explicou onde eu tinha errado no teste para o McFly e mostrou as fitas dos testes que Tom e Charlie fizeram para o Busted. Eu adorei, já que o Busted era um sucesso na época.

Fiz um monte de perguntas sobre Tom e Danny. Eles eram muito bons? Há quanto tempo faziam música? Rashman contou que Tom tinha atuado no West End, em *Oliver!*, e que Danny tocava violão desde os 6 anos. Percebi que tinha muito a aprender em termos de música, mas Rashman disse que eu também precisava melhorar minha confiança e minha apresentação. Foram pequenos detalhes. Na parte de Essex de onde vim, por exemplo, ninguém aperta a mão de ninguém, nunca. Você só faz um aceno de cabeça e pergunta "tudo bem?". Richard me ensinou que isso era esquisito e me fez praticar, batendo na porta para em seguida eu cumprimentá-lo adequadamente:

— Oi, eu sou Dougie Poynter!

Fazer isso não era exatamente o que eu esperava.

Por fim, ele tocou algumas demos do McFly e disse, lentamente:

— Escuta, Dougie, eu vou fazer algo que não deveria e até posso me dar muito mal por isso. Vou te dar um desses CDs e quero que você aprenda a tocá-lo. Acho que, se não encontrarmos um baixista logo, vamos pedir para você voltar e fazer outro teste, tudo bem?

Tudo bem, tirando o fato de eu, de novo, estar enjoado de nervoso

Ter aquele CD para ouvir e praticar foi uma distração bem-vinda. Aquilo evitou que eu ficasse pensando muito no fato da minha mãe estar tão triste e me ajudou a esquecer o que estava acontecendo na minha família. Em todo caso, agora eu tinha uma missão. Achei as músicas daquele disco — "That Girl", "Obviously", "Surfer Girl" e "Memory Lane" (era a mesma demo que Tom e Danny tinham mostrado para todas as gravadoras) — *difíceis*, então paguei por mais aulas de baixo e as levei para o meu professor, que me ajudou a entender as linhas. Fora isso, eu mal saía do quarto. Em parte porque me sentia culpado por deixar minha mãe e minha irmã sozinhas em casa. E também, é claro, porque sabia que teria uma segunda chance. Eu ensaiava todos os dias, o dia inteiro. Levantava cedo e ensaiava antes de ir para a escola. À noite, ensaiava até dormir. Devo até ter me aproveitado do estado frágil da minha mãe:

— Mãe, não posso ir para a escola hoje. Estou muito deprimido...

E assim eu conseguia alguns dias para ficar em casa e continuar ensaiando. Após vários dias ainda tocava "Memory Lane" terrivelmente mal, mas já conseguia me virar nas outras três quando recebi outro e-mail do Rashman. Ele explicou que estava pensando em outro baixista, mas que eles queriam que eu fosse a um estúdio de ensaios em Londres para tocar com os caras.

Ai, não. De novo, não.

— Aliás, o nome da banda é McFly — acrescentou ele no final do e-mail.

Ai, meu Deus. ISSO É TÃO IRADO! Comecei a ensaiar ainda mais, rezando para ninguém perguntar a minha idade...

Tom: A gente ainda não fazia ideia que o Rashman estava em contato com o Dougie. Só sabíamos que ele e o Fletch tinham reservado uma semana numa sala de ensaios para continuar testando caras novos. Tínhamos uma série de possibilidades, e dessa vez a gente passou mais tempo com cada um deles, ensaiando as nossas músicas e dando mais chances ao que na rodada anterior.

Danny: Tivemos de tudo, como um cara gótico que apareceu usando óculos *steampunk*, botas e calças de couro. Eu, Tom e Harry caímos na gargalhada assim que ele entrou e tentou cantar harmonias dos Beach Boys. Ele foi o menos adequado dos candidatos, mas ninguém se encaixava direito, com a possível exceção de um cara que era bom baixista e parecia gente boa. Seria meio injusto dizer o nome verdadeiro ou como ele era, então, para salvar a reputação do rapaz, vamos fingir que ele se chamava Vladimir e que era um anão com cabelo de cuia. O que não é verdade.

Talvez Vladimir pudesse se encaixar na banda. Rashman, contudo, tinha outra sugestão:

— Acho que vocês deveriam dar mais uma olhada no Dougie.

A gente tinha até esquecido de como era o Dougie, mas assim que ele entrou na sala de ensaios ficou imediatamente óbvio que era muito mais legal que o Vlad. Além do mais, Vlad não tinha tido a vantagem de ter recebido a demo das mãos do Richard e levado para o professor de baixo todas as noites. Então a gente se viu passando com o Dougie e o Vlad pelo mesmo processo que tivemos com Harry e Martin. Um teste de dois dias, com todos hospedados no InterContinental.

Tom: Dividi o quarto com Vlad. Ele não ajudava muito. Fui acordado por um barulho regular e seco, aí me virei e vi o meu colega de quarto deitado na cama ao lado, "satisfazendo" a si mesmo. Mal pude olhar na cara dele no dia seguinte. Eu pensava em todas as vezes que eu tinha dividido o quarto com o Danny. N*unca* aconteceu isso.

Danny: No mínimo, a gente teria se escondido no banheiro. ;)

Harry: Danny e eu dividimos o quarto com Dougie. Não tinha como *ele* ser ousado o bastante para bater umazinha. Ele mal conseguia ser ousado suficiente para abrir a boca. A gente tentou fazer com que ele se abrisse um pouco, com as perguntas de praxe:

— Que dia é seu aniversário? Qual é o seu signo?

Esta última pergunta parece tê-lo deixado sem resposta. Ele só deu de ombros, dizendo:

— Sei lá.

E ficou quieto de novo.

Esquisito, Danny e eu achávamos que alguém sempre soubesse o próprio signo...

Dougie: O que eles não sabiam era o quanto eu estava em pânico. Não queria mentir muito sobre a minha idade dizendo ser um ano mais velho. Então, mudei meu dia de aniversário para parecer que eu tinha acabado de fazer 16 anos. Nem me ocorreu de verificar o signo para aquela data. Tive que alegar ignorância e esperar que eles não percebessem.

Escolhi minha roupa para aquele teste final com muito cuidado. Jeans e camiseta preta. Preto fazia com que eu ficasse um pouco mais sério, como se fosse profissional. E estava começando a pensar que talvez, só *talvez*, tivesse alguma chance. Minha cama naquele quarto de hotel era a maior que já tinha visto. Eu estava a um passo de entrar num estilo de vida totalmente diferente do meu. Quando chegou a hora de fazer o teste com os caras, descobri, graças à intervenção de Rashman na hora certa com a fita demo, que realmente conseguia tocar aquelas músicas.

De volta ao hotel, os caras queriam fazer uma reunião só com a banda, Vlad sugeriu então que a gente desse uma volta no Hyde Park. Passamos a confiar um pouco mais um no outro. Vlad confessou não ser muito fã das músicas que a gente estava ensaiando. Um segredo merecia outro:

— Cara, eu só tenho 15 anos!

Vlad arregalou os olhos:

— Não *acredito*!

Nós nos cumprimentamos, e eu me lembro de ter certeza de que meu segredo estava seguro com ele, afinal estávamos no mesmo barco. Claro que ele era a pior pessoa a quem eu poderia ter contado...

Harry: Enquanto isso, estava rolando uma discussão séria no hotel, porque assim como Danny tinha torcido pelo Martin, eu estava torcendo pelo Vlad. Afinal, Dougie *não abria a boca*! Ele mal tinha falado uma palavra em dois dias. A gente tinha tentado engatar uma conversa, mas ele era monossilábico, igual ao Garth de *Quanto mais idiota melhor*. Seria uma péssima escolha...

Tom: Eu torcia pelo Dougie. Em termos de talento com o baixo, não fazia muita diferença escolher entre ele e o Vlad, mas eu sabia com quem preferiria dividir o quarto. Não me entenda mal. Não estou dizendo que o Dougie entrou na banda *porque* o rival dele estava fazendo o "cinco contra um" na cama ao lado da minha, mas isso definitivamente não ajudou o Vlad.

Danny: Independente do que o Vlad tinha feito, eu estava dividido. Sou assim, sempre preciso de um pouco de ajuda para tomar grandes decisões.

Tom: Rashman, contudo, estava doido pelo Dougie. Quando sentamos no hotel para conversar com ele e Fletch, ele mostrou um vídeo da banda do Dougie fazendo um showzinho na cidade em que vivia. Aquele vídeo fechou a questão. A gente decidiu ali que o Dougie seria o nosso cara.

Dougie: O teste acabou, cada um seguiu seu rumo. E depois de toda a ajuda que Rashman me deu, percebi que seria ele quem me daria a notícia. Eu estava no meu quarto quando recebi a ligação e, ao saber que estava na banda, fiquei paralisado. Andei igual a um zumbi até a sala de estar, onde a minha mãe estava sozinha, olhando para o nada e sofrendo.

— Mãe?

Ela olhou para mim.

— Eu entrei na banda. Vou sair de casa.

— *O quê?*

— Preciso sair de casa. Faz parte do acordo.

Eu fiz uma pausa, antes de perguntar:

— Posso?

De certa forma, para a minha mãe não foi uma decisão tão difícil quanto foi para os pais do Harry. No entanto, era algo imenso. Eu odiava a escola, era péssimo aluno e não ia conseguir um emprego de alto nível em Londres. Ou seja, eu não teria a *menor* chance de fazer algo minimamente empolgante. Assim, eu poderia entrar numa banda, ganhar algum dinheiro e fazer shows lotados ou estudar até ter idade para conseguir um emprego na Tesco. Mas significava sair de casa poucas semanas depois do meu pai ter feito o mesmo. Deve ter sido difícil para a minha mãe me deixar ir embora, mas eu não despareceria para me juntar a um bando de caras que nunca dariam certo. A banda já tinha meio milhão de libras no banco, um contrato assinado com a Universal e os empresários do Busted. Acho que ela não tinha dúvida do quanto essa era uma oportunidade incrível e de que eu precisava ir em frente.

Danny: Enquanto isso, Vlad recebeu a ligação do Fletch agradecendo muito pelo teste e explicando que eles tinham escolhido Dougie. Foi quando Vlad decidiu dar a última cartada e dedurar Dougie, dizendo que ele tinha apenas 15 anos. Esse foi um tiro que saiu totalmente pela culatra. A estratégia só fez a gente gostar menos do Vlad e mais do Dougie. Afinal, se ele tinha se esforçado tanto para entrar na banda a ponto de mentir a própria idade, ele só podia ser o cara certo.

E o Vlad? Estranhamente, ele acabou trabalhando numa gravadora. Era meio estranho quando a gente o via, mas ele não ficou no emprego por muito tempo. De repente o flagraram "batendo umazinha" no escritório... quem sabe?

❖

Tom: E assim, finalmente, nós éramos uma banda. Eu tinha acabado de fazer 18 anos, Danny e Harry tinham 17, e Dougie tinha 15. Quatro garotos totalmente desconhecidos com a sensação de que algo incrível estava para acontecer. Não é preciso muito esforço para imaginar o quanto essa época foi empolgante, e nossos empresários sabiam que precisavam nos manter na linha. Não que a gente quisesse estragar tudo. Eu era bem próximo do Busted e vi como, desde o início, Matt e Charlie tinham se dedicado à farra. James, por outro lado, estava mais ciente da oportunidade incrível que tinha recebido de fazer carreira na música. Ele era muito mais apaixonado pela composição do que pela farra, talvez por isso ele tenha se dado tão bem comigo, porque eu era igualzinho. Nunca usei drogas, nem *conheci* quem usasse. Até devo ter ficado puto uma ou duas vezes na adolescência, mas nunca me revoltei contra os meus pais de forma alguma. Eu era muito bonzinho.

Harry: Nossos empresários fizeram questão de garantir que todos nós fôssemos iguais ao Tom. Para Fletch e Richard, o Busted foi uma espécie de cobaia para o trabalho que seria feito com o McFly. O Busted tinha lá seus problemas: eles nem sempre concordavam entre si e não eram a unidade sólida e coesa que a gente acabaria sendo. Se Fletch e Richard achavam que isso tinha algo a ver com o estilo de vida rock 'n' roll deles eu não sei, mas, depois que Matt e Charlie começaram a ir por esse caminho, a situação saiu do controle dos empresários. Acho que eles aprenderam a lição, e desde o primeiro dia eles foram muito mais rígidos com o McFly do que com o Busted.

Danny: Havia uma verdadeira hierarquia entre nós e os empresários. Eles eram uma mistura de pais e chefes, e a gente tinha um pouco de medo deles. As regras eram claras: você não pode beber, não pode fumar, não pode sair até tarde, não pode ter namoradas.

Harry: A situação era esta: quatro jovens numa banda, com dinheiro no bolso e a um passo da fama. Obviamente a gente seguiria as instruções dos empresários à risca, certo?

Errado.

A grama nem sempre é mais verde

CAPÍTULO

5

Tom: Naquele verão, volta e meia Danny e eu ficávamos hospedados no Princess Park Manor com o James Bourne. O Busted, o V e nossos empresários também estavam lá. Por um lado, era ótimo, mas, por outro, nem tanto. Antes mesmo do Harry e do Dougie entrarem, sabíamos que os integrantes da banda morariam juntos numa casa, como o Busted, mas não sabíamos se queríamos ficar tão próximos de todos os outros caras. Seria mais legal ter o próprio espaço. Por isso, depois de contratar o Harry e enquanto ele passava férias em Paxos, Danny e eu fomos procurar um lugar pra morar.

A gente tinha uma longa lista de casas para ver, e a primeira ficava em Whetstone, a apenas dez minutos do Princess Park Manor. Assim que entramos, soubemos que não precisaríamos mais procurar.

O número 1.526 da High Road era, simplesmente, a maior casa que já tínhamos visto na vida. Nós dois tínhamos crescido em casas pequenas, e nossas famílias não tinham dinheiro sobrando. Agora, contudo, graças ao contrato com a gravadora, a gente tinha algum dinheiro para brincar. Quando olhamos a casa de número 1.526, arregalamos os olhos. Eram cinco quartos, teto superalto e um terraço incrível. Para um bando de garotos morando sozinhos, não poderia ser melhor. O quarto principal era imenso, com closet e suíte. No loft tinha um quarto ainda mais peculiar, com varanda privativa. Após decidir quase de imediato que aquela seria a casa da nossa banda, Danny e eu jogamos pedra, papel e tesoura para distribuir os quartos. Danny ganhou a suíte principal, eu fiquei com o loft, e deixamos os quartos menores para Harry e o futuro baixista. Enchi meu Fiat Punto branco velho com as nossas coisas, e, juntos, fizemos a mudança.

A gente precisava mobiliar a casa. Sofás baratos e mesa de jantar de mogno? De jeito nenhum. Comprei uma cama cujo colchão era feito com material desenvolvido pela NASA — para um fã nerd do espaço como eu, era a coisa mais incrível com que gastar a minha grana. Também escolhemos a maior TV de tela plana que conseguimos encontrar. Após voltar das férias, Harry se juntou a nós, e passamos algumas semanas tratando dos aspectos realmente importantes de estar numa banda, como se associar à Blockbuster e descansar naquele palácio, vendo DVDs, relaxando e aproveitando para nos conhecermos melhor.

Harry: Na noite em que me mudei para a casa da banda, a gente ficou acordado até tarde, fazendo bagunça como crianças. Fizemos guerra de travesseiro e brincamos de esconde-esconde. Fingimos que íamos dormir, e, em seguida, dois integrantes entraram no quarto do terceiro e deram um puta susto nele. Era um comportamento incrivelmente idiota, mas hilário. O Tom não percebeu, contudo, que eu pensava que estar numa banda ia além de guerras de travesseiro e brincadeiras bobas, e eu tinha a sensação de que Danny pensava o mesmo.

Danny: Eu ainda não conseguia *entender* o Harry. Ele estava sempre fazendo piadas incompreensíveis. Eu não compreendia o sarcasmo, aquele senso de humor de quem frequentou escola de rico, nem entendia como ele conseguia ser tão confiante, mas logo a gente percebeu que tinha muito mais em comum do que pensava. Nós dois gostávamos de esportes, por exemplo. E, quando crianças, fomos mais rebeldes que o Tom, bebendo e fumando, coisas que ele nem tinha sonhado em fazer. Eu tinha experimentado um cigarro aos 13 anos. Esta era a norma lá onde eu cresci. Não tinha muita coisa para se fazer em Bromley Cross, então a gente costumava passar boa parte do tempo no parque do bairro, bebendo garrafas de vodca sabor laranja, porque convencíamos os garotos mais velhos a comprarem para nós.

Harry: Embora Uppingham e Bromley Cross estivessem em polos opostos, meus amigos e eu tínhamos experimentado álcool e maconha, então era algo que eu tinha em comum com o Danny, mas não com o Tom. Uma das coisas especiais na nossa banda, e foi assim desde o começo, é que nós todos temos relacionamentos muito bons, mas totalmente individuais uns com os outros. Depois de ter me mudado para a casa da banda, seria natural eu me sentir um estranho ao lado desses dois caras que já se conheciam há anos, mas isso nunca aconteceu.

Como éramos jovens e não tínhamos descoberto por conta própria que fumar maconha não era chique nem bacana, fui o primeiro a tratar do assunto com o Danny:

— Cara, você fuma?

Danny fez que sim com a cabeça e admitiu:

— Um pouco.

— Você não quer fumar um pouco?

Afinal, eu tinha um pequeno bloco de haxixe no meu *nécessaire*.

Danny: Eu estava a fim, claro, mas com uma condição:

— Cara, você *não pode* contar para o Tom.

Eu já tinha passado tempo suficiente com o Tom para saber que ele seria totalmente contra aquilo, e se tinha uma coisa que poderia acabar com a nossa banda recém-formada seria aquilo.

Tom: Ele estava certo de pensar assim. Drogas eram, para mim, um assunto *muito* sério. Eu era bem radical: todas as drogas eram ruins. Eu não via diferença entre maconha e heroína, entre um baseado e um cachimbo de crack.

Harry: O aviso do Danny teve um certo peso. Não que a gente tivesse medo do Tom, mas não havia dúvidas de que ele era o líder da banda. Além de ser mais velho, ele era principalmente a base em torno da qual o McFly tinha sido construído. Ele dava as cartas, não só na sala de ensaios, como também na casa da banda. Eu tive muito trabalho para conseguir entrar na banda e não queria estragar tudo deixando o líder puto.

Mas eu *gostava* da minha maconha. Eu *era* jovem e *queria* me divertir um pouquinho...

E assim, às 3 da manhã daquela primeira noite, após termos feito a brincadeira idiota de tentar assustar uns aos outros por algumas horas, decidi que tinha chegado o momento de um baseado esperto. Dei a deixa para o Danny:

— Cara, vamos deixar o Tom ir para a cama agora *de verdade*, assim a gente pode fumar.

Encerramos a noite e fomos para os nossos quartos. Eu peguei a maconha no meu *nécessaire*, enrolei um baseado parrudo e esperei a casa ficar totalmente silenciosa. Quinze minutos depois, encontrei Danny do lado da casa para acendê-lo.

Mas a gente deveria ter se tocado de que o Tom pensaria que ainda estava rolando a brincadeira de assustar.

Tom: Eu não tinha ideia do que eles estavam fazendo, mas decidi que seria uma ótima ideia dar um susto enorme no Harry. Então me escondi no armário do quarto dele. "A qualquer momento", pensei, "ele vai voltar para a cama e eu vou gritar e pular, fazendo o Harry se mijar de susto". Eu me agachei desconfortavelmente no guarda-roupa por muito tempo, rindo sozinho da minha pegadinha hilária.

Cinco minutos se passaram.

Dez.

Nem sinal do Harry. Onde raios ele foi?

Harry: Eu estava andando na cozinha com o Danny, tropeçando nas coisas, achando o barulho hilário, sempre fazendo "shhhh" e depois rolando de rir de novo. Sentamos à mesa, com os olhos do tamanho de um pires, chapadaços.

Tom: Ouvi um barulho lá embaixo. Eles ainda estavam acordados? Ok...

Saí do armário do Harry silenciosamente, desci a escada sem ninguém ver e, evitando a cozinha, saí da casa. Dei a volta ao redor da casa na ponta dos pés até chegar à janela da cozinha pelo lado de fora e.... PÁ! Subitamente bati no vidro.

Danny: A gente gritou. Pulamos de susto, gaguejando por causa da paranoia induzida pela maconha. Logo depois o Tom estava na cozinha se mijando de rir. Estávamos completamente chapados, mas tínhamos que fingir sobriedade, porque, se o Tom soubesse o que a gente estava fazendo, ia dar uma merda imensa.

Tom: Eu não notaria. Afinal, eu nunca tinha ficado chapado nem tinha *conhecido* alguém que tivesse ficado chapado. Eu apenas pensei: "Cara, eles parecem cansados!" Fui para a cama inocente, sem notar que, com a chegada do Harry, o McFly não seria mais a banda certinha que eu sempre tinha imaginado.

Danny: A gente morava na casa da banda enquanto procurava pelo baixista, apenas movendo acampamento para o InterContinental durante os testes, já que não queríamos que ninguém ficasse na casa da banda a menos que *fizesse parte* dela. Quando recrutamos o Dougie e chegou o dia de ele vir morar com a gente, nós nos esprememos no carro do Fletch, fomos pegá-lo na estação e decidimos nos divertir um pouco com ele.

Dougie: Eu só tinha uma bolsa de viagem, então entrei no carro e fomos embora. Os caras já tinham falado do lugar incrível que eles alugaram e como a gente se divertiria lá, mas eu não sabia mesmo o que esperar. Começamos dirigindo por algumas partes esquisitas da cidade até parar em frente a um prédio residencial antigo e acabado. O Fletch disse:

— Pronto, Dougie. É aqui.

Foi uma pegadinha que deu muito errado, porque o lugar parecia totalmente normal para mim. Afinal, eu era Dougie Poynter, não o Robbie Williams. Por que eu *não* moraria num prédio residencial? Já estava indo em direção à portaria quando me falaram que era brincadeira. Dei de ombros, meio confuso, e voltei para o carro.

E *aí* eles me levaram ao lugar de verdade.

Assim como os outros, eu nunca tinha visto uma casa como aquela, com um teto tão alto e uma TV de tela plana tão grande.

— Foi mal, cara, você pegou o pior quarto — disseram eles para mim.

No fim das contas, o meu quarto ainda era oito vezes maior que o meu quarto em casa. E este acabaria sendo o lugar onde a gente passaria mais tempo juntos.

No fim de semana seguinte levei o resto das minhas coisas. Tudo coube numa única caixa: algumas roupas, alguns CDs e umas poucas fitas de vídeo.

Tom: Quando vi que Dougie e eu tínhamos a mesma caixa de *Guerra nas estrelas*, soube que a gente se daria bem. Já falei que sou nerd, não é? Mas não tivemos muita chance de conversar sobre o nosso amor pela ficção científica porque logo depois do Dougie se mudar, Danny e eu decidimos viajar de férias com o James Bourne para a Flórida. Por um tempo cogitou-se a possibilidade de o Harry e o Dougie se juntarem a nós, mas no fim eles decidiram que deviam ficar em Londres e ensaiar as músicas que Danny e eu tínhamos trabalhado por tanto tempo enquanto íamos para a Disney World. Foi mal, pessoal.

Harry: A gente se trancou na sala de ensaios com um baixista de estúdio, chamado Ben Sergeant, e por duas semanas praticamos as músicas que consideramos mais difíceis, especialmente o ritmo de "Obviously". Ben ficava dizendo para a gente pensar no clima da música, na *sensação*. Eu não tenho certeza se sabíamos do que ele estava falando, mas aos poucos começamos a entender. E foi durante uma pausa nesses estudos que Dougie correu para a sala de ensaio com os olhos brilhando e disse:

— Cara, adivinha quem está lá embaixo, o *Blink*!

Dougie: Os meus ídolos estavam no mesmo estúdio, ensaiando para o Reading Festival. Ficamos em frente à sala deles, como grandes fãs que éramos, esperando conseguir falar com eles. E conseguimos. Ainda me lembro do papo com o Mark Hoppus como se fosse ontem. Tentei parecer calmo enquanto falava quase histericamente para ele que estávamos no mesmo selo, como se estar numa banda com contrato assinado fosse a coisa mais natural do mundo, e fiz o que pude para não parecer fascinado por estar diante de um astro. Mas eu estava deslumbrado. Fazer parte de uma banda já estava sendo tão legal quanto eu esperava que seria.

Harry: E era legal em outros aspectos, também. Eu só tinha a bateria vagabunda que o meu pai tinha comprado daquele cara no posto de gasolina, então, enquanto Tom e Danny estavam na Flórida, Dougie e eu fomos ao Wembley Drum Centre e compramos a melhor bateria da loja e um montão de pratos. Montamos tudo na casa da banda, e foi sensacional sair do zero para ter o melhor equipamento da cidade.

Dougie: Fui à Denmark Street, uma rua cheia de lojas de música e considerada a Meca dos guitarristas em Londres. Já tinha estado lá uma vez, só para babar nos instrumentos, mas eram todos caros demais. Impossíveis para o bolso do garoto que comprava equipamentos com a grana da venda de lagartos. Mas agora tudo tinha mudado. Comprei um baixo Fender azul lindo, a coisa mais moderna que já tinha visto.

Harry: De volta à casa da banda, era hora da festa. Eu convidava amigos diferentes toda noite e tinha descoberto que o Dougie também adorava fumar. Eu expliquei as regras:

— Cara, você *não pode* contar ao Tom. O Danny disse que ele ficaria maluco...

Quando Tom e Dany voltaram da Flórida, a gente teve o maior cuidado para esconder nosso hábito do Tom. Mas à medida que as semanas foram passando, ficamos mais relaxados. Começamos a fumar perto da janela aberta do quarto do Dougie, meio chateados pelo Tom não gostar daquilo e por ser preciso esconder o que estávamos fazendo. A gente se divertia tanto ficando doidão que era um saco ficar guardando segredo.

Tom: Eu devo ter sido muito ingênuo, mas levou algumas semanas para eu notar que alguma coisa estava acontecendo, especialmente porque a casa inteira fedia a maconha. Não que eu soubesse que cheiro era aquele, é claro, mas quando suspeitei que os caras estavam fazendo algo errado, fiquei dez vezes mais alerta para alguns sinais reveladores. Por que eles queriam tanto que eu fosse dormir? Por que subitamente me senti meio excluído? Como Harry e Dougie estavam ficando cada vez mais desleixados, logo descobri o que estava acontecendo.

Primeiro falei com Danny:

— Cara, eu acho que o Harry e o Dougie estão usando drogas.

Ele fez que sim com a cabeça, todo inocente e de olhos arregalados:

— É, eu sei... Que coisa, não?

A ficha caiu. Eu sentei no meu quarto e comecei a chorar. Nossa banda mal tinha começado, e o baterista e o baixista já eram dois drogados! O que nossos empresários iam dizer se descobrissem? O que *os meus pais* iam dizer? Pior ainda, eu tinha medo do que poderia acontecer se o público descobrisse. Ainda éramos desconhecidos, mas eu sabia que era só uma questão de semanas até sermos catapultados aos olhares do público. Se vazasse que metade da banda estava usando drogas, nossa carreira estaria acabada antes mesmo de começar. Conheci o Busted e sabia o quanto isso era comum no mundo do pop. Já tinha visto artistas admitirem sem problemas terem fumado um pouco de maconha no passado e tendo que fazer imensas campanhas antidrogas para salvar a carreira. Chorei muito naquela noite, pensando que tudo já estava chegando ao fim.

O que eu poderia fazer? Falar com nossos empresários? De jeito nenhum. Eles ficariam malucos, e além do mais isso ia me fazer sentir que estava traindo meus novos amigos, como um garoto dedurando colegas ao professor e os colocando em apuros. Falar com meus pais? Eles já tinham estresse suficiente na vida sem se preocupar com o fato de eu estar morando com um bando de chapados. No fim das contas, decidi que tinha que enfrentá-los. Mandar a real. Garantir que, se eles fossem fazer isso, fizessem de um jeito que não estragasse tudo.

Harry: O Tom conversou com a gente na cozinha. Não tentamos negar. Ele deu uma série de regras:

Vocês só têm permissão de fumar aos sábados.
Vocês só têm permissão de fumar depois das 11h da noite.
Vocês só têm permissão de fumar lá fora.

Tom: Comecei a agir como empresário, tentando gerenciar a situação para que os nossos empresários *de verdade* não descobrissem. Dava para sentir o cheiro da maconha sempre que eles fumavam, e eu ficava paranoico com a probabilidade de Richard ou Fletch aparecerem ou de meus pais fizessem uma visita de surpresa enquanto os irmãos chapados estivessem fumando todas no quarto do Dougie, já que o fedor da erva que o Harry pegou seria percebido lá embaixo. Se eu conseguisse limitar o consumo aos sábados à noite e lá fora, pelo menos evitaria a possibilidade de isso acontecer. E talvez se eles fumassem só uma vez por semana, perdessem o interesse depois de um tempo.

Até parece...

Harry: Eu me lembro de pensar: "tudo bem, isso é justo". O Tom está sendo totalmente razoável. Não é legal que a gente tenha acabado de entrar na banda e logo de cara comecemos a agir de modo irresponsável. O Tom é o chefe. Ele define as regras, e nós devemos obedecê-las." Mas o diabinho no meu ombro estava *muito* puto. Nós éramos jovens, estávamos numa banda. Fumar alguns baseados era totalmente inofensivo, pelo menos era o que a gente pensava. Não estávamos machucando ninguém. Ninguém precisava saber. Por que raios a gente *não podia* aproveitar?

Dougie: Nós aceitamos as regras do Tom. Ou pelo menos fingimos ter aceitado. Na noite seguinte esperamos ansiosos que ele fosse dormir. Quando ele foi, a gente marcou de se encontrar no quarto do Harry para fumar em 15 minutos. Lembro de ter chegado em uns cinco.

— Cara, já se passaram 15 minutos?

— *Ainda* não, Dougie! Volte para a cama!

Quebramos as regras do Tom logo na primeira noite. Como não deu problema, combinamos de fazer o mesmo na noite seguinte. Danny estava com alguma garota no quarto dele, e por isso a gente combinou de se encontrar no meu, que era um pouco mais seguro por ter tranca na porta, para fumar com a minha janela aberta. Não poderíamos ter sido menos sutis: a erva que a gente estava fumando fedia demais, e o quarto do Tom ficava logo acima do meu, mas estávamos muito fissurados. Não conseguíamos parar.

Estávamos no meio do primeiro baseado quando ouvimos os passos do Tom na escada.

— Shhh... *Shhhhh!*

Os passos se aproximaram da minha porta.

Silêncio.

Uma folha de papel A4 apareceu embaixo da minha porta.

Ninguém disse uma palavra enquanto eu me abaixava silenciosamente para pegar. Era um desenho de dois bonecos palitinho com um baseado imenso na mão. E embaixo estava escrita a palavra: "Transgressores."

Harry: A maconha pode te deixar paranoico ou assustado. Cara, nós ficamos apavorados quando vimos aquele desenho. A gente *realmente* deixou o Tom puto. Quebramos as regras da banda imediatamente. O que iríamos fazer?

Tom: Pensei que pelo menos eles fossem abrir a porta para mim, mas ela continuou trancada. O que eles não perceberam é que não me perguntava por que tinham voltado a fumar tão rapidamente; eu estava decepcionado por outros motivos.

Naquela noite, eu tinha saído com James Bourne. Tudo ia mal no acampamento do Busted. Tinham acontecido discussões com o Richard e o Fletch, por diferenças que acabaram sendo resolvidas, mas na época o James estava em pânico:

— Vocês quatro precisam ficar juntos. Têm que esquecer os empresários e ser uma equipe...

Voltei para casa com a cabeça a mil. Fletch e Rashman eram fundamentais para o que estávamos fazendo. Deixá-los de lado teria sido quase impossível. Eu precisava falar com os caras da banda sobre aquilo. Então, depois de ter mandando para eles o meu desenho bobo, bati na porta e pedi para entrar.

Eu me sentei na cama e contei tudo o que o James tinha falado. Meus colegas de banda chapados pareciam tão chateados com o que ouviram quanto eu. E as palavras do James não saíam da minha cabeça:

— *Vocês quatro precisam ficar juntos...*

Obviamente, Harry e Dougie não iam parar de fumar. Isso era um fato, mas bandas se separaram por menos que isso. Eu não queria ficar sempre me preocupando se eles iam querer se livrar de mim para acender unzinho. Não queria ser o cara que estava lá apenas para impedir a diversão. Não queria ser o estraga prazeres, por isso decidi imediatamente: se não pode vencê-los, junte-se a eles.

Eu nunca tinha fumado nem cigarro comum. Eu era tão certinho quanto eles eram quando nasceram. Naquela noite, sentei com o Harry e o Dougie e me juntei aos prazeres noturnos dos meus colegas de banda pela primeira vez.

Dougie: A nossa casa deixou de ser uma grande casa de família para virar o lugar mais legal para quatro caras morarem. Era a casa dos sonhos de todo moleque. A gente recortava fotos de garotas gostosas e colava na passagem que levava à sala de estar, era o que chamávamos de "caminho das gatas". Tínhamos um armário cheio de DVDs e luzes de natal penduradas pela casa. Quando o Natal chegou, decoramos a casa toda e nunca mais tiramos. Nós tínhamos muito dinheiro para viver e só gastávamos com maconha e brinquedos. Pela primeira vez na vida não tínhamos que nos preocupar com grana, então enchemos nossos quartos com as coisas mais legais que encontrávamos.

Tom: Claro que também precisávamos cuidar do detalhe chamado música. As gravações do nosso álbum estavam marcadas para o começo de dezembro, então, do fim de agosto até a data das gravações, nossos dias foram gastos no estúdio de ensaios. A gente praticava as músicas todos os dias, tocando-as várias vezes...

Danny: Várias vezes...

Harry: Várias vezes...

Dougie: Várias vezes...

Tom: ... e, enquanto a gente ensaiava, começou o processo de falar para a mídia sobre o McFly. Pessoas importantes vinham nos encontrar. De repente, a gente teve que se acostumar com jornalistas, entrevistadores de TV e à estranheza de ver pessoas interessadas em nós. Acho que entramos nisso de modo relativamente natural. A gente não se esforçava para impressionar. Tentávamos ser nós mesmos, fazendo palhaçadas no estúdio e piadas bobas.

Dougie: Às vezes o Fletch tentava nos direcionar para agir de determinada forma ou dizer certas coisas, mas isso sempre parecia um pouco forçado. Logo no início, vimos que quanto mais verdadeiros a gente fosse, melhor seria a impressão.

Tom: Foi nessa época que a Giovanna e eu finalmente ficamos juntos para valer. Dessa vez era sério. Não éramos estudantes e não morávamos mais com nossos pais. Mais precisamente, nós já tínhamos vivido um sem o outro por alguns anos e sabíamos que tínhamos que ficar juntos. Foi a nossa densidade, como diria o George McFly. Nos primeiros anos da banda, eu passava todos os momentos em que não estava trabalhando com ela. Gi tinha um apartamento em Sidcup, onde estudava teatro, e seria a fuga perfeita da loucura em que o nosso mundo estava começando a se transformar. Dirigia até lá de manhã bem cedinho e, enquanto ela estava na faculdade, eu ficava no apartamento dela vendo filmes ou colocava um chapéu para ficar semidisfarçado e ia para o shopping Bluewater em dias de semana, quando estava vazio.

Mas os empresários sempre deixaram bem claro que a *nossa* casa era uma residência de trabalho, uma empresa. Garotas não eram permitidas por lá. Não era um lugar para convidar os amigos, nem dar festas. Se a Giovanna estivesse por lá, ela saía rapidamente de carro para a Tesco, esperava na minha varanda ou até se escondia no banheiro se a gente achasse que o Fletch estava chegando. Nós tínhamos muito medo dele e do Rashman.

Embora as noites daqueles meses iniciais tenham sido perdidas para a fumaça, nós trabalhávamos muito durante o dia ensaiando nossas músicas. E, quando dezembro chegou, gravamos nosso álbum.

Harry: O processo de gravação foi mais intenso para Tom e Danny do que para mim e Dougie. Não éramos uma banda indie que podia gravar algo meio tosco e se dar bem com isso. As faixas que formariam o *Room On The 3rd Floor* precisavam soar perfeitas, pop na medida certa. Eu vinha tocando bateria havia menos de dois anos e usava metrônomo havia apenas um ano. Eu até consegui gravar a bateria para "Surfer Babe" e "That Girl", mas as outras músicas do álbum foram gravadas por um grande baterista de estúdio chamado Ian Thomas.

Dougie: O mesmo aconteceu com o baixo. Eu estava trabalhando arduamente nas músicas do McFly, mas tocar num estúdio é bem diferente de tocar ao vivo. Tom e Danny eram mais capacitados para gravar as faixas de guitarra e vocal, mas Ben Sergeant gravou o baixo para o álbum. O riff de abertura para "Five Colours in Her Hair" foi criação dele.

Danny: Harry e Dougie sempre foram modestos quanto à própria capacidade musical, mas uma coisa precisa ser dita: quando a banda pegou o embalo, ninguém trabalhou mais do que eles para melhorá-la.

Acima, à esquerda: Tom, mostrando seu potencial desde cedo.

Acima, à direita: "Por favor, senhor, eu preciso de ajuda." Quando a vontade de ir ao banheiro apertou no Palladium, o pedido de Oliver ficou ainda mais desesperado.

Abaixo: Papai mostra a Tom como se toca violão.

Foto menor: Tom e a mãe, Debbie, num show do Bryan Adams.

As primeiras fãs do Tom! No palco com o pai — preste atenção no chapéu! Alguns anos depois, Tom devolveria a gentileza no Wembley Stadium **(foto menor)**

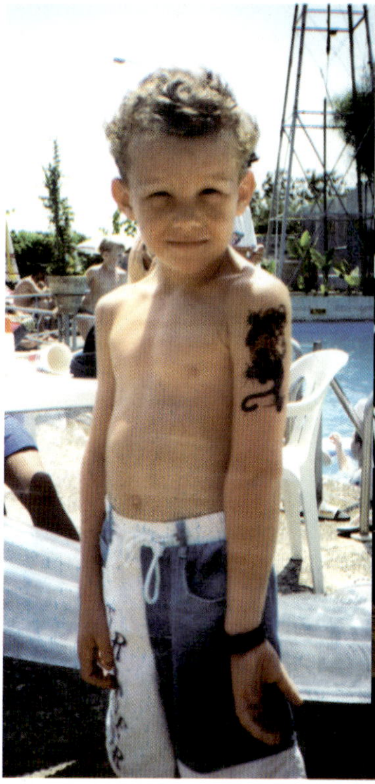

Acima: O pequeno Danny sonha com as aulas de violão.
Abaixo, à esquerda: A primeira tatuagem.
Abaixo, à direita: Danny com as gaitas do Boss e a sua própria guitarra Encore vermelha e branca.

Danny sente o gostinho de estar no palco em *Bugsy Malone*.

"Por favor, Deus, não me deixe esquecer a letra de 'Don't Look Back in Anger'."

Os irmãos curtem uma noitada.

À esquerda: Danny com a irmã Vicky e a mãe, Kath.

Abaixo: Farra com o vovô.

À esquerda: O pequeno Harry Judd se diverte de gibão e meias.
À direita: O cachorro leva Harry e suas galochas para passear.
Abaixo: Não deixe esse sorriso angelical enganar você... Harry na Old Buckenham Hall School.

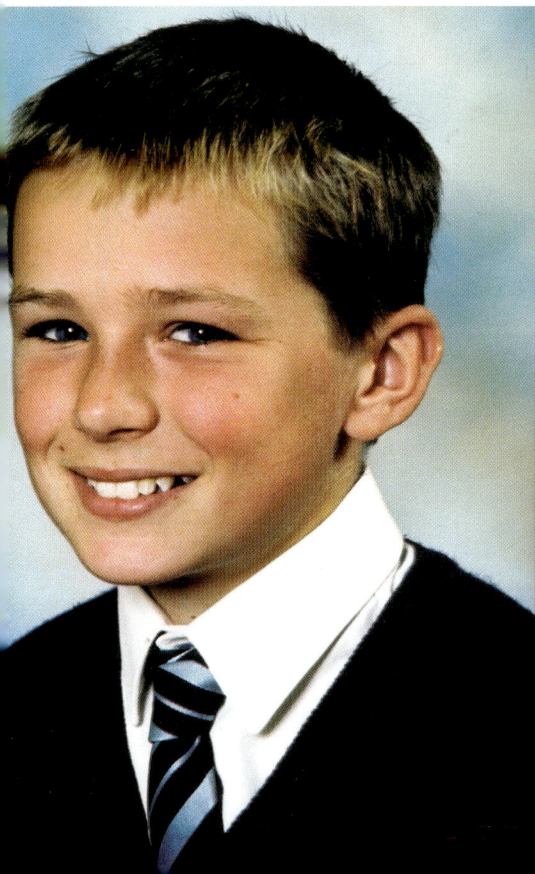

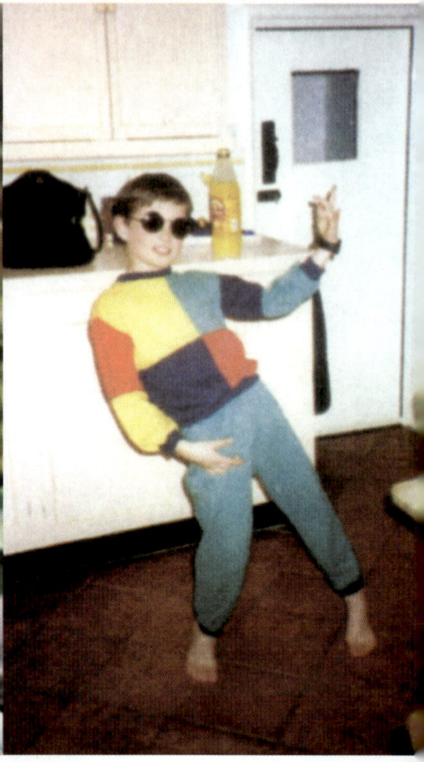

Acima: Os irmãos Judd jogando críquete pela Uppingham School.
Abaixo, à esquerda: Harry com o pai, Christopher.
Abaixo, à direita: Harry fazendo sua melhor imitação de Danny Jones.

Acima, à esquerda: Dougie já teve umas ressacas terríveis...

Acima, à direita: O rei da selva.

Abaixo, à esquerda: A primeira barriga de tanquinho do Dougie.

Abaixo, à direita: Por sorte, quando Dougie entrou para o McFly, os colegas de banda estavam por perto para dar conselhos sobre penteado e corte de cabelo.

Acima, à esquerda: Dougie treinando para as maratonas de X-Box no ônibus da turnê.
Acima, à direita: Dougie sempre adorou lagartos e aqui posa com um dos grandes.
Abaixo: A caminho da escola (que droga).

No início eram Tom Fletcher e Danny Jones.

Acima: Fletch (à esquerda) e Richard Rashman (à direita), os ingredientes secretos do McFly.

No meio: Embora Tom não tenha conseguido entrar para o Busted, ele e James Bourne adoravam compor e ser nerds juntos!

Abaixo: Dougie tinha apenas 15 anos quando entrou para o McFly e foi Harry quem o ensinou a fazer a barba quando eles moravam na casa da banda.

A casa da banda do McFly era o lugar mais legal para quatro garotos morarem. Veja o "caminho das gatas" no arco.

O quarto do Dougie era o menor, mas os caras acabavam passando o tempo todo lá.

Em 2005, "All About You" foi o single da Comic Relief, e a banda viajou a Uganda para fazer um filme em prol da instituição de caridade. Foi uma viagem emocionante, que abriu os olhos dos rapazes, tendo um efeito duradouro. Especialmente para Tom, que não deveria ter comido aquela melancia...

Acima: O cenário para o clipe de "Five Colours in Her Hair". "Cara, até hoje a gente não gosta daquele clipe."

Abaixo: Comemoração quando o McFly soube que "Five Colours" tinha chegado ao primeiro lugar.

Acima: O ano de 2005 ficava cada vez melhor. O McFly comemora o BRIT Award de Melhor Artista Pop.

À direita: Billie, do Green Day, despeja champanhe na boca de Harry.

Abaixo: Tocar com Brian May foi um marco na carreira da banda.

McFly na terra do cinema. *Sorte no amor* não foi um grande sucesso de crítica, mas Harry, Dougie, Danny e Tom se divertiram muito trabalhando nele. E uma certa jovem estrela deu em cima do Sr. Judd...

O paraíso é uma pista *half-pipe*. Quando Dougie saiu da casa da banda para o seu próprio espaço, construiu uma rampa de skate no quintal.

Barbados. Era para ser uma viagem de trabalho, mas acabou sendo muito mais.
Os cabelos de Dougie e Danny também se divertiram à beça.

Acima: Estamos apenas verificando a presença de tubarões...

Abaixo: Parando para pensar, escalar a Sydney Harbour Bridge com uma ressaca monstruosa não foi uma boa ideia.

A calma antes da tempestade...
Danny, Harry e Dougie se
preparam para o próximo show.

Danny e Harry aproveitam uma pausa entre os shows da turnê.

Abaixo: Harry se prepara para cumprimentar os fãs sul-americanos.

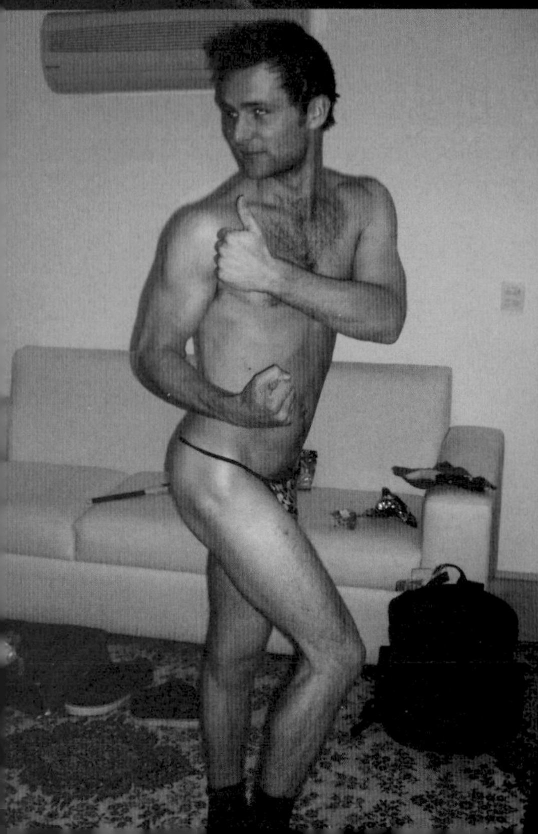

Enfim, férias na Disney.

A banda viaja a Atlanta para trabalhar com Dallas Austin.

O McFly viaja para lugares distantes para se afastar da rotina e aumentar a criatividade para compor.

A turnê do *Radio:ACTIVE*, em 2008. Veja a plataforma que levava a banda de um palco para outro.

Abaixo, na outra página: Os caras com o gerente da turnê, Tommy Jay Smith, uma verdadeira lenda.

Glória na pista de dança para Harry, que venceu o reality show *Strictly Come Dancing*, em 2011.

Muito bem, Dougie! O rei da selva ostenta sua coroa.
Foto menor: Com o Dr. Bob, cujos conselhos foram valiosos para os participantes do reality show *I'm a Celebrity... Get Me Out of Here!*

O amor está no ar. Cada integrante da banda vive um relacionamento feliz e estável.

Acima, à esquerda: Lara já foi descrita como a versão feminina de Dougie, pois eles parecem ter sido feitos um para o outro. **Acima, à direita:** Tom e Giovanna se casaram em maio de 2012. **Abaixo, à esquerda:** Harry e Izzy ficaram noivos pouco depois do casamento de Tom e Giovanna. **Abaixo, à direita:** Danny com sua namorada, a modelo Georgia.

O casamento de Tom e Giovanna, um dia perfeito. Sem prêmios para quem adivinhar qual banda tocou na festa...

MCFLY

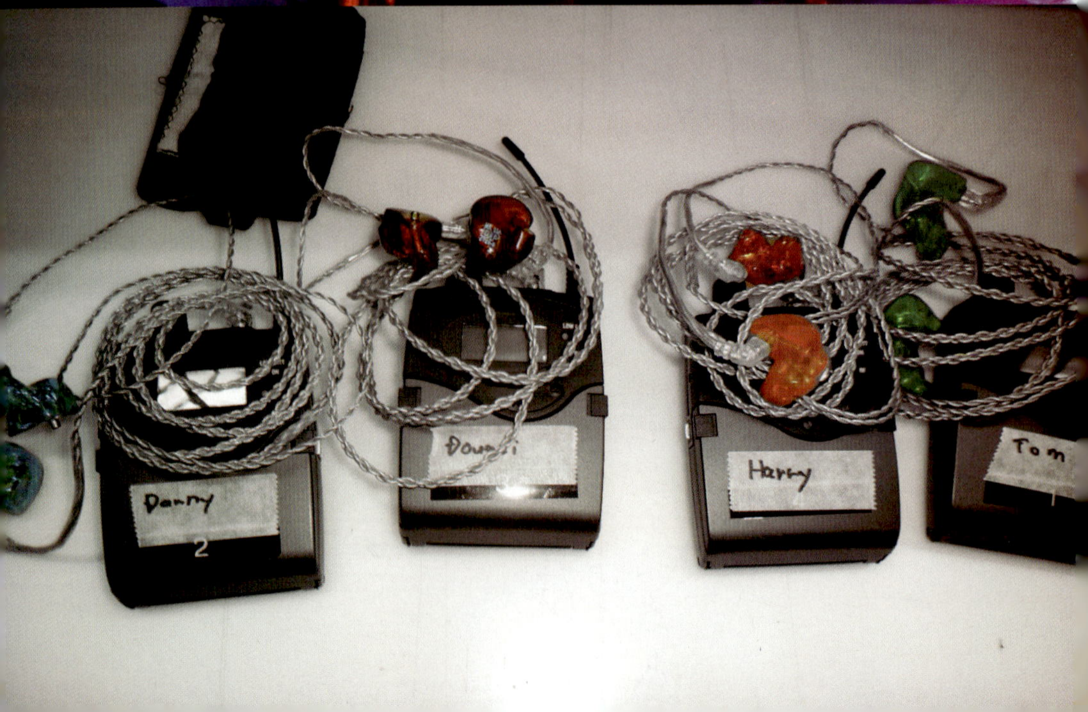
Danny
2
Harry
Tom

Não demorou muito para os dois se transformarem em excelentes músicos (enquanto Tom e eu, no mínimo, regredimos!).

Em todo caso, não precisávamos nos preocupar com nossa habilidade musical para a nossa primeira apresentação na TV, no meio de dezembro, no *CD:UK*, como o Fletch tinha prometido. Era surreal que aquele momento tivesse chegado, e a gente iria aparecer na televisão de verdade, o que era empolgante. A gente sabia que tinha algo bom e especial, que mal podíamos esperar para mostrar ao mundo. Mesmo precisando fazer playback, pois o estúdio de TV não estava equipado para transmitir uma banda tocando ao vivo, eu estava doido para ficar diante das câmeras com uma guitarra na mão.

Dougie: Eu e Harry ficamos felizes por ser playback. Nós estávamos apavorados. O *CD:UK* fazia sucesso na época, era um dos programas musicais mais importantes da televisão. A gente deveria ter dormido cedo na noite anterior, pois precisávamos acordar às 7 da manhã para encontrar o carro que nos levaria ao estúdio, mas dormir cedo e sóbrio não era realmente a nossa praia. Como era previsível, passamos a noite antes da nossa primeira apresentação na TV chapados na varanda do quarto do Tom. Às 5 da manhã, ainda estávamos acordados, com a cabeça cheia de erva, rindo de tudo e repetindo a música-tema do *CD:UK* por várias horas. Uma banda de olhos vermelhos foi o que apareceu no Riverside Studios, em Hammersmith, algumas horas depois.

Nós participamos do programa com o Busted e uma *boy band* irlandesa chamada D-Side. Eles lançaram alguns singles, e já tínhamos ouvido falar deles. Quando saímos do carro, vimos algumas garotas do lado de fora e imaginamos que estavam esperando as outras bandas, mas de repente elas nos abordaram e pediram autógrafos. Foi um momento surreal. Como elas sabiam quem a gente era? Além do mais, a gente nem *tinha* assinatura para autógrafos, então rabiscamos algo para elas antes de corrermos para o estúdio.

Aquela primeira apresentação ao vivo foi sensacional. James Bourne nos anunciou com uma frase que lembrava o *De volta para o futuro*: "Vocês podem não estar preparados para isso ainda, mas seus filhos vão adorar!"

Mas eles *estavam* preparados. Quando o programa acabou e estava na hora de ir para casa, dava para ouvir uma multidão de garotas gritando do lado de fora do prédio. Aquilo seria muito constrangedor. Obviamente, todas estavam gritando para o Busted ou o D-Side. Nós íamos sair e ninguém ia saber quem a gente era.

Não poderíamos estar mais enganados. Elas sabiam *exatamente* quem a gente era. Todas estavam gritando por nós.

Tom: Nessa época ainda estávamos gravando o *Room On The 3rd Floor*. Isso significava que Danny e eu precisávamos estar no estúdio para gravar o vocal e a guitarra com maior regularidade do que Harry e Dougie. Foi um período sensacional, mas nós ainda ficávamos ansiosos para voltar para casa toda noite e passar um tempo juntos.

A menos, é claro, que fosse dia de folga. E foi num desses dias de descanso, quando estávamos todos em casa, que o telefone tocou. Era o Fletch, e ele foi estranhamente direto:

— Quero uma reunião na casa da banda. Com todos vocês. Ninguém mais pode ir, e não quero desculpas.

Estávamos morrendo de medo quando ele chegou. O que estava acontecendo? O que ele sabia? Ele estava com uma expressão séria quando entrou na casa, dizendo:

— Sentem-se. Agora.

Fletch sentou-se no sofá da sala de estar. O resto de nós ficou no chão na frente dele.

— Tem alguma coisa que vocês querem me contar? —perguntou ele.

Pausa.

— Não... — dissemos, quase num gemido.

— Nada?

Silêncio.

— Alguma coisa sobre substâncias ilícitas?

Merda.

Meu coração batia forte, e eu sentia como se pudesse ouvir o dos outros também. Dei uma olhada para eles de canto de olho. O que diríamos? Alguém confessaria?

Harry quebrou o silêncio. Ele estava obviamente tentando minimizar e soar inocente.

— Você está falando sobre fumar maconha?

Fletch fez que sim com a cabeça:

— Isso.

E aí ele começou a dar bronca.

Harry: E acho que ninguém havia levado uma bronca *tão grande* na vida. Isso fez aqueles momentos constrangedores em que meus pais liam os meus relatórios de escola parecerem insignificantes. O que *diabos* a gente pensava que estava fazendo? Só porque estávamos numa banda, pensávamos que poderíamos fazer isso sem lidar com as consequências? Pensávamos ser legais demais para seguir as regras? Tínhamos tão pouco respeito pelos empresários a ponto de achar que poderíamos ignorá-los?

Levantei a mão, pensando ingenuamente que poderia tirar alguma culpa dos outros caras.

— Na verdade, Fletch, você deve saber que eu já fumava antes de entrar na banda.

Ele me encarou:

— Se nós soubéssemos disso, você nunca teria entrado na banda.

Aquilo calou a minha boca. E ele estava certo, é claro. O interesse pelas drogas foi burrice. Nós éramos jovens demais para perceber isso na época.

Danny: Nós já mencionamos que Fletch consegue falar muito? Pois é, ele fala. Mesmo que estivesse lá para falar sobre o vento, ele poderia falar por horas. Aquela bronca parecia não acabar nunca. No final, porém, Fletch encerrou voltando ao começo.

— Vocês podem ser a maior banda do mundo, mas isso cabe a vocês. Podemos ter uma carreira de vinte anos, ganhar milhões e comprar uma ilha. Aí vocês poderão fumar quanta maconha quiserem, mas, por enquanto, podem parar...

Tom: E a gente parou. A bronca do Fletch deu certo. Eu nunca mais tocaria em drogas de novo, e para mim, os anos seguintes, durante os quais eu mal toquei em álcool, foram os melhores e os que mais mudaram a minha vida.

Parando para pensar naqueles dias iniciais, podemos ver como eles foram importantes para ajudar a gente a se unir como banda. Poderia ter dado errado, afinal Danny e eu tínhamos escolhido Harry e Dougie após conhecê-los, literalmente, por dois dias. A gente poderia ter ser odiado, descoberto que não tinha nada em comum ou que detestava o tempo que passávamos juntos. Na verdade, a gente se divertiu *muito*. Ainda não éramos famosos ou bem-sucedidos, mas já estávamos vivendo o melhor momento das nossas vidas. Mesmo quando fizemos sucesso, não passamos a sair para boates ou lugares frequentados por celebridades; essa não era a nossa praia. Para nós, o melhor de estar numa banda era *estar* numa banda, *fazer* coisas de banda, e não as mordomias que vinham com isso. Gostávamos de trabalhar na nossa música e de ficar juntos. Tudo isso significa que nós amadurecemos mais do que a maioria das bandas teve oportunidade ou vontade de fazer. Em alguns meses na casa da banda, ganhei três novos amigos. Seus nomes eram Danny, Harry e Dougie. Não importava o que o futuro nos reservasse, nossa amizade era algo que duraria para sempre.

E agora, quando as pessoas perguntam como nós ficamos tão próximos, sempre pensamos nos tempo que passávamos juntos na casa da banda. É impossível se divertir tanto juntos e não acabar amigos.

FDP, Babaca, F*dido e C*zão

CAPÍTULO

6

Danny: Para nós, o McFly ia ser a banda mais legal do mundo. Temos um som novo e diferente, escrevemos nosso próprio material, tocamos guitarras, temos boa aparência, e nosso som é ótimo. A gente se importa com a música e acredita que o mundo daria o tipo de credibilidade pelo qual ansiávamos.

Mas isso foi antes de fazer o videoclipe para "Five Colours".

Cara, até hoje a gente não gosta daquele vídeo.

No início, não opinávamos quanto à forma pela qual seríamos mostrados. A gente se concentrava na música, outras pessoas se concentravam na imagem. Quando chegou a hora de fazer o clipe para "Five Colours", recebemos o roteiro, um diretor e não tivemos qualquer participação criativa naquilo. Assim que chegamos ao set para a filmagem (quatro horas atrasados porque ficamos chapados na véspera, verdade seja dita), soubemos que odiaríamos. E quando a equipe fez a gente fingir que estava pulando de dentro de um aparelho de TV e zoando em cenários de cores fortes, a vergonha aumentou a cada segundo.

Todo mundo tentava nos animar, dizendo: "Vai ficar ótimo... Basta esperar a iluminação certa... Espere até colocarmos as cores..." Até deixamos que eles nos animassem, mas, quando o clipe ficou pronto, nossos piores medos se confirmaram. Era colorido, berrante e meio bobo: tudo o que a gente não queria ser. Falamos em comprar uma câmera de vídeo e filmar um novo clipe por conta própria, algo de que *a gente* gostasse. Não filmamos, é claro, e pensando bem teria sido um erro imenso. A gente pode não ter gostado daquele clipe, mas a decepção definitivamente foi suavizada pelo sucesso que ele acabaria nos dando. Um sucesso que estava cada vez mais perto.

Harry: Em 2 de março de 2004, o Busted começou uma turnê pelas arenas do Reino Unido. A gente era a banda de abertura. Empolgante? Pense desta forma: nossos primeiros shows decentes seriam em frente a plateias lotadas de 10 mil pessoas. Dez mil garotas que, com sorte, saberiam quem a gente era. Todas gritando para nós.

Infelizmente, elas não estavam gritando para uma banda ao vivo. Tom, Danny e Dougie estavam cantando ao vivo, mas o instrumental foi pré-gravado. Até tentamos argumentar, porque a gente estava ensaiando muito havia seis meses e estávamos tocando bem, mas nossos empresários vetaram. Não teríamos tempo de fazer passagem de som, eles explicaram. Não seríamos capazes de lidar com a pressão. Seríamos como coelhos debaixo de holofotes. Ficamos bem deprimidos com isso, mas, pensando bem, e mesmo que isso soe meio bobo, essa foi realmente a decisão certa. Assim a gente poderia se acostumar a fazer shows ao vivo diante de multidões sem que isso afetasse nossa música. Se a gente tivesse tocado mal nessa turnê, poderia ter sido o fim de tudo.

Eu não sabia muito bem o que era uma arena. Na minha cabeça, era um estádio. Eu nos imaginei em Old Trafford diante de 70 mil pessoas. Quando aparecemos para a primeira apresentação no Point, em Dublin, uma das menores arenas do circuito, lembro de ter ficado meio decepcionado com o tamanho do local. E quando entramos no palco para a nossa primeira apresentação ao vivo, e os gritos não foram *tão* altos quanto eu esperava, achei um pouco esquisito.

Mas aquela turnê foi o começo de tudo para nós. À medida que ela progredia, os gritos ficavam mais altos. O burburinho em relação ao McFly aumentava. Estávamos na estrada havia um mês, e nesse meio-tempo nossa vida mudou. Passamos de quatro caras totalmente desconhecidos que matavam o tempo relaxando sozinhos em casa para uma banda pop reconhecida. Na falta de palavra melhor, ficamos famosos.

Dougie: Aos olhos da imprensa, o McFly e o Busted eram grandes amigos. A verdade é que a gente não saía tanto com eles como agora. Não que a gente tivesse algum problema com eles, mas éramos uma banda tão unida que só queríamos passar o tempo entre a gente.

Tom: Isso não significa, porém, que não percebemos a sorte que tínhamos por estar naquela turnê. O selo de aprovação de Matt Willis no material do McFly significava tudo para mim. Um elogio dele significava mais do que o de qualquer outra pessoa.

Por volta de 200 mil pessoas, todas na faixa etária do nosso público-alvo, viram a gente naquela turnê, que acabou com um show em Wembley no dia 28 de março. No dia seguinte, "Five Colours in Her Hair", nosso primeiro single, foi lançado. Nenhum de nós tinha qualquer ilusão sobre o quanto era importante que nosso primeiro single vendesse bem, o mundo da música pop é inconstante. Se você não é um sucesso quando começa, as pessoas relutam em dar uma segunda chance. Mas acho que todos nós sentíamos que o sucesso de "Five Colours" ia acontecer. Era como se estivéssemos num trem em alta velocidade, impossível de parar, e os primeiros lugares nas paradas fossem apenas estações pelas quais a gente inevitavelmente passaria no caminho por onde íamos, não importa qual fosse o destino.

Na quarta-feira da semana em que nosso single foi lançado, bateram na porta da casa da banda bem cedinho. Era o Fletch, arrancando a gente da cama. Nós nos reunimos no saguão, totalmente confusos e com sono. Fletch tinha uma câmera de vídeo. O que ele estava fazendo?

— Pessoal, estou com os *midweeks*.

Os *midweeks*, importantíssimos na indústria da música, são os números das vendas, estranhamente coletados no meio da semana, que dão uma ideia geral de como será a parada no domingo seguinte. Já tínhamos ouvido as pessoas falarem deles, é claro, mas essa era a primeira vez que aquilo tinha alguma relevância para nós.

Fletch tentou fazer um suspense:

— Bom... vocês ficaram em... PRIMEIRO LUGAR!

A pressão estava no ar. Ele estava filmando. A gente tinha que responder com vivas, abraços e gritos. Mas a verdade é que estava cedo demais. Assim que Fletch abaixou a câmera, a gente resmungou:

— Podemos voltar para a cama agora?

Não acho que tenha havido qualquer arrogância da nossa parte. No mínimo, era novidade para a gente. Ninguém ao nosso redor fez muito alarde por estarmos em primeiro lugar. O Busted já tinha feito isso antes. Acho que não era tão empolgante a gente fazer depois deles.

Dougie: Não que ficar em primeiro lugar não fosse importante. Não que a gente não tivesse adorado repetir o sucesso com o segundo single, "Obviously". Não que a gente tenha sido blasé quando *Room On The 3rd Floor* foi lançado em julho e a gente se viu recebendo um prêmio no Barfly, em Londres, por superar os Beatles e ser a banda mais jovem a ter um álbum de estreia em primeiro lugar. Apenas estávamos subitamente tão atarefados que mal dava tempo de assimilar aquilo tudo. Éramos desconhecidos e agora estávamos aparecendo em programas de TV, revistas e abrindo os shows do Busted numa turnê e lançando nosso primeiro single. De forma lenta, porém gradual e segura, fomos nos acostumando à ideia da fama, então quando aconteceu não foi tão chocante.

Até que do nada a gente ficou *mesmo* importante. A imprensa adolescente (*Smash Hits*, *Sneak*, *Top of the Pops Magazine*) só falava do McFly. A gente fazia sessões de fotos por dia, e um milhão de entrevistadores faziam um milhão de perguntas. Foi um turbilhão de trabalho tão constante que tínhamos sorte se a agenda permitisse uma tarde de folga por semana. Mas nunca pareceu um fardo.

Afinal, a gente não estava na escola, não precisava de empregos formais. Como não gostar daquilo tudo? Estávamos tendo um momento maravilhoso, fazendo shows, viajando para lugares incríveis que nunca conheceríamos de outra forma, como o Japão, onde bizarramente tivemos alguns primeiros lugares nas paradas logo no primeiro ano de banda. Podíamos pegar ou largar a fama e tudo o que vinha com ela, mas estar numa banda de sucesso era muito sensacional.

Tom: Nossa vida tinha subitamente virado uma loucura, e não teríamos conseguido lidar com isso sem a presença de pessoas maravilhosas ao nosso redor. Fletch e Rashman foram fundamentais para isso. Devemos tudo a eles. Eles são o motivo pelo qual a gente formou uma banda e também pelo qual ainda somos uma banda. Richard tem a habilidade incrível de ver o bem que os outros não enxergam nas pessoas. Ele percebeu que o Harry era o cara certo para o McFly e mandou a nossa demo para que ele tivesse vantagem nos testes. Ele sabia que o Dougie tinha algo especial e fez o que pôde para ajudá-lo a tocar bem e ter outra chance de entrar na banda. E foi Richard quem constantemente me ligou nesses primeiros dias, estimulando a gente a compor mais, se encontrando comigo, ouvindo o que eu tinha a dizer, dando conselhos e ensinando tudo sobre a indústria musical.

Quanto ao Fletch, ele é incrivelmente talentoso, excelente músico e compositor. Ele não é o empresário mais organizado do mundo, mas é dez milhões de vezes mais passional do que os outros. Ele é um ótimo líder; quando você tem o Fletch ao seu lado no combate, se sente invencível.

Fletch e Richard eram muito rígidos com a gente no começo, e tinham todo o direito de ser, pois éramos apenas adolescentes. Mas agora a gente tem uma relação sem igual, e não sei se existem outros empresários como eles por aí. Para eles, não é uma questão de negócios, grana ou sucesso: nós realmente somos uma equipe, e quem conhece o McFly sabe que existe outro integrante da equipe igualmente indispensável.

Logo no início da nossa carreira, ficou claro que a gente precisava de alguém para ajudar mais no dia a dia. Entra em cena Tommy Jay Smith, que está com a gente desde o começo e tem o emprego mais difícil do mundo. Oficialmente ele é o nosso gerente de turnê. Extraoficialmente, é uma espécie de pai substituto, que faz quase tudo por nós, não importa se estamos em turnê ou não. Ele organiza a nossa rotina, acorda a gente de manhã e diz o que precisamos levar se formos viajar. Se a gente precisa sair de algum lugar às 6 horas da manhã, Tommy tem que bater na nossa porta às 5 horas. Faz parte do trabalho dele garantir que a gente chegue a todos os lugares na hora certa e que tenhamos tudo que precisamos quando estivermos lá. Tommy encontra corda de guitarra quando não há lojas de música abertas, marca consultas com nossos médicos e faz reservas para jantares. Se algo dá errado em casa, Tommy está lá para resolver. Nós o vemos mais do que a qualquer outra pessoa, praticamente todo dia, e definitivamente mais do que vemos nossos pais. O emprego dele é extremamente estressante, mas Tommy faz o trabalho com maestria. Sem ele, a gente nunca chegaria a lugar algum nem faria nada. E nas páginas a seguir você precisa imaginar o Tommy lá, o tempo todo, nos bastidores. Ele é uma lenda.

Existem mais de quatro integrantes na nossa banda: é impossível imaginar o McFly sem Richard, Fletch ou Tommy. Eles amam a banda pelos mesmos motivos que nós. Sinceramente, eu preferia ficar sem o Harry a ficar sem eles. ;)

Harry: A recíproca é verdadeira!

Embora a gente parecesse lidar bem com a fama que chegava a passos largos, isso não significa que não houvesse momentos capazes de nos assustar. A primeira apresentação ao vivo vem à nossa mente. Não foi um showzinho num pequeno clube diante de uma plateia escolhida a dedo. Nada de facilitar as coisas para nós, a menos que você conte a turnê com o Busted em que fizemos playback. Nossa primeira apresentação ao vivo não só foi na frente do Palácio de Buckingham como havia 8 mil pessoas na plateia. A gente também teve que entrar depois de um artista pouco conhecido chamado James Brown. Jamais esquecerei de estar em pé ao lado do palco na cerimônia da Tocha Olímpica no Mall, em junho de 2004, vendo a enorme banda do James Brown com naipe de metais e dois bateristas ou de falar com Ozzy Osbourne, Rod Stewart e Ronnie Wood, essas lendas do rock, nos bastidores. Gostaria de dizer que a gente encarou numa boa, totalmente tranquilos. Era só mais um show. Mas a verdade é que o McFly estava completamente apavorado. Quando chegou a hora de subir no palco e tocar "She Loves You" e "Five Colours in Her Hair", estávamos tão nervosos que tocamos praticamente duas vezes mais rápido. Quando saímos do palco, Danny estava furioso:

— Foi uma *bosta*... Rápido demais.

Nem me importei:

— Cara, a gente conseguiu. Para a primeira vez, até que não foi tão ruim...

Danny: Para a *primeira* vez, talvez não tenha sido mesmo.

De repente a gente passou a ser reconhecido na rua. Primeiro, quando estivemos no *CD:UK* e começamos a aparecer na imprensa musical, a gente era bastante confundido com o Busted. Tudo isso mudou depois de tocarmos em arenas lotadas e ter um single no topo da parada. Nesses primeiros dias, Tom era o mais reconhecido quando levávamos a nossa vida normal.

Tom: Acho que é basicamente por causa do meu queixo grande e dos dentes horríveis. Fiz uma experiência uma vez: em plena hora do almoço numa rua movimentada, andei pela rua com o queixo coberto e ninguém me reconheceu. Com o queixo à mostra, fui reconhecido na hora.

Começamos a descobrir quando e onde era seguro sair na rua. Nossos fãs eram em sua maioria adolescentes, o que significava que a gente poderia muito bem andar por aí sem ser atacados por uma multidão nos horários de aula. Uma vez, Dougie e eu cometemos o erro de ir ao McDonald's por volta das 16 horas. Todo o lugar ficou em silêncio, como se o forasteiro sem nome acabasse de entrar num *saloon* do Velho Oeste. Nós rapidamente demos um passo para trás e corremos muito.

Harry: Basicamente, os grupos de garotas gritavam atrás de nós quando estávamos todos juntos como uma banda. Individualmente, conseguíamos levar uma vida normal. Mas nem sempre. Uma noite eu estava saindo do cinema, quando um grupo de 25 garotas me reconheceu. Elas começaram a correr na minha direção, como abelhas em cima de mel. Tive que me esconder num pub para evitar ser pisoteado.

Tom: O fato de termos sido jogados ao público de repente foi algo para o qual estávamos bem-preparados, e, embora não seja a melhor parte de se estar numa banda, era algo que a gente adorava. Tinha lá suas desvantagens, claro. A gente se viu numa situação estranha: as pessoas nos amavam ou nos odiavam, não havia meio-termo. As fãs gritavam quando nos viam, e a reação adversa que provocávamos em alguns indivíduos do público era igualmente radical. A verdade é que não culpávamos as pessoas por nos odiarem. A gente sabia que a forma pela qual éramos apresentados ao público não refletia verdadeiramente a banda. Éramos muito legais (ou pelo menos pensávamos ser), mas estávamos sendo vendidos como um grupo certinho e estridente com apelo para as massas. A gente sabia muito bem o quanto o clipe de "Five Colours in Her Hair" era tosco e, quando as pessoas criticaram, nós concordamos silenciosamente. Ninguém acreditava que éramos músicos decentes e que conseguíamos compor nossas próprias canções, todos achavam que a gente era outra *boy band* fabricada. Era esquisito saber que estávamos naquela banda incrível, mas que precisávamos ficar na defensiva nas entrevistas.

Harry: Rapidamente ficamos bons em ignorar críticas idiotas. Isso era insignificante, comparado a tudo de maravilhoso que estava acontecendo com a gente, mas às vezes não dava para evitar que aquilo nos afetasse. O *NME* publicou uma foto nossa e colocou a legenda: "Da esquerda para a direita, FDP, Babaca, F*dido e C*zão."

Danny: Eu era o "FDP"! ☺

Harry: Não entendo o que um editor de revista de meia-idade pensava que conseguiria com aquilo, se ele se sentia bem ofendendo alguns adolescentes por terem um ou dois singles de sucesso. Definitivamente aquilo só botou lenha na fogueira e nos rendeu muitas críticas, especialmente de outros caras.

Uma noite, a gente estava na estrada e parou num posto de gasolina no meio do nada para comer alguma coisa. Um cara gótico estava atrás do balcão, e foi só depois que Tom, Dougie e Danny voltaram para o carro que ele me reconheceu.

— Eu te conheço... — ele falou baixinho — Conheço vocês... *espera aí*, vocês não são daquela banda, McFly?

Naquela época eu adorava ser reconhecido, então dei uma encolhida de ombros bem modesta e tentei parecer o mais legal possível:

— É, isso mesmo...

Ele chegou mais de perto e disse:

— Cara, eu *odeio* vocês.

— Tá bom, obrigado.

Mas ele estava só começando:

— Vocês são *tão* merdas...

Hora de dar no pé.

— Vocês são CHATOS PRA CARALHO...

Eu deveria ter apenas abaixado a cabeça e ido embora, mas não fiz isso. Num rompante de raiva, chutei uma prateleira de salgadinhos e derrubei um monte de revistas da prateleira.

Silêncio no posto de gasolina.

Olhamos um para a cara do outro.

Os olhos dele começaram a brilhar. Do nada, o cara pareceu completamente psicótico.

ALERTA DE MALUCO!

Eu saí correndo da loja, passei pelo pátio e me joguei no carro, gritando:

— *Pisa fundo!*

E a gente saiu rapidamente de lá antes que o maluco conseguisse nos alcançar.

Tom: Todos nós vivemos experiências parecidas. Há alguns anos, eu tinha um amigo inseparável. Depois que saímos da escola, quando eu ia para a faculdade e ficava de bobeira com o Busted, ele entrou numa banda. Eu costumava ver toda a propaganda dele e da banda, e estava sempre mandando SMS, sugerindo que a gente saísse para beber e achando ótimo que tudo estivesse dando certo para ele. Mas nunca recebi muita resposta, e com o tempo a gente acabou se afastando.

Infelizmente, a banda dele não deu muito certo: lançaram alguns singles, mas foram abandonados pela gravadora antes do álbum ser lançado. Lançamos o nosso álbum pouco tempo depois, e nossa história obviamente foi um pouco diferente. Entendo que deve ter sido meio que um soco no estômago dele.

Estávamos dando uma entrevista para uma revista quando perguntaram sobre a nossa amizade, e eu respondi:

— Sim, nós costumávamos ser próximos, mas acabamos perdendo o contato.

Não disse mais do que isso nem pensei mais no assunto. Pouco tempo depois, Danny, Dougie e eu fomos ao Supermercado fazer algumas compras. Eu estava sozinho no corredor de cereais quando senti alguém vindo na minha direção e ouvi um grito:

— Seu *filho da puta*!

Virei para trás e levei um milissegundo para perceber que era a mãe do meu amigo. Então, do nada, fui atingido por uma nuvem de meleca branca. Cara, aquela mulher tinha uma mira fantástica com um pote de creme de leite.

O pote se esparramou no chão. Olhei para baixo. Era grande. Eu nem sabia que *faziam* potes de creme de leite tão grandes assim.

Olhei para as minhas roupas. Elas estavam brancas. Meu rosto estava molhado.

Olhei para ela, que gritou:

— Como você ousa falar mal do meu filho? Depois de tudo que vocês passaram!

Dei um passo para a frente, com o objetivo de acalmá-la, mas escorreguei na poça de creme e caí de bunda no chão. Ela entrou em pânico, largou as compras e correu da loja. Tentei ir atrás dela, mas foi difícil porque meus pés estavam escorregadios por causa do creme de leite...

Dougie: Eu estava no caixa pagando as compras quando Tom surgiu, parecendo o Gasparzinho, o fantasminha camarada. Pingava creme de leite da ponta do nariz dele.

— Mas o que... — disse eu.

Tom: De repente, fui cercado pelos seguranças do supermercado. Eles acharam que eu estava destruindo o lugar. Gritei para eles:

— Não fui eu!

E apontei para saída por onde a mulher estava correndo.

Danny: Eu cheguei e corri para o estacionamento com alguns seguranças, tentando pará-la, mas foi tarde demais. O marido já estava no carro, ela pulou no veículo, e eles saíram cantando pneu como se estivessem na série *Os gatões*.

Em outro momento, durante uma das nossas raras noites em boates, um grupo de caras começou a implicar com a gente. Estávamos prontos para ir embora, o táxi já esperava do lado de fora, quando um desses sujeitos me deu um soco no ouvido, bem no meu brinco, que raramente perco. Tento sempre contar até dez antes de reagir...

Dougie: O problema é que às vezes ele para no meio da contagem...

Danny: ...e nessa ocasião surtei. Foi preciso me tirar da boate, me jogar no táxi que estava nos esperando e gritar para o motorista ir embora. Aqueles caras tinham total intenção de encher a gente de porrada só porque éramos famosos.

Outras bandas também passaram a nos odiar. Sempre que encontramos artistas de grande sucesso, homens e mulheres que não precisam provar nada a ninguém, eles foram superamigáveis e nos deram força. Eram as bandas que estavam rumo ao sucesso (ou se afastando dele) que pareciam ter problemas com a gente.

Dougie: Também passamos pela fase de ser odiados por determinadas bandas indie que gostavam de nos criticar sempre que podiam. Como se eles se definissem por odiar o McFly. De alguma forma, porém, a gente conseguiu sobreviver, e embora algumas pessoas gostassem de pensar em nós como FDP, Babaca, F*dido e C*zão, nós tínhamos fãs que compensavam isso tudo.

Nossa primeira turnê como atração principal foi no outono daquele ano. Ela começou no Wolverhampton Civic Hall e foi um momento importante para nós. Quando a cortina subiu e a multidão gritou, o barulho foi tão alto que nossos técnicos de som tiveram que colocar o PA no máximo. Naquela época, a gente tinha monitores no palco em vez de fones de ouvido, e às vezes simplesmente não dava para ouvir o que estava tocando. E foi assim pelo resto da turnê. Havia pessoas que odiavam o McFly, mas quando chegava a hora do show era fácil se esquecer de todas elas.

❖

Tom: Talvez a gente estivesse se iludindo. Talvez não caiba a nós dizer isso, mas apesar de todas as coisas incríveis e das mudanças que aconteceram na nossa vida, não acho que a gente tenha mudado tanto assim. Talvez porque nunca tenhamos gostado muito dessa coisa de celebridade. Talvez porque já gostávamos de sair uns com os outros, num grupinho fechado. Talvez porque, embora tivéssemos medo dos empresários, eles estavam fazendo um ótimo trabalho em nos manter com os pés no chão.

Dougie: Eu mudei mais que os outros. Precisei crescer muito rápido. Assim que me mudei para a casa da banda, os outros três caras instantaneamente viraram meus irmãos mais velhos. Danny fazia o meu penteado se a gente fosse a algum lugar, Harry me ensinou a fazer a barba, os três me ensinaram a ser mais confiante. Acho que ainda tinha um misto de reverência e espanto em relação a eles, não só por serem mais velhos, mas também porque o Tom e o Danny eram músicos excelentes. Não demorou muito para eu me afastar dos outros amigos. Sem querer ser condescendente, eles ainda eram garotos e faziam coisas de garotos, enquanto eu era arrastado para aquele turbilhão de empolgação. Até tentei manter contato com os amigos de fora da banda, pois realmente queria saber o que acontecia na vida que deixei para trás, mas a nossa vida ficou muito diferente. Ficamos em polos opostos.

Danny: Começamos a descobrir que quando se é uma pessoa pública as pessoas tratam você de um jeito diferente. Nem todos, é verdade. Tive amizades boas e sólidas ao meu redor, e até os amigos de Bolton pareciam sinceramente felizes por tudo o que estava acontecendo na minha vida, mas às vezes as pessoas nos viam de modo diferente.

Harry: Um grande amigo meu costumava dar festas algumas vezes por ano no grande celeiro em que vivia. Eu sempre fui a essas festas e me divertia muito, mas, depois que começamos a fazer sucesso, eventos assim ficaram bem menos divertidos. Não é muito legal ter setenta pessoas encarando você a noite toda.

Dougie: Para mim, até ficar em casa podia ser difícil. Quando me mudei para a casa da banda, precisava voltar para a casa dos meus pais nos fins de semana. Minha mãe me buscava em Londres na sexta à noite e me levava de volta a Essex de carro. E pode parecer algo horrível de se dizer, mas eu odiava aquilo. Não só por estar morando em Londres com meus três novos melhores amigos e vivendo o melhor momento da minha vida, compondo canções, fazendo música. Não era só o fato de eu estar vivendo o sonho de todo garoto.

Eu odiava voltar porque minha casa não parecia mais ser o meu lar.

Duas ou três semanas depois do meu pai ter saído de casa, eu entrei na banda. A pior coisa da minha vida tinha acontecido, seguida pela melhor. Foi uma época de extremos. Meu pai fez uma breve reaparição depois disso, e acho que meus pais tentaram resolver a situação por algumas semanas, mas ele acabou indo embora novamente. Minha mãe estava acostumada a ter mais três pessoas em casa, e agora eram apenas ela e a minha irmã. Nada mais parecia familiar ali. Odiava ser levado de volta à realidade, odiava que o caminho de volta para casa não *parecesse* o caminho de volta para casa: minha mãe não cozinhava mais, não tinha dinheiro, as coisas estavam desabando em casa e ela estava deprimida de verdade. Era um ambiente muito estranho.

Nunca fui um adolescente problemático e mal-humorado, nunca fui o tipo de garoto que discutia com os pais. Mas nessa época comecei a agir dessa forma. Eu estava sendo forçado a crescer tão rápido quando estava com a banda que não *queria* ser um adulto quando fosse para casa. Queria apenas ter o mesmo que os outros caras: um lugar onde pudesse voltar a ser apenas Dougie Poynter com a família.

Minha mãe e eu começamos a ter problemas de relacionamento, e a culpa foi toda minha. Descobri que não queria saber o que acontecia lá em casa nem queria pensar no quanto minha mãe estava deprimida. Acho que, lá no fundo, ela imaginava isso e nunca deixava transparecer que ainda não estava bem. Mas às vezes era demais. Uma vez, meu tio ligou para dizer que minha mãe não conseguia lidar com a situação, que ela e minha irmã estavam vivendo de macarrão instantâneo. Pelo menos eu estava em condições de ajudar financeiramente e mandava para ela algumas mil libras de vez em quando, o que deixava minha mente um pouco mais tranquila.

Mas com o tempo as coisas melhoraram, e agora minha mãe e eu nos reaproximamos. Também sei que minha mãe achou a empolgação do período inicial da banda uma ótima distração do que estava acontecendo em casa, e isso ajudava nos momentos difíceis causados pelo desaparecimento do meu pai. Isso deu a ela algo em que se concentrar.

Danny: Fletch fazia tudo para manter a rédea curta. Ele batia constantemente na tecla de que precisávamos agir de modo profissional, que a nossa banda era um negócio, precisávamos aparecer na hora para os ensaios ou compromissos e deveríamos voltar para a casa da banda bem cedo quando o dia de trabalho acabasse. Se o Fletch mandasse a gente pular, a gente pulava. Ou no mínimo *fingiria* o pulo. Tínhamos medo dele, e bem lá no fundo a gente sabia que ele queria o melhor para nós, mas seria mentira dizer que ele não era chato, que a gente não se sentia com as asas cortadas. Éramos jovens, mas não éramos mais crianças, e a gente se revoltou do nosso jeito, mesmo fazendo de tudo para esconder dos nossos empresários. A maconha era uma forma de se revoltar. As garotas eram outra. Agora eu admito, mesmo sem me orgulhar disso: em se tratando de garotas, eu era como uma criança numa loja de doces. O total oposto do Tom, que era um menino muito bonzinho.

Tom: Depois que eu eu finalmente reconquistei a Giovanna, depois de tanto esforço, não botaria tudo a perder novamente. Fiquei obcecado por ela por vários anos e, mesmo naquela época, sabia que era a garota com quem gostaria de passar o resto da vida. Dougie também era um romântico.

Harry: Apesar das garotas ficarem malucas por ele, o Dougie ainda não percebe que é um bom partido. Ao contrário do Danny, que não é um bom partido, mas acha que é! Como Danny não tinha muitos amigos em Londres, costumava confiar em mim para fornecer o entretenimento quando veio para cá. Perdi a conta de quantas vezes ouvi a frase: "Cara, fala para ela voltar e trazer uma amiga!"

Mas como Fletch nunca se cansava de lembrar, as regras eram para ser cumpridas. Não era permitido ter garotas na casa. Não poderíamos ser vistos com pessoas do sexo oposto. E obviamente nenhum de nós seria idiota de se envolver com uma mulher mais velha que trabalhava para uma banda rival e cujos chefes eram o Fletch e o Richard. Não é?

Durante a turnê do Busted, uma das coreógrafas chamou a nossa atenção. Todos nós éramos muito a fim dela, mas, por sermos bem mais novos, parecíamos idiotas quando ela estava por perto. A gente se exibia, tirava onda de descolado. Era de dar vergonha. Alguns meses depois, quando fiquei solteiro depois de me separar da minha então namorada, Danny e eu saímos uma noite para o show de uma banda de meninas de Bolton, sendo que uma delas tinha sido namorada do Danny. A coreógrafa, que a gente não via desde a turnê do Busted, por acaso estava lá.

Naquela noite a gente saiu para dançar com as três garotas que eram da nossa idade, e a coreógrafa perguntou se poderia ir junto. Concordamos na hora. Resumo da ópera: acabei ficando com ela. Ópera nem tão resumida assim: quando a gente se despediu dela, Danny e eu voltamos para o hotel das garotas. Fiquei com uma delas enquanto Danny esperava a cama ser liberada para ficar com a outra. Então a que ficou com Danny começou a tentar *me* arrastar para a cama, e acabei ficando com ela também.

No dia seguinte, a gente tocaria em Wembley, no prêmio *Smash Hits*. A coreógrafa estaria lá, e imaginei que ela ficaria constrangida pelo que tinha acontecido na noite anterior. Afinal, ela estava um pouco bêbada e era bem mais velha que eu. Mas que nada. Ela me puxou para um canto e me passou o número do telefone dela.

Aquilo foi fantástico. Muito legal, mas também meio assustador. Se o Fletch e o Rashman descobrissem, eu estaria *muito* encrencado. Disse a ela para não contar a *ninguém*. A coreógrafa era o fruto proibido, sem contar que era gostosa demais. Nem acreditei no tamanho da minha sorte.

No dia seguinte, a gente ia para a estreia de *O fantasma da ópera*, todos em traje de gala. A gente nunca tinha permissão de ir às festas que acontecem depois desses eventos: Fletch sempre nos mandava ir para casa e dormir. (Ele achava que estava sendo rígido. Até *estava*, mas não sabia que boa parte das vezes a gente até preferia que fosse assim, porque só queríamos ir para casa e ficar de bobeira.) Naquela noite foi a mesma história. Fingi que concordava:

— Pois é, Fletch, estou cansado mesmo. Vou para casa.

Na verdade, liguei para a coreógrafa, peguei o endereço dela e fui até lá, ainda em traje de gala e com uma rosa nas mãos. A casa dela ficava numa região nobre de Londres, me senti num filme. Foi o começo de um romance maravilhoso, ainda mais porque a gente precisava manter segredo absoluto.

Até que um dia, dois meses depois, ela me ligou em pânico:

— O Fletch sabe!

Aconteceu que nós fomos descuidados. O site *Popbitch* tinha feito uma matéria sobre a gente, e Fletch ficou atento. Basta dizer que ele não ficou nem um pouco satisfeito. Terminamos tudo imediatamente, mas aprendi uma lição sobre como seria difícil manter a privacidade sendo uma pessoa pública.

Danny: Aprendi a mesma lição de um modo menos digno quando a garota com quem perdi a virgindade contou tudo nos jornais. Não teria sido tão ruim se ela não tivesse revelado que fiquei de meias o tempo todo. Até neguei na época, mas o que podia fazer? Estava frio demais!

Parando para pensar, agora a gente consegue ver que Fletch e Rashman precisavam ser rígidos. Eles não estavam lá apenas para cuidar dos nossos interesses em termos de negócios, mas sim para cuidar de *nós*, e não poderíamos ter tido empresários melhores. Mas isso não quer dizer que a gente não se aborrecia. Não éramos muitos fãs de farra, gostávamos de trabalhar muito, mas de vez em quando a gente queria apreciar as vantagens do sucesso sem ter que fazer tudo em segredo.

Quando o *Room On The 3rd Floor* foi lançado, pediram para a gente se apresentar na estreia do filme *Homem-aranha 2* — um entretenimento leve para os convidados que passavam pelo tapete vermelho. Beleza, vamos lá. Estreias eram praticamente os únicos eventos de celebridade que a gente gostava de fazer, e ficamos ainda mais ansiosos para aquele: um show, um filme legal e uma festa incrível depois. Totalmente classe A e com estrelas de

Hollywood. Tom foi à festa pós-estreia do último filme da trilogia *O senhor dos anéis* e contou como tudo era luxuoso. Essa a gente não perderia.

Mas Fletch e Rashman vetaram, dizendo:

— Vocês não podem ir à festa, precisam voltar para casa e dormir cedo.

Harry: Era restrição demais. Desta vez até o Danny, que é todo amigável e tranquilo, protestou.

Danny: Parecia que a gente só podia viver o lado do trabalho daquilo tudo. A gente só queria sentir um pouco do glamour. Perdi a linha, dizendo ao Fletch que ficamos putos por perdermos todas as coisas legais. Não adiantou nada. O carro nos levou para casa. Nada de festa para nós.

Harry: Só que não foi bem assim, porque Fletch e Rashman devem ter pensado que passamos a noite toda em casa vendo televisão, ensaiando e colocando o sono em dia, mas a realidade foi bem diferente.

Tom: Éramos quatro caras vivendo um sonho. Embora não gostássemos muito da forma como éramos apresentados ao público e de como algumas pessoas nos viam, nada disso importava porque, no fim das contas, a gente poderia voltar para a casa da banda e ficar juntos. Tínhamos músicas de sucesso, éramos famosos e bem-sucedidos, mas isso realmente não era o mais legal da nossa situação. O mais legal de ser o FDP, Babaca, F*dido e C*zão é que, a portas fechadas, éramos apenas quatro grandes amigos, vivendo a melhor época da nossa vida.

CAPÍTULO 7

Star Girl

Tom: Dia dos Namorados, 2004. Merda.

Era o meu primeiro Dia dos Namorados depois de voltar com a Giovanna, e não tinha comprado um presente. O que poderia fazer? Compor uma música para ela, é claro. O que poderia ser mais romântico do que isso? Peguei a guitarra, trabalhei alguns acordes e um pouco da letra. Algo bem pessoal, sobre mim e ela, falando da primeira vez que dançamos juntos na cozinha da casa dos meus pais ao som de "Easy", dos Commodores. Criei a música rapidamente, não levou mais de cinco minutos. Não que eu tivesse feito com pressa, mas quando fico realmente inspirado, minhas músicas mais criativas saem em instantes. Depois bati na porta do Danny e pedi para gravá-la. Ele já estava fascinado pela produção musical, área em que seria muito bom, e montamos um estudiozinho na casa da banda.

Toquei minha música para ele...

Danny: ...e eu *odiei*. Parecia o tipo de coisa que um quarteto vocal ruim cantaria.

Tom: Mas gravei assim mesmo, sozinho no estúdio caseiro do Danny, enquanto ele e os outros assistiam a *Crimewatch* lá embaixo. Depois corri para o carro e fui para a casa da Giovanna entregar o presente. A música se chamava "All About You", e nunca teve a intenção de ser gravada pelo McFly nem de ser ouvida por outra pessoa além da Gi. Foi a primeira música que compus totalmente sozinho, sem ajuda do James Bourne, do Danny ou do Dougie. Era apenas uma música pessoal para a minha namorada, mas acabaria virando um dos nossos maiores sucessos.

Avance seis meses. O Busted tinha acabado de aceitar um convite para gravar a versão de "Do They Know It's Christmas?", feita pelo Band Aid 20. Depois disso, Fletch falou com Richard Curtis sobre a organização de caridade Comic Relief. Sempre em busca de uma oportunidade, ele perguntou se a gente poderia se envolver no projeto. Foi assim que acabamos sentados no escritório de Richard Curtis, trocando ideias e tentando decidir se havia algo que pudéssemos fazer juntos.

A gente já tinha começado a compor para o segundo álbum, e o material que surgia era bem menos pop do que o das músicas anteriores, algo mais influenciado por bandas como The Who e Oasis. Nada daquilo seria adequado para a Comic Relief, mas eu *tinha* aquela música feita para a Giovanna. Todos ficaram doidos por ela. Era boa, pop e tinha o sentimento certo. Assim, dentro de uma semana, todos decidiram que "All About You" seria o single da Comic Relief para o ano seguinte, com "You've Got a Friend" no lado B.

Em janeiro de 2005, gravamos o clipe para "All About You", junto com um monte de celebridades que concordaram em participar do projeto. Gravar clipes nunca é assim uma maravilha, mas tinha algo especial naquela gravação, embora o dia tivesse começado triste: naquela manhã soubemos que o Busted tinha terminado.

A gente devia muito ao Busted, especialmente eu, mesmo tendo sido expulso da banda após alguns dias. Não queríamos ver a banda acabar. Contudo, Charlie tinha decidido que não estava mais a fim, e eles sempre concordaram que se um deles quisesse sair, a banda acabaria, e cada um seguiria seu caminho. Os integrantes do Busted nunca tiveram o mesmo que a gente. Eles nunca foram grandes amigos. Vê-los se separarem foi um lembrete do quanto tínhamos sorte por sermos tão unidos. Queria ter lembrado mais disso nos meses seguintes.

Richard Curtis perguntou se gostaríamos de nos envolvermos mais do que gravar a música para eles e perguntou se toparíamos ir à África fazer um pequeno filme para a Comic Relief. Claro que sim. Seria mais uma coisa empolgante no já movimentado ano de 2005.

Durante a nossa primeira turnê em casas de espetáculo, soubemos que um diretor da 20th Century Fox assistiria ao show em Hammersmith. Nossos empresários disseram:

— Vocês precisam tocar bem. Sejam engraçados. Sejam legais com ele.

A gente não sabia muito bem por que ele estava lá naquele momento, mas como resultado dessa visita nós recebemos o convite para aparecer num filme de Hollywood chamado *Sorte no amor*, com uma jovem atriz chamada Lindsay Lohan, uma das atrizes mais bonitas dos Estados Unidos na época. Quando veio o convite, não percebemos o quanto aquilo era importante. Era só mais um compromisso naquele turbilhão louco que a nossa vida se tornou (hoje em dia, ficaríamos eufóricos). Pouco tempo depois, descobrimos que tínhamos sido indicados para o BRIT Awards. A nossa agenda estava um sucesso: uma viagem para a África, os BRIT Awards e depois um tempo filmando em Nova Orleans e Nova York. Beleza.

Fomos para Uganda em janeiro de 2005. Ninguém sabia o que esperar. Vivíamos uma vida de rei, com jatinhos particulares, férias cinco estrelas, acostumados a ficar nos melhores hotéis, e tínhamos dinheiro o bastante para fazer ou comprar praticamente tudo o que quiséssemos.

E aí nós chegamos a Kampala.

Assim que o carro saiu do aeroporto, sentimos que tínhamos aterrissado em outro mundo. A gente estava no local equivalente a um hotel cinco estrelas, mas a 15 minutos dali os pobres de Uganda viviam em favelas. Todos os dias passávamos por aquela área de pobreza indescritível. Todos os dias nossos olhos ficavam um pouco mais abertos. E quanto mais abertos eles ficavam, mais facilmente as lágrimas surgiam.

Estávamos lá para ver o trabalho feito pela Comic Relief, mas principalmente para ver o quanto ainda precisava ser feito. Vimos uma clínica fundada pela organização e frequentada por pessoas que vinham de muito longe, a pé. Era o único local em Uganda onde era possível receber tratamento para malária e HIV, um ambiente minúsculo, pouco maior que uma cabana. Mal dava para tratar as milhares de pessoas daquele país que precisavam dos seus serviços. Mas era tudo o que tinham.

Conhecemos pessoas da nossa idade que não tinham uma vida de rei como nós. Eles morriam de malária. Amontoados na clínica, sofrendo imensamente num calor insuportável, e não havia camas suficientes para todos que precisavam de tratamento. Muitos dormiam em colchões finos e sujos em qualquer lugar onde pudessem encostar: nas escadas, nos corredores. Todos esperando o inevitável.

Danny: O pior era o cheiro...

Dougie: E a poeira alaranjada que entrava em todos os lugares...

Harry: E andar pela rua e ver pilhas de peixe podre com moscas zumbindc ao redor...

Tom: Crianças descalças...

Danny: Esgoto a céu aberto...

Dougie: E bebezinhos com estômago distendido por causa da subnutrição...

Tom: Vimos casas em que os moradores precisavam defecar num buraco, que era ligado ao lugar de onde eles tiravam a água para beber e lavar roupas. A gente visitou a única bomba de água potável na vizinhança. Ela ficava trancada e era vigiada por um homem do governo, a quem os moradores precisavam pagar para obter água limpa. Mas ninguém tinha dinheiro. Por isso, a Comic Relief dava o dinheiro necessário para garantir que eles não beberiam a mesma água para onde iam urina e fezes.

Danny: Os garotos eram ótimos, divertidos. A gente era um trepa-trepa humano para eles. Éramos novidades também, e não só por sermos brancos. Eles nunca tinham visto sardas e ficavam tentando tirá-las da minha pele. O mesmo valia para as tatuagens.

Dougie: E depois de seguir a gente por um tempo, todos começaram a copiar a jogada de cabelo do Danny, ao estilo do Bieber.

Danny: Aqueles meninos não tinham nada no mundo, mas não se deixavam abater, provavelmente porque não conheciam nada diferente daquilo. Apesar disso, parecia haver um limite de idade para a felicidade deles. A gente encontrou crianças tristes de 14 anos que eram as mais velhas da família, obrigadas a sustentar irmãos e irmãs mais novos e crescer antes da hora. O exato oposto de nós.

Tom: Conheci uma menina da minha idade que era soropositiva. A lembrança dela é suficiente para assombrar qualquer um. Ela era só osso. A cama dela estava ensopada de sangue e urina. Estava delirando, incapaz de ficar lúcida por mais de alguns minutos. Três dias depois, enquanto ainda estávamos lá, ela morreu.

Danny: Visitei uma menina de 6 anos com malária. A mãe estava na cabeceira da cama dela, e expliquei por que a gente estava lá, ou seja, para descobrir mais sobre a dura realidade da vida em Uganda. Ela parecia quase entorpecida quando me disse, de modo bem prosaico, que a filha sofria de febres constantes e uma dor insuportável nos braços e nas pernas. Segundo relatos, a malária faz os ossos queimarem como se pegassem fogo. A garotinha teve sorte por ser tratada, mas você não pensaria o mesmo ao ver o médico entrar no quarto. Ela começou a gritar com todas as forças, pois sabia o que estava por vir: injeções dolorosas diretamente nas articulações. Era necessário, é claro. Com sorte, aquilo a manteria viva, mas tente dizer isso a uma criança de 6 anos... Eu segurei a mão da garotinha, esperando confortá-la um pouco. Nunca vou me esquecer do olhar que ela me deu. Eu não consegui lidar com aquilo e também chorei copiosamente quando saí do quarto.

Harry: Quando chegava a hora das refeições, éramos levados a uma pequena cabana para comer. Não era exatamente culinária cinco estrelas: Pringles, Kit Kats e pouco mais que isso, mas era um banquete comparado ao que a maioria das pessoas tinha. Os garotos cercavam a cabana de olhos arregalados e boca aberta quando viam a comida que a gente teria dividido com o maior prazer, mas recebemos instruções rígidas de não dar nada a ninguém. Não só porque o estômago deles não seria capaz de digerir aquela comida, mas porque, se a gente desse um Kit Kat para uma daquelas crianças, alguém simplesmente roubaria dela e a espancaria. É o que a pobreza faz com as pessoas.

As crianças um pouco mais velhas imploravam por ajuda. Também imploravam por dinheiro, para que as tirássemos dali e as levássemos à Inglaterra conosco.

Tom: Uganda realmente abriu os nossos olhos, mas também nos deu momentos memoráveis por bons motivos. Havia apenas um ponto de energia no meio do vilarejo, onde conseguimos ligar um PA, montar meia bateria, e fizemos um showzinho acústico, ensinando "You've Got a Friend" para um grupo de duzentas crianças africanas com o sol se pondo ao fundo. Alguns momentos você sabe que são inesquecíveis, e esse foi um deles. Parece clichê, mas viagens assim mudam a sua forma de ver o mundo. Faz você se lembrar do quanto tem sorte. E nós tínhamos mais sorte que a maioria.

Harry: Quando chegou a hora de ir embora de Uganda, fomos cercados por algumas centenas de crianças, implorando ainda mais vigorosamente por dinheiro e para levá-las à Inglaterra com a gente. Quando finalmente conseguimos entrar no carro que nos levaria ao aeroporto, ficamos em silêncio absoluto por alguns minutos até que Tom e Danny começaram a chorar. Também senti os olhos marejados. Olhei para Dougie, que estava fazendo um ruído esquisito com a boca. Era algo totalmente sem emoção, pelo menos foi o que pensei, e por algum motivo eu me vi rindo. Na verdade, como estávamos sendo filmados, ele tentava se distrair para impedir que as lágrimas caíssem. Tom e Danny não conseguiam parar de chorar. Dougie e eu estávamos no meio do caminho entre o riso e as lágrimas. A gente ficou assim por umas duas horas. A emoção da visita e tudo mais parecia enfim estar transbordando da gente. Não havia qualquer sensação de autoelogio por termos nos envolvidos no trabalho da Comic Relief em Uganda. Não importa o que as pessoas vão dizer no futuro, não foi um exercício de autopromoção cínica. Após ver de perto a realidade da vida, nós simplesmente quisemos fazer mais.

Tom: Voltamos a Londres mais ou menos no fim de janeiro e seguimos imediatamente para Nova Orleans a fim de gravar algumas músicas para *Sorte no amor*. Harry e Dougie estavam tocando muito bem, e o consenso geral era de que nos tornamos uma banda ao vivo bem coesa. Por isso, nosso produtor Hugh Padgham, que tinha gravado a maior parte do nosso primeiro álbum, queria que a gente dispensasse os músicos de estúdio. Seria a primeira vez que gravaríamos juntos como uma banda. E foi duplamente empolgante porque seria material inédito.

Danny: Hugh era um produtor à moda antiga, bem rígido. E nós o respeitávamos muito. Ele não aceitava que ninguém chegasse atrasado, e não queria saber de palhaçadas no estúdio. A tecnologia da época era bem diferente da de hoje. Ainda se gravava em fita, para se ter uma ideia, e o Hugh odiava trabalhar com computadores. Ele *era* o computador: subia no bumbo para enfraquecer o som na medida certa, fazia a gente se afastar do microfone quando cantávamos determinadas palavras. Ele queria que a gente tocasse a nossa música e fosse a banda que *a gente* queria. Enfim, ele era o nosso guia. Hugh tinha trabalhado com todo mundo: Paul McCartney, Sting, Genesis, Freddie Mercury, e era legal trabalhar com ele num estúdio fantástico em Nova Orleans, onde tanta música boa tinha sido feita.

Tom: Também era esquisito estar lá logo depois da nossa experiência nas favelas de Uganda. Dividi uma melancia com uma garotinha na África pouco antes de ir embora. Foi um erro terrível, pois acabei vomitando até a alma num hospital de Nova Orleans e tomei injeções na bunda (falei demais, né?).

Danny: Para mim, estar no estúdio era como voltar para casa. Mas durante as gravações em Nova Orleans, comecei a ter a impressão de que algo errado estava acontecendo na minha verdadeira casa lá em Bolton. Eu recebia ligações da minha irmã, dizendo: "Você não acha que o papai anda meio esquisito ultimamente?"

Na verdade, achava, sim, que ele andava esquisito havia muito tempo. Você se lembra de quando falei que a minha família gostava de ir à casa da minha avó para o almoço de domingo? E como o meu pai passava cada vez menos tempo com a gente nesses dias e mais tempo no pub? Isso continuou a acontecer depois que entrei para a banda. Era quase como se o pub fosse a nova casa dele, e o pessoal de lá, a nova família. Quando a banda engrenou nos compromissos e passei a ficar menos tempo em casa, meu pai sempre queria me levar para o pub quando eu voltava a Bromley Cross. Eu gostava daquilo e minha mãe também, mas ela achava que eu precisava passar mais tempo com a família. Como previsto, isso causou tensões. Como sempre, tentei ser diplomático e dividir o tempo entre eles, mas isso só causou mais discussões. E se eu ficasse do lado da minha mãe, aí é que meu pai ia mesmo para o pub.

Apesar disso tudo, eu ainda tinha um bom relacionamento com ele. Coisa de pai e filho mesmo, falávamos de futebol e mulheres, bebíamos juntos. No meu primeiro Natal na banda, como tinha um pouco de dinheiro no bolso, levei minha mãe, meu pai, minha irmã e meus avós para Antígua, de primeira classe. Eu estava sentado na piscina com meu pai, bebendo e olhando as meninas, quando ele veio com essa:

— Ela está me irritando de verdade, Danny.

— Quem? — perguntei.

— Sua mãe. Está me irritando *mesmo*...

Eu não gostava do jeito que ele estava falando, mas eu não era de criar caso. Defendi a minha mãe e tentei mudar de assunto.

Minha intuição dizia que havia algo errado. Me dei conta de que talvez não conhecesse meu pai tão bem quanto imaginava e percebi que a nossa casa estava mudando lentamente. Não era mais uma casa de família. Meu pai nunca estava lá. Os consertos da casa não eram feitos. Quando minha irmã me ligou em Nova Orleans para dizer que meu pai poderia estar tendo um caso, tentei esquecer aquilo e me concentrar no trabalho, mas uma vozinha na minha cabeça dizia que aquilo estava estranho. Uma hora depois, ela me ligou para dizer que era verdade. Meu pai *estava* saindo com outra pessoa.

Para mim, só tinha uma coisa pior do que saber que tinha algo errado em casa: estar do outro lado do Oceano Atlântico, incapaz de fazer algo a respeito. Pelo que todos diziam, meu pai ainda dormia em casa, e minha mãe estava arrasada. Eu estava tão preocupado que tive ataques de pânico, mas fiz o que pude para analisar a situação. A gente tinha acabado de ver uma garotinha morrer de malária, então aquele não era um problema tão grande assim, certo?

Quando voltamos à Inglaterra, prontos para o BRIT Awards na semana seguinte, a primeira coisa que fiz foi pegar um trem para Bolton. Durante a viagem, notei que estava com medo de ir para casa. Quando cheguei e vi todas as luzes apagadas, pareceu terrivelmente oportuno. Não tinha ninguém lá: minha mãe estava na casa da minha avó e, quando ouvi a porta abrir e percebi que era o meu pai, me tranquei no banheiro, tendo um treco por não ter avisado que viria para casa e por não querer vê-lo com raiva por pensar que eu tinha falado com a minha mãe e não com ele. Mas eu não podia ficar no banheiro para sempre. Então respirei profundamente várias vezes, abri a porta com as mãos tremendo e saí para enfrentar a situação.

Eu não podia ficar calado. Minha mãe estava abalada, certamente chorando rios de lágrimas na casa da minha avó. A gente se sentou. Eu estava quase hiperventilando e ele segurava os meus pulsos, tentando me acalmar. Não conseguia olhar nos olhos dele.

Fiquei tentando convencê-lo a conversar com a minha mãe, explicar tudo e pedir desculpas por não estar mais apaixonado por ela, mas ele não queria.

No fim das contas, foi demais para mim. Perdi a cabeça e gritei:

— Foda-se!

E saí correndo de casa.

Eu sempre tinha achado meu pai o máximo. Sempre me dei bem com ele. Infelizmente essa foi a última vez em que falei com ele pessoalmente.

Como aconteceu com Dougie, subitamente virei o homem da casa. Mas assim como Dougie, eu quase nunca estava lá. Não vou fingir que voltar para a casa da banda no dia seguinte não foi uma fuga, mas é difícil explicar a ansiedade que senti ao saber que minha mãe e minha irmã teriam que se acostumar àquela nova situação horrível sem mim.

Meu pai não saiu de casa imediatamente, como eu tinha pedido. De volta a Londres, recebi uma ligação da minha mãe dizendo que o meu pai estava voltando para casa e dormindo no meu quarto. Falei com ele ao telefone. Basta dizer que a conversa foi tão ruim que acabei dando um soco e fazendo um buraco na parede da casa da banda, de tanta raiva e frustração.

Não sei como teríamos superado isso se eu não tivesse um pouco de dinheiro, pois tanto a minha mãe como o meu pai precisavam ter sua própria casa. Assumi o pagamento da hipoteca da minha mãe e paguei os estudos da minha irmã. Nossa casinha em Bromley Cross deixou de ser um lar confortável e virou um lugar triste. Embora quisesse estar lá para apoiar minha mãe e minha irmã, eu não queria deixar a bolha do McFly e enfrentar a realidade da vida em Bromley Cross. Quem gostaria?

A noite dos BRIT Awards tinha chegado. Talvez fosse o momento mais empolgante da nossa carreira até então. Fomos indicados a Melhor Artista Pop e sabíamos que havia chance de ganharmos. Ser convidado já era legal o bastante, quanto mais ter uma indicação. Foi um lembrete de como os primeiros anos do McFly tinham sido uma loucura.

Harry: Estar no tapete vermelho é um troço meio doido. Não é a melhor experiência do mundo. É impossível não ficar ansioso antes de chegar. Impossível não achar que, ao sair do carro, todos os jornalistas vão se perguntar quem é você. Ninguém queria ser o primeiro a pisar no tapete nessas ocasiões, mas aquela noite foi particularmente estressante. Depois que a gente chegou lá, porém, foi incrível. Conseguimos babar na apresentação do Green Day com "American Idiot" e, quando chegou a hora de Jodie Kidd anunciar o Melhor Artista Pop, nós demos as mãos por debaixo da mesa.

— E o prêmio vai para...

Tom: Nenhum de nós gosta de discursos de agradecimento, mas a alegria de ganhar tornou suportável o fato de ficar lá em pé e citar as pessoas que gostaríamos de agradecer enquanto Fletch estourava o champanhe lá na mesa. Nos bastidores, demos entrevista a vários veículos da imprensa, e, quando estávamos na sala da Radio 1, o Green Day passou. Senti o Dougie bater no meu ombro:

— Cara... *Cara!*

Dougie: Os integrantes do Green Day gritaram para nós:

— Olha, é o McFly! Quem é o baixinho com o champanhe?

O baixinho era eu, com a garrafa numa das mãos e o prêmio na outra, por acaso estava batendo um papo com um dos nossos ídolos na música. Dois minutos depois, o Billie estava literalmente despejando champanhe pela garganta do Harry. Teria como a noite ficar melhor do que isso?

Tom: A Universal Records foi a anfitriã de uma festa depois dos BRIT Awards. Nós ficamos totalmente doidões e acabamos dançando bêbados com as meninas do Girls Aloud além de recebermos elogios dos chefões da Universal antes de voltar para casa. Danny e eu sentamos no nosso estúdio, ouvindo as demos das novas músicas. Elas pareciam ótimas, a gente tinha acabado de ganhar um BRIT Award e de conhecer o Green Day. Tudo estava indo bem.

E, além de tudo, tinha o pequeno detalhe de um certo filme a ser produzido...

Dougie: Os produtores de *Sorte no amor* esperavam que ele fosse o próximo *Uma linda mulher*. Estavam muito enganados, mas a gente se divertiu filmando. Estar no set de uma grande produção era como estar num mundo de sonhos, como se fosse um filme nosso. Imagine a cena: um garoto da parte pobre da cidade é transportado para Hollywood e em seguida aparece uma montagem dele em lugares incríveis fazendo coisas malucas. Este garoto era a gente.

Danny: E como qualquer garoto, tínhamos adultos nos dizendo o que fazer. Nossos empresários definiram as regras antes mesmo de botarmos o pé em Nova Orleans. Eram ordens vindas de cima. Nada de perguntas nem discussões:

— Não tentem nada com a Lindsay Lohan, ok?

Dougie: A ordem em si já fez a gente rir. Até parece que a Lindsay Lohan ia querer alguma coisa com algum de nós. A gente só estava lá para se divertir e fazer um filme.

Não tivemos nenhuma aula de interpretação. Deveríamos ter tido, definitivamente. A ideia era que tudo deveria ser natural e orgânico, e a gente deveria atuar como agimos normalmente. Na prática, precisamos de muitas instruções do diretor. Já tínhamos feito alguns videoclipes, mas nunca tínhamos estado num set de filmagens de cinema, por isso não sabíamos muito bem o que fazer. Também foi a nossa primeira experiência perto de alguém famosa no mundo inteiro e, sem querer parecer mal-educado, a Lindsay Lohan era exatamente o que se esperava de uma superestrela adolescente: complicada. Mas ela realmente se esforçou com a gente.

Danny: Mais que isso. No nosso primeiro dia no set, Lindsay me chamou para o trailer dela: um Winnebago imenso, cheio de produtos para cabelo, perfumes e outras coisas de menina, além de lâmpadas ao redor do espelho, sabe como é. Eu estava nervoso pra cacete, mas aí ela me passou o número de telefone dela. Achei que estava indo bem, ainda mais quando fomos convidados para jantar com ela naquela noite. Se a gente gostaria de sair por Nova Orleans com a Lindsay Lohan? Claro!

Harry: Um Hummer dirigido por um dos irmãos mais novos da Lindsay pegou a gente no hotel aquela noite e levou até uma antiga mansão no Quarteirão Francês de Nova Orleans, onde Lindsay estava com alguns amigos. Ela deixou a gente esperando no Hummer por 45 minutos antes de aparecer com a irmã mais nova e um amigo.

Fomos ao restaurante, e foi só a gente entrar que Lindsay começou a revelar todas as celebridades do primeiro escalão de Hollywood com quem já tinha saído (eu é que não vou contar quem são), além de explicar que preferia homens mais velhos:

— Você já namorou alguém mais velho que você, Harry?

Eu falei da coreógrafa, e ela pareceu achar a história bem legal.

Tom: Legal o bastante para querer o Harry e o Danny sentados perto dela no jantar, enquanto Dougie e eu ficamos do outro lado da mesa com a irmã mais nova, que não devia ter mais de 12 anos.

Harry: Pedimos comida e vinho. Enquanto comíamos, ela contou um monte de histórias sobre sua vida sexual, com tantos detalhes que fez a gente perder a fome. Quando a refeição terminou — Lindsay estava meio bêbada àquela altura —, ela decidiu que deveríamos voltar ao hotel dela para tomar uns drinques.

Voltamos para o Hummer. Eu estava entrando no carro quando senti a mão da Lindsay no meu ombro, dizendo:

— Não, Harry, *você* vai sentar perto de *mim*.

E depois, num tom de voz mais alto:

— Atenção, todo mundo! O Harry vai sentar do meu lado!

De volta ao hotel da Lindsay, toda uma comitiva esperava por ela, incluindo a mãe e o irmão mais novo. Tinha algum tipo de baile de formatura do ensino médio acontecendo no hotel, por isso uma multidão de adolescentes ficou enlouquecida quando a viram. E sempre que alguém se aproximava, ela me apresentava, em tom de brincadeira, como namorado dela. Pelo menos eu *pensei* que ela estivesse brincando.

Dougie: Tudo muito esquisito, mas não tanto quanto a família dela. Lindsay disse à mãe que a gente iria dançar e que ela deveria vir conosco. Quando a mãe concordou, o irmão de 8 anos de Lindsay compreensivelmente começou a chorar e implorar para ela não ir.

A mãe de Lindsay confortou o garoto dizendo que ficaria com ele, mas falou baixinho para Lindsay:

— Eu vou com você.

Claro que o garotinho ouviu tudo. Um desastre.

Harry: No fim, a mãe de Lindsay não foi com a gente, mas encontramos outros integrantes do elenco e da equipe no Club 360, uma cobertura giratória com vista para o Quarteirão Francês e o rio Mississippi. Comecei a me sentir meio deslocado naquele lugar surreal, com tudo girando ao meu redor e a música alta. O fato de Lindsay estar flertando comigo deixava tudo ainda mais nonsense.

Fiquei sentado e quieto, num canto da boate, mas logo ela me encontrou e começou a dançar na minha frente. Foi meio esquisito, sabendo que metade dos olhares da boate estava em nós. Ela rodopiava na minha frente. Eu não sabia o que dizer:

— É... Você é uma ótima dançarina — finalmente falei algo.

— Ah, é?

Ela respondeu e, do nada, ficou cada vez mais intensa e bêbada.

— *Ah, é?* Eu posso dançar qualquer coisa. Sapateado, balé, jazz...

Foi totalmente constrangedor, mas ela redobrou os esforços para provar isso. Eu me sentia cada vez mais desconfortável, com o ambiente girando e a dança da Lindsay. Então fui para um tipo de balcão que continuava parado enquanto o chão girava. Fiquei sentado lá tranquilo, mas não demorou muito para a Lindsay se sentar ao meu lado, e o lugar dela girava em torno do meu, que estava parado. Subitamente ficou bem perto de mim, com o rosto a centímetros do meu, sussurrando:

— Me beija.

Cara, a noite estava ficando cada vez mais estranha. Olhei ao redor e dei de ombros. Por que não? Talvez isso fizesse eu me sentir um pouco melhor. A gente se beijou.

Foi pouco mais que um selinho e acho que ninguém viu. Mas logo depois parecia que todo mundo da nossa festa estava saindo da boate. Já eram duas da manhã, mas Lindsay teve um ataque quando viu o pessoal indo embora. Ela virou e olhou para mim, dizendo com convicção:

— Pra onde *eu* for, *você* vai junto.

Tudo bem. Pareceu bom para mim.

E assim o pessoal todo foi a uma festa na casa de alguém.

Não faço ideia de quem era o dono da casa. Eu só sei que, ao chegar lá, senti de novo como se estivesse num filme. Era uma mansão bem no centro do Quarteirão Francês, com revestimento tradicional de madeira, varandas e luzes piscando em todos os cantos. Quando entramos, o lugar estava cheio de gente bonita bebendo champanhe. O teto era alto, decorado, e uma escada impressionante ocupava o meio do saguão de entrada. Debaixo da escada tinha um quarto mal-iluminado com luzes vermelhas, uma cama no meio e um casal fazendo sexo na frente de todos. Poderia ter sido vulgar, mas nem foi. Ficou legal. Era o tipo de festa que bandas *deveriam* frequentar.

Me vi na varanda do primeiro andar, fazendo amizade com um cara aleatório com quem conversei por algumas horas. Para ser sincero, a emoção de beijar a Lindsay na boate tinha passado; além do mais, não a via em lugar nenhum e ainda estava me sentindo meio deslocado. Tentei me animar e decidi procurar a Lindsay de novo, engatar outra conversa, tentar uma última vez.

Eu a encontrei e perguntei onde era o banheiro. Não foi a minha melhor cantada, mas deu certo, porque ela disse:

— Vou te mostrar.

Ela me pegou pela mão, foi até o banheiro e em seguida fechou a porta com a gente lá dentro.

— Vai lá. — disse ela, virando o rosto para a pia.

O quê? Não preciso ir ao banheiro. Eu nunca quis ir ao banheiro! Eu só estava tentando ficar com você em algum lugar sem mais ninguém...

Entrei no jogo, fingindo que estava urinando enquanto o ruído da torneira aberta ajudava no disfarce. Dei descarga para completar a mentira, e, quando me virei, ela me atacou. Nada tão pudico quanto o selinho na boate. Este foi um amasso completo, que durou um bom tempo.

Eu me afastei, de repente, tendo um ataque:

— A gente não devia fazer isso. Disseram para a gente não...

Lindsay achou tudo hilário. Parece que só aumentou a vontade de ficar comigo.

— É verdade, nós fomos avisados — eu tentei me opor, enquanto ela tirava minhas calças.

De repente, batem na porta. Merda! Vesti as calças entre risos nervosos. A gente se ajeitou, abriu a porta e voltou rapidinho para a casa.

Dougie: Danny e eu passamos a maior parte da festa sentados num sofá, bebendo e vendo luta livre na TV, com exceção dos poucos momentos em que Danny se dedicou a atrair a amiga de Lindsay (com sucesso).

Tom: Eu esbarrei no Harry assim que ele saiu do banheiro. Ele estava meio agitado:

— Cara, você não vai *acreditar* no que acabou de acontecer...

Mas todos vimos o jeito que a Lindsay olhava para o Harry a noite inteira, então acreditamos sem questionar.

Danny: Lá pelas 4h30 da manhã, a gente se espremeu no Hummer para voltar ao hotel dela. Mas, em algum lugar entre a festa na casa e o hotel, Lindsay ficou com vontade de ir ao banheiro. Obviamente, para alguém de seu status, não tinha como cruzar as pernas e segurar, e menos ainda a possibilidade de mijar num posto de gasolina, como uma pessoa comum. Quando Lindsay Lohan tem que ir ao banheiro, precisa ser na hora. Ela deu um piti, insistindo para o motorista parar o carro e falando para o segurança bater à porta de alguma pessoa aleatória e pedir para usar o banheiro...

Harry: Mas quando não estava dando um ataque, Lindsay estava segurando a minha mão no banco de trás do carro. Tentei esconder por medo de alguém da equipe perceber o que acontecia, mas Lindsay obviamente não estava nem aí para isso.

Acabamos no corredor em frente ao quarto dela no hotel. As coisas estavam melhorando. Lindsay teve outro ataque quando o cartão magnético não abriu a porta, e nós ficamos trancados do lado de fora por um tempo até o segurança descer e arrumar outro cartão.

Tom: Dougie e eu nos olhamos. Àquela altura estava bem claro que Harry queria ficar com Lindsay, enquanto Danny ainda tentava conseguir alguma coisa com a amiga dela. Como nós estávamos "segurando vela", pedimos licença e deixamos os casais sozinhos. Ficamos na frente do hotel como dois idiotas, olhando para o céu e tendo uma conversa maluca sobre planetas, enquanto Harry e Danny agiam como popstars lá dentro.

Harry: Fiquei me sentindo um lixo o tempo todo, mas mesmo com a noite ficando cada vez mais surreal, eu dizia a mim mesmo que não poderia perder aquela experiência e que seria uma ótima história para contar no futuro. Quando o mau humor da Lindsay passou, e o segurança repareceu com uma nova chave, eu, Danny, Lindsay e a amiga entramos na suíte dela. Danny e a amiga de Lindsay tomaram posse da cama, então Lindsay e eu acabamos na sala, dando uns amassos no chão. Depois de um tempo, nós trocamos, e Lindsay e eu ocupamos a cama.

Ela estava fazendo de tudo para me agradar, dizendo que amava meu sotaque e que não saía mais com atores, apenas com músicos. Fico constrangido de pensar nisso agora, mas respondi na mesma medida e falei que aquilo era igual a *Um lugar chamado Notting Hill*:

eu era o Hugh Grant, e ela, a Julia Roberts. Lindsay adorou aquilo e começou a explicar o que era um bom beijo na opinião dela (um beijo bem ardente, pelo que me lembro), e aí as coisas começaram a ficar mais sérias.

Mais quentes.

Uma coisa levou à outra. A gente passou dos beijos para os amassos...

E quando eu estava prestes a fechar o negócio... Danny apareceu.

— Ai... Desculpa, cara!

Foi uma correria para pegar as roupas. O clima tinha acabado (valeu, Danny!), e logo a gente estava vestido de novo. A Lindsay ligou pedindo café da manhã, e, quando me dei conta, nós quatro estávamos sentados na cama dela.

Danny: Tinha uma TV que saía de um móvel na beira da cama passando *Sex and the City* repetidamente, mas, para ser sincero, ninguém ali queria ver televisão...

Harry: Já devia ser umas seis da manhã. Lindsay e eu continuamos no amasso por algum tempo, mas aos poucos ela foi ficando sóbria e disse:

— Vocês têm que ir embora antes das 8 horas. Minha irmã sempre vem para o meu quarto às 8 horas, e vocês não podem estar aqui.

Eu não queria ir embora. Precisava terminar o que tinha sido interrompido, mas aí ela anunciou que estava cansada, colocou uma daquelas máscaras que as pessoas usam em aviões e foi dormir.

Lá se foi a minha noite romântica de paixão.

Danny e eu colocamos o alarme para despertar às 7h45 e dormimos meia hora. Sair de fininho do quarto da Lindsay Lohan pouco antes das 8 horas foi um dos momentos mais bizarros da nossa vida.

A pergunta e: o que aconteceria em seguida? Como a Lindsay reagiria quando a gente se encontrasse de novo?

No dia seguinte, voltamos ao set. Decidi que a minha estratégia deveria ser de confiança total. Eu iria até ela, daria um beijinho inocente no rosto, seria amigável e educado. Fui ao trailer da Lindsay, mas a resposta dela foi gélida, para dizer o mínimo. Se os olhos dela pudessem falar, teriam me perguntando o que eu estava fazendo ali, demonstrando a maior intimidade com ela, beijando-a em público.

Desisti na hora. A mensagem foi recebida e entendida.

Não levou nem um dia para vazar a fofoca de que um dos garotos do McFly estava ficando com a Lindsay Lohan. Alguém na festa da casa escreveu num blog o que aconteceu. Pânico total. Todos negaram tudo. *Claro* que nada tinha acontecido. Era notícia falsa, mentira total. Vida que segue. Não é necessário dizer, mas o Fletch não gostou nada daquilo. Ele me fez telefonar para a Lindsay e pedir desculpas pelo meu comportamento — esta fica bem no topo da lista de conversas mais constrangedoras que já tive. Pedi desculpas pela situação em que a gente se meteu e garanti que negaria tudo. Ela foi bem tranquila na época e até conseguiu rir da história. Mas certamente Lindsay não percebeu que nosso flerte acabaria sendo celebrado por meio de uma canção.

Tom: Estranhamente, foi o Fletch quem convenceu a gente a mudar a letra da música em que estávamos trabalhando para o nosso terceiro álbum, chamada "Please, Please", para mencionar a Lindsay. Estávamos sentados num hotel quando ele deu a sugestão e todos nós achamos a ideia meio idiota. Mas Fletch tinha poderes satânicos de persuasão. Claro que, ao final da conversa, o breve romance do Harry com a Lindsay estava imortalizado na nossa letra. O que mais uma garota poderia querer?

CAPÍTULO 8

Permitida a entrada de garotas

Tom: Nem naquela época caiu a ficha de que a minha vida seguia um padrão. Eu passava por fases de total criatividade e entusiasmo, em que tudo parecia possível e nada era inalcançável. Mas todo ponto alto tem um baixo. E, nessas ocasiões, sentia uma tristeza tão grande que não conseguia me empolgar com nada. Era insuportável. Achava que ninguém fazia nada certo, inclusive eu. Durante o período em Nova Orleans, Giovanna e eu passamos por momentos difíceis. Foi a maior tensão pela qual nosso relacionamento já passou, e é incrível que tenhamos sobrevivido àquilo tudo. Olhando para trás, porém, posso ver que foi o início de um dos meus períodos de baixa.

Tudo deveria ter sido muito bom. Tinha o melhor emprego do mundo, fazia o que queria e meus três colegas de banda eram os caras mais incríveis com quem eu poderia querer estar. Acima de tudo, a casa da banda (a mansão incrível e supermaneira de cinco quartos) deveria ser o sonho de todo jovem, e por um tempo até foi. Por um tempo, quando tudo era novo, tudo o que queríamos era estar em casa, juntos. Mas aos poucos isso mudou. O fato de a gente cuidar muito mal da casa também não ajudava. Ao fim do nosso primeiro ano lá, não tinha como escapar: o lugar estava muito nojento.

Dougie: A gente destruiu aquela casa. Costumávamos andar de skate em todos os cantos, logo as paredes brancas ficaram cheias de marcas de mão. Uma noite a gente inventou um jogo chamado "capture a caixa de pizza", que envolvia transformar a casa toda numa trilha de obstáculos: viramos todos os móveis de cabeça para baixo, desligamos todas as luzes e formamos dois times. A equipe vencedora seria a que pegasse a caixa de pizza primeiro, mas para agitar um pouco as coisas, nos armamos com pistolas de *paintball*. Não deve ser difícil imaginar o estado da casa depois disso. A gente não jogava *nada* fora, por isso a casa estava cheia de todos os brindes que habitualmente recebíamos. Indo mais direto ao ponto, a gente nunca lavava a louça, nunca fazia faxina nem jogava o lixo fora. A lavanderia tinha um mar de caixas de pizza apodrecendo desde que nos mudamos. Fletch apareceu um dia e ficou tão chocado com o estado do lugar que arrumou um caminhão e algumas pessoas para tirar toda a sujeira. Eles descobriram que nossas latas de lixo estavam repletas de larvas e baratas. Que legal.

Danny: Entra em cena a Darrotta, nossa governanta sofredora. Ela deixava a casa em ordem, reabastecia a geladeira com a comida que gostávamos e fazia as refeições que seriam esquentadas quando chegássemos em casa. Ela salvava o dia de várias formas – pelo menos o lugar voltou a ser habitável. Pobre Darrotta. Às vezes ela entrava em casa e descobria que suas refeições cuidadosamente preparadas não foram tocadas e estavam perto de uma pilha de caixas de pizza, mas isso não parecia desanimá-la.

Tom: A gente comia *muita* besteira. Pizza toda noite, hambúrguer no almoço, fritura de manhã. Claro que era incrível não ter pais para dizer o que comer ou enfiar frutas e verduras pela sua garganta abaixo, mas logo essa dieta deu resultado: engordei 12 quilos durante o primeiro ano na casa da banda. Os outros comiam tanto quanto eu, mas não pareciam engordar da mesma forma. Em pouco tempo, virei o gordo da banda, e isso não ajudava a minha autoestima. Em Nova Orleans, a gente estava de bobeira, zoando, quando o Dougie conseguiu tirar uma foto minha sem roupa com o telefone dele. Fiquei chocado quando vi. Eu parecia um gorila depilado. Era horrível, e claro que meu peso não passava despercebido. Logo fiquei de saco cheio dos comentários venenosos na imprensa, basicamente porque eu concordava com eles. Meu humor piorou muito, foi do cinza para o preto total. E esse péssimo estado de espírito afetou todo o nosso segundo álbum, *Wonderland*. Mas não foi só isso que fez *Wonderland* ser muito diferente de *Room On The 3rd Floor*.

Danny: As pessoas chamavam a gente de *boy band*. Bom, éramos garotos e estávamos numa banda, mas a gente se achava um pouco mais do que isso. Não tínhamos assinado contrato para ser bonitinhos e exibir coreografias. Não tínhamos assinado contrato para sentar em banquinhos e cantar músicas dos outros. Assinamos contrato porque podíamos compor nossas canções e tocá-las bem. Por isso, até no início da carreira, a gravadora ouvia a nós mais do que à maioria das *boy bands*. Normalmente, uma *boy band* recebe as músicas, a ordem de cantá-las com um determinado arranjo que já foi decidido, e não tem muita participação criativa no processo. Enquanto estão fazendo a turnê de um álbum, o próximo está sendo composto para eles. Isso não acontecia com a gente.

Nós tínhamos muito respeito pelas pessoas ao nosso redor, especialmente pelos produtores. No primeiro álbum, éramos muito jovens e inexperientes e nos permitimos ser influenciados sem questionar muita coisa. Quando chegou a hora de gravar o segundo álbum, porém, já tínhamos ideias bem-definidas sobre a linha que desejávamos seguir. Embora *Wonderland* ainda fosse um álbum bastante pop, apresentava tons um pouco mais sombrios. Do nosso jeito, estávamos nos rebelando, mostrando o dedo do meio e não sendo a banda que todos gostariam que fôssemos. Estávamos nos revoltando contra nós mesmos. Não queríamos ser uma bandinha adolescente, queríamos ser *cool*, convincentes. A banda que a gente sabia que era.

A imagem da capa do *Wonderland* é uma das nossas piores fotos que já vi. Nenhum de nós está sorrindo, ninguém parece estar se divertindo. O que é esquisito, porque éramos incrivelmente bem-sucedidos. Nosso primeiro disco tinha vendido quase um milhão de cópias. As pessoas realmente gostavam de nós, mas só dávamos atenção às coisas negativas que falavam. Para cada 99 pessoas dizendo que nos amavam, ouvíamos a única pessoa resmungando o quanto odiava o McFly, como o doido no posto de gasolina de quem o Harry teve que correr.

Tom: Fomos idiotas de deixar isso nos afetar. Idiotas por não aceitar o que éramos nem apreciar o que tínhamos. Fomos imaturos. Mas era irritante o fato das pessoas se recusarem a acreditar que tínhamos composto as letras ou que éramos bons músicos, que tínhamos trabalhado tanto nas nossas músicas. Essa frustração afetou a forma como a gente se mostrava e talvez tenha se refletido na música também.

Mas isso não quer dizer que não gostamos de *Wonderland*. Ainda é um dos meus álbuns favoritos. As músicas trazem lembranças de Nova Orleans e de toda a loucura que estava acontecendo na nossa vida na época.

Dougie: E algumas das músicas eram bem pessoais para nós. "The Ballad of Paul K" foi inspirada na crise de meia-idade vivida pelo meu pai e pelo pai do Danny e nas consequências disso para as nossas famílias. Por que Paul K? A música foi batizada em homenagem a um garoto grego com quem estudei. Ele nunca falava. Não porque fosse calado, como eu. Ele nunca falava *mesmo*. À medida que o tempo passava, ficava cada vez mais estranho. Deixou as unhas das mãos supercompridas e passou a se comunicar por meio de grunhidos e gemidos esquisitos. Se alguém ficasse no caminho dele ou tentasse fazer qualquer tipo de bullying, levava arranhões no rosto com aquelas unhas imensas...

Tom: "The Ballad of Paul K" foi a primeira vez em que tentamos fazer uma canção séria sobre "a vida". Até hoje muita gente chega para mim e diz que se identifica muito com ela.

Danny ficou mais experiente na produção, então começamos a fazer demos completas no estúdio dele na casa da banda, e o processo era empolgante porque as músicas, aos nossos ouvidos, pareciam mais legais se comparadas as que tínhamos feito anteriormente. Passamos horas trabalhando nessas demos, ficamos acordados por noites inteiras para trabalhar as partes individuais, ouvimos com atenção várias bandas em busca de influências e referências. Na época, a gente escutava muito The Who, e, parando para pensar, parece surreal que uma banda da nossa idade tivesse a liberdade para buscar esse caminho. "She Falls Asleep", uma música sombria em duas partes sobre uma garota que se suicida, foi gravada com uma grande orquestra e custou muito dinheiro. A parte 1 tem dois minutos sem qualquer vocal e nunca seria um single, mas a gravadora deixou a gente fazer mesmo assim.

Harry: Quando a gente se apresentou ao vivo numa rádio em Bristol com uma orquestra, uma das violinistas chamou a minha atenção. O nome dela era Izzy, e comecei a preparar a conquista quase de imediato, mas os planos tão cuidadosamente preparados foram para o brejo: alguns dias depois soubemos que alguém da orquestra tinha pegado caxumba. Mesmo sem perguntar sabia que era a moça bonita que eu estava a fim, e acertei. A doença era ultracontagiosa, tanto que outros integrantes da orquestra também pegaram, e não tinha como a gente ter contato com eles. Por isso, meus planos tiveram que esperar, mas quando Izzy e eu finalmente ficamos juntos, não tive olhos para mais ninguém.

A Izzy se juntou a nós na turnê de *Wonderland* quando a caxumba melhorou, mas no começo não conversávamos muito. O velho problema da adolescência, acho, quando você acaba nunca falando com a garota de quem está a fim. A gente só se falou mesmo no fim da turnê, e o beijo rolou depois de um show em Cardiff, na penúltima noite. Acho que desde aquela época eu sabia que aquele beijo mudaria a minha vida.

Quando a turnê acabou, Izzy foi me ver na casa da banda. Agora a gente brinca que ela apareceu naquele dia e nunca mais foi embora. Na verdade, ela foi embora uma semana depois para viajar à Austrália com sua banda crossover de música eletrônica e música clássica, a Wild. Nesse período, a gente se falou por telefone, e ela abriu o coração. Izzy não tinha certeza se nós daríamos certo porque ela tinha acabado de sair de um relacionamento, era dois anos mais velha, sabia que eu estava numa banda pop e imaginou que eu fosse querer me aproveitar das garotas que se jogavam em cima de mim o tempo todo. Eu disse a ela: "Izzy, você não está entendendo. Vou me casar com você um dia."

Eu tinha 19 anos e a conhecia fazia uma semana, mas já tinha plena certeza disso. Desde então, a gente praticamente não passou um dia sequer separados. Izzy é ainda mais importante para mim que o McFly. Nem quero pensar no que seria a minha vida sem ela.

Dougie: Enquanto Harry estava vivendo um romance, a gente apareceu na capa da *Smash Hits* de cabelo preto, corte moicano e piercings no nariz. Achei bem legal, afinal a gente era uma banda pop no topo das paradas. As pessoas esperavam que a gente se vestisse de um modo totalmente careta...

Tom: E, mais do que nunca, descobrimos que não éramos donos do próprio tempo. A gente literalmente não sabia o que ia fazer no dia seguinte. Tommy batia na nossa porta, nos jogava num carro, ônibus de turnê ou avião e garantia que a gente aparecesse onde precisasse para fazer o que fosse preciso, não importa onde.

Se não estávamos ensaiando, estávamos gravando. Se não estávamos gravando, estávamos promovendo o álbum na rádio ou na TV.

Se não estávamos promovendo o álbum, estávamos sendo entrevistados pela imprensa, respondendo às mesmas perguntas de sempre: "Qual o seu sabor de sorvete favorito?", "Qual a situação que mais te deixou envergonhado?"

Quando você se sente frustrado por não ser levado a sério, não quer ouvir esse tipo de pergunta. É melhor deixar a música falar. Na época, assim como agora, a melhor coisa de estar numa banda sempre foi o tempo que dedicamos à música. Ninguém entra no ramo da música porque quer falar de sorvete.

Essa foi uma fase sombria na minha vida, mas não significa que não teve seus momentos felizes. Em julho daquele ano, a gente se apresentou no Live 8 tanto no Japão como em Edimburgo, numa velocidade louca até para os nossos padrões. E pouco tempo depois tivemos a oportunidade de trabalhar com um dos meus heróis da música.

Ainda estava obcecado pelo The Who naquela época, e essa banda influenciou demais o meu trabalho em *Wonderland*. A gente até regravou "Pinball Wizard" como um lado B. Eu era louco por eles, ouvi a banda por um ano direto. Então, quando surgiu a oportunidade de gravar "My Generation" com Roger Daltrey, a gente aproveitou.

Dougie: A gente o conheceu no mesmo dia que soube que *Wonderland* tinha chegado ao topo das paradas. Sensacional! Ficamos num estúdio antes de ele chegar, ensaiando a música. Tem um solo de baixo nela que obviamente foi tocado pela primeira vez pelo John Entwistle, o lendário baixista do The Who. A gente tinha acabado de chegar nessa parte da música quando Roger Daltrey entrou. Merda. Eu tinha ensaiado muito nos últimos dias, mas tocar na frente do cara que estava acostumado a ouvir John Entwistle era de acabar com os nervos de qualquer um. Consegui me sair razoavelmente bem.

Tom: O Dougie está sendo modesto demais. Ele e o Harry estavam trabalhando muito e viraram uma unidade rítmica incrivelmente sólida.

Harry: Tem solo de bateria em "My Generation" também. Alguém já ouviu falar do Keith Moon? Assim que o Dougie fez a parte dele, senti os olhos de Roger Daltrey em mim. Respirei fundo... e simplesmente saiu.

Danny: Mas o Daltrey não queria ser o cara chato que procurava um erro na nossa apresentação. Como já falamos, os caras mais famosos e bem-sucedidos são sempre os mais amigáveis, e ele não foi exceção. Estar no mesmo lugar que aquela lenda, tocando uma de suas músicas mais famosas com o próprio Daltrey, era um belo lembrete do quanto a nossa vida tinha virado uma loucura, no melhor dos sentidos. Ele deu ótimos conselhos sobre proteger os ouvidos no palco, pois ficou com a audição seriamente prejudicada na noite em que Keith Moon colocou uma bomba no tambor. Embora eu acredite que Harry não pense em fazer o mesmo, aceitamos o conselho mesmo assim.

Dougie: Pouco tempo depois a gente conheceu o Pete Townshend. O cara tinha uma aparência estranha. Sabe quando você olha o próprio reflexo na parte de trás de uma colher...?

Tom: Mas apesar desses momentos de sol, eu ainda vivia dias nublados. Era um pesadelo ficar perto de mim e até comecei a questionar se queria continuar na banda. Tinha perdido meu entusiasmo por absolutamente tudo e, parando para pensar, fico espantado que os caras não tenham me expulsado. Como Danny e Dougie não gostam de conflitos, ninguém combatia o meu péssimo humor e a minha falta de energia cada vez maior. Ou seja, a única pessoa capaz de me confrontar por estar sendo tão insuportável era o Harry.

Dizer que Harry e eu batemos de frente nesse período seria pouco. Para ele, estar numa banda era uma questão de se divertir, enquanto para mim era tudo pela música. Ambos estávamos certos e errados. Na época, assim como concluí que Harry nunca estava presente quando a gente trabalhava com afinco nas demos, Harry concluiu que eu desprezava o desejo dele de sair e se divertir. Eu nunca tinha tido amigos tão próximos até o McFly surgir. Para mim, socializar significava ficar com o Danny e o Dougie no estúdio. Acho que eu não entendia que Harry tinha vida social fora da casa da banda.

Harry: Sempre que eu levava amigos para a casa, a reação deles ao Danny e ao Dougie era sempre a mesma: "Ótimos!" Quanto ao Tom, eu sempre ouvia a mesma pergunta: "O que há de errado com ele?" E o lado antissocial do meu colega parecia ficar cada vez mais forte. Quando finalmente fiquei com a Izzy, ela teve certeza de que o Tom a odiava porque ele nunca fazia questão de puxar papo.

Danny e Dougie estavam tão chateados com Tom quanto eu. A gente conversava sobre o comportamento dele, mas eles nunca me apoiavam quando a situação ficava crítica. Quando falei com Fletch sobre os nossos problemas e o quanto estava difícil aturar o Tom, ele achou que era coisa da minha cabeça porque os outros não tinham tocado no assunto com ele. Mas falaram comigo, várias vezes. E as discussões que a gente tinha eram bem verdadeiras.

Dougie fez uma música antes mesmo de o McFly existir, chamada "Silence is a Scary Sound". Os caras fizeram uma demo para ela, e Tom, por ser um bom músico, desenvolveu a bateria. Estávamos nos preparando para a turnê de *Wonderland* em arenas, que começaria em setembro de 2005, e ensaiando essa música. Tinha uma parte no fim que eu não conseguia tocar, mas Tom, por tê-la composto, tirava de letra.

Os ensaios foram todos muito tensos nesse período. Parecia ser três contra um, e isso nunca é bom para a harmonia de uma banda, mas tudo explodiu mesmo nessa sessão. Como não conseguia tocar a tal parte, criei a minha própria versão, mais simples, mas ainda boa. Tom não gostou. Toda vez que eu tocava, ele parava o ensaio.

— Não, não é desse jeito, é *assim*.

Tentei manter a calma e falei:

— Vou ensaiar mais, tudo bem?

Mas não estava tudo bem.

— Por que você não faz *desse* jeito? Ou *assim*? Ensaie, então, Harry. *Agora*!

— Eu *vou* ensaiar, cara. Mas por enquanto vou tocar assim...

Tom: O Harry tem um lado obsessivo e competitivo, é da natureza dele. Quando decide fazer alguma coisa, isso toma conta da sua vida. Na época, a bateria *tomaria* conta da vida dele e o levaria a se transformar num baterista ainda melhor. Mas àquela altura da nossa carreira, ele ainda não ficava obcecado com o ato de praticar. Embora não tenha dúvida de que Harry tocava bateria melhor do que eu, como fiz a demo tocando do meu jeito, esperava que ele fosse capaz de reproduzi-lo. Estava sendo um perfeito babaca, eu sei, mas acho que uma pequena parte de mim ficaria feliz se o Harry não conseguisse tocar alguma coisa. Isso justificaria o meu comportamento (totalmente irracional) e a minha alegação de que ele não estava com a gente o tempo todo no estúdio, e preferia passar mais tempo com seus outros amigos do que trabalhando nas demos com a gente na casa da banda.

Harry: Tom continuou brigando comigo sobre o solo de bateria. Eu estava com raiva e talvez meio constrangido. Já era difícil encarar o fato de não conseguir tocá-lo sem ter que ouvir o Tom me alfinetando incessantemente.

Demos um tempo. Meia hora para esfriar a cabeça e recarregar as baterias. Enquanto batia papo com o Dougie, mostrei a ele um riff de bateria caprichado no qual eu estava trabalhando.

E Tom *perdeu a cabeça.*

— Queria que você passasse mais tempo trabalhando nas *nossas* coisas do que *nisso*!

Tudo bem. Respire fundo. Mantenha a calma. Não reaja.

Dougie foi ao banheiro. Tom me atacou de novo, dizendo:

— Vai lá, ensaia. Ensaia agora. Ensaia aquela parte.

— Cara, eu vou. *Vou* ensaiar. Mas quando eu quiser...

Não queria fazer aquilo na frente dele. Queria a chance de trabalhar a sozinho.

Tom me ridicularizou.

— Estaria tudo certo se você fosse um ótimo baterista, coisa que *não* é.

Foi a gota d'água. Ele estava me levando ao meu limite, fazendo com que me sentisse horrível e idiota, como se não merecesse estar na banda, e isso foi longe demais. Mostrei o dedo do meio para ele, joguei minhas baquetas na sala de ensaio e fui embora.

Tom: Eu não voltei para a casa da banda naquela noite. Não consegui. Fui para a pequena casa dos meus pais e dormi no minúsculo quarto da bagunça, pois o meu quarto tinha sido passado para a minha irmã. Disse dormi, mas na verdade só chorei. Senti que a banda desmoronava ao meu redor, e era minha culpa. Eu precisava tomar coragem. Harry foi embora naquele fim de semana com alguns amigos. Criei coragem e liguei para ele. Estava cheio de remorso. Falei a verdade, dizendo que ele era um *ótimo* baterista, que *eu* estava sendo um babaca, e ele foi bacana o bastante para aceitar minhas desculpas. E embora aquilo fosse um ponto baixo, eu ainda desceria mais.

❖

Harry: Nossa turnê em arenas em setembro foi um passo bem maior do que a do ano anterior, em teatros. Lugares maiores, públicos maiores, importância maior. A gente se apresentou para centenas de milhares de pessoas nessa turnê, incluindo três noites em Wembley e três na Manchester Arena. A primeira noite da nossa primeira turnê por teatros em Wolverhampton já tinha deixado a gente de queixo caído, então subir no palco de Wembley e ouvir os gritos foi de outro mundo. Também caprichamos na produção: fogos de artifício, imensas pernas infláveis, um piano que surgia do chão, um elevador giratório para a bateria. A gente até filmou uma cena maluca interpretando gângsteres para ser projetada na abertura do show. Tenho até medo de pensar no quanto a gente esbanjou naquela turnê.

Danny: E à medida que a multidão que vinha nos ver aumentava, o mesmo acontecia com a atenção que recebíamos. Na turnê do *Wonderland* era impossível fugir dos fãs. Eles seguiam o ônibus da turnê quando a gente saía do local do show, e mesmo usando pseudônimos para fazer as reservas nos hotéis, eles descobriam onde a gente estava e se hospedavam por uma noite. Eles sempre estavam nos bares e nas áreas comuns dos hotéis.

Os fãs costumavam esperar a gente nos aeroportos também. Pois é, não eram apenas garotas. Uma vez a gente viu, entre outros, um cara de uns 15 anos esperando para conhecer a gente. Não vamos falar mal do rapaz, mas ele era meio estranho. Tentou nos abraçar meio agressivamente, e por isso começamos a brincar um pouco, dizendo:

— Harry, ele quer um abraço! Dougie, dê um beijo nele!

Harry e Dougie obedeceram, e tudo correu bem. O rapaz tinha um sorrisão no rosto enquanto a gente entrava no carro que nos esperava.

Enquanto ele estava lá sorrindo, vimos que também tinha algo mais.

O fã usava jaqueta e calças meio largas, e de repente ficou óbvio que ou ele tinha surrupiado uma das baquetas do Harry ou estava *muito* feliz em nos ver.

Hora de uma saída rápida, enquanto o Garoto Ereção acenava para nós, com um volume imenso na calça perto das partes íntimas dele. Parecia mesmo uma barraca armada.

Garoto Ereção à parte, a grande maioria da atenção que recebíamos era de garotas. Às vezes até demais, mas de vez em quando a gente se permitia tirar vantagem do que era oferecido.

Mesmo no início não achávamos legal ficar com *groupies* só porque elas estavam lá, mas isso não significava abstinência total. Voltando para o hotel depois de um dos shows de *Wonderland* em Glasgow no começo de outubro, a gente estava bebendo numa área vip do bar quando um dos seguranças chegou para mim e disse:

— Tem uma fã aí que realmente gosta de você.

Não me interessei até ele mostrar a foto no celular. Ela tinha uns 17 anos e era absurdamente linda. Tipo modelo. Modelo de foto sensual, pelo menos. Era a primeira vez que alguém tão linda tinha demonstrado interesse por mim, então pedi ao segurança para ver se ela queria tomar um drinque com a gente. Claro que ela queria. Mas trouxe a mãe junto.

A gente tomou uns drinques e começou a conversar. Não demorou muito para que a mãe ficasse mais animada do que a filha. A gente não falava nada por muito tempo quando, de repente, ela mostrou um dos seios no meio do bar. A filha ficou morrendo de vergonha:

— Mãe, *para* com isso!

Mas a gente adorou e encorajou que ela repetisse a proeza. Quando Dougie e eu sugerimos que elas poderiam continuar a festa num dos nossos quartos de hotel, as duas toparam.

Dougie: Nós fomos para o meu quarto. Assim que a porta se fechou, a mãe tirou a roupa e ficou de tanguinha preta, sutiã e só. E naquele momento não tivemos dúvida sobre o que *ela* tinha em mente. Danny falou para mim:

— Cara, vou levar a loura para o meu quarto. Você vai ter que entreter a mãe dela.

Entreter? Entreter *como*? Cantar uma música para ela?

Socorro!

Danny saiu com a loura e me deixou sozinho com a mamãe.

Ela estava falando coisas sem nexo.

— Então o Danny é um bom rapaz, é, Dougie? Ele vai tomar conta da minha filha? Tratá-la bem?

Fiz que sim com a cabeça, com um olho na quarentona seminua que se aproximava de mim com olhar *caliente* e o outro na porta. Será que eu deveria sair correndo? Dei um passo para trás.

— Ele é o melhor cara que conheço... Provavelmente eles estão só conversando...

Danny: No meu quarto, estava seguro por saber que o Dougie estava tendo um papo de alto nível com a mãe dela.

Dougie: Tá bom, até parece. Trinta segundos depois, estou encostado na porta de olhos arregalados enquanto a *groupie* mais velha do McFly, agora totalmente nua da cintura para cima, está apenas a um metro de distância, com um olhar faminto. Fui educado demais para sair correndo e agora eu pagava o preço. Os peitos caídos da mãe balançavam quando ela se movia ameaçadoramente na minha direção, e não pude deixar de notar que um deles tinha uma tatuagem esplêndida: um desenho perfeito do rosto do Jon Bon Jovi. Cortou totalmente o clima (não que houvesse algum clima para ser cortado, verdade seja dita).

Infelizmente, me senti incapaz de dar àquela dama o que ela tanto desejava. Ela ficou meio irritada com aquilo e foi procurar a filha, mas nosso segurança estava de bobeira no corredor e não a deixou entrar no quarto do Danny, para evitar que alguma coisa fosse interrompida. Contudo, o segurança não foi muito insensível aos pedidos dela: levou a mãe para o quarto e forneceu os serviços que ela queria. Um verdadeiro cavalheiro.

Quatro anos depois, eu já estava mais escolado. Danny continuou vendo a filha de vez em quando, mas aquele casinho já tinha acabado há muito tempo quando decidi ligar para a mãe da menina, que chegou lá em casa um dia vestindo um sobretudo comprido e nada por baixo. Não tive o melhor desempenho do mundo com a mãe, mas a filha me deu a chance de consertar as coisas...

Danny: Para mim, aquela foi a primeira de uma longa lista de garotas, todas lindas, e nenhuma bem-tratada por mim, para ser sincero. Eu era muito fútil, incapaz de enxergar além da beleza e gostar delas pelo que eram. Relembrando, vejo como não as respeitava. Quando ficava entediado, o que sempre acontecia, apenas passava para a próxima, às vezes sem nem ao menos terminar o relacionamento anterior.

Harry: As garotas se apaixonavam perdidamente pelo Danny o tempo todo, o que complicava ainda mais os fins de relacionamento. Ele deixava que elas ficassem íntimas dele e da banda, mas, como odeia conflitos, quando chegava a hora de seguir em frente, ele apenas parava de retornar as ligações. Chegou ao ponto em que passamos a avisá-las para não se apegarem demais ao Danny. Isso faz com que ele pareça um cretino. Não é bem isso, ele tem boas intenções...

❖

Tom: Quando a turnê do *Wonderland* acabou, eu realmente já tinha me cansado de morar na casa da banda. Ela estava *muito* bagunçada. *Muito* cheia de entulhos. E a nossa vida tinha mudado. Estávamos tão ocupados que não parecíamos passar tanto tempo em casa como antes. Além disso, tínhamos crescido um pouco. Parecia ter chegado a hora de seguir a vida e se mudar.

O Princess Park Manor era o condomínio fechado onde o Busted tinha morado e onde eu tinha passado muito tempo com James Bourne, compondo músicas antes da existência do McFly. O V, banda em que o Danny não entrou, tinha saído de um apartamento de lá, e tomamos a decisão de sair da casa da banda para esse novo lar. Foi uma solução temporária. O plano inicial era morar em *dois* apartamentos, o Harry e o Danny em um, e eu e o Dougie no outro. O apê do V era o único disponível, então a intenção era que Dougie e eu nos mudássemos quando outro ficasse vago. Por isso, Harry e Danny pegaram as suítes grandes enquanto a gente ficou nos quartos menores que sobraram. Eu não tinha sequer uma cama, apenas um colchão no chão, uma mala com as minhas roupas e um teclado para compor.

Dougie: Meu quarto no Princess Park Manor estava equipado com três tanques enormes para lagartos. Eu tinha alguns répteis na casa da banda (o sapo Ned era um dos nossos favoritos), mas agora eu dividia o novo espaço com duas pítons, um lagarto-monitor da savana, um varano malaio, um dragão barbudo e um casal de tartarugas. Tinha espaço suficiente só para andar até a cama.

Tom: Enquanto Dougie parecia o naturalista David Attenborough, eu ainda estava obcecado por ser o gordo da banda. Queria perder peso, mas, em vez de lidar com isso de modo sensato, simplesmente parei de comer. Eu ia ao Starbucks, pedia um Frapuccino e um muffin de blueberry e era tudo o que eu comia durante o dia todo. Não comer nada além do Starbucks diário virou minha rotina. Não só me castigava internamente se consumisse algo a mais, como ficava de péssimo humor se estivéssemos trabalhando em algum lugar e não houvesse um Starbucks por perto. Eu *precisava* comer no Starbucks todo dia de manhã. Um dia o meu carro estava na oficina, então acordei bem cedo e andei vários quilômetros até encontrar um. Era uma obsessão nada saudável. Nada te deixa mais deprimido do que não comer, por isso o meu humor só piorava. Fiquei cansado, ranzinza, irritável, brigava com todo mundo, ainda mais do que antes. Tinha dores de cabeça constantes e, toda vez que sucumbia e comia algo que não devia, era tomado pela culpa.

Morar naquele quartinho espartano e me sentir mal tanto comigo mesmo como com os outros, sem comer. Não foi uma época boa.

Harry: Não foi mesmo. Essa foi a época em que a gente mais discutiu. Foi difícil lidar com isso porque a gente sempre tinha se dado muito bem. Mas agora era impossível falar com Tom. Ele estava irascível. Parecia que discordava de tudo só por discordar.

Danny: Sempre que a gente ia para algum lugar de carro, ele ficava ouvindo o iPod, como se quisesse nos ignorar e nos afastar. Se falássemos de assuntos da banda, ele se opunha a tudo, fazendo questão de discordar de todo mundo. Ele se fechou por completo.

Tom: Deve ter sido insuportável conviver comigo. Eu odiava *tudo*, não queria fazer nada que os outros caras queriam. Não gostava da música que eles ouviam. Nunca fui uma pessoa muito sociável, mas agora eu estava mais antissocial do que nunca. Perdi o entusiasmo por tudo. E as dúvidas sobre querer continuar com a banda aumentavam ainda mais. Me sentia trancado no meu mau humor e sem qualquer expectativa de sair.

Dougie: Ele até pintou o cabelo de preto. Sempre que vejo fotos do Tom assim, lembro de quando ele estava constantemente para baixo. Nunca sorria. Se algum dia ele pintar o cabelo de preto de novo, acho que vou surtar. A gente não sabia coisa alguma sobre depressão, é claro. Por que deveríamos saber? Apenas achávamos que Tom estava sendo um babaca e tentávamos não deixar isso atrapalhar a maravilha que era estar numa banda. A gente não percebeu que nem ele entendia o que se passava dentro da própria cabeça.

Harry: Tom sempre foi o líder da banda, não só porque a iniciou, mas também por ser um líder nato. Mas agora que ele estava odiando tudo, aquilo tinha um efeito negativo sobre a gente também.

Dougie: É como se o Leonardo das *Tartarugas Ninja* ficasse chateado com tudo. Como iríamos arrebentar se o *nosso* Leonardo usava uma máscara preta em vez de azul?

Danny: Eu estava chateado por todos os problemas da minha família, isso também me deixava de mau humor. Tom e eu estávamos sempre discutindo. Tom e Harry estavam sempre discutindo. Dougie era o mais sensato e ficava calado. Nós três ficamos mais unidos. As mudanças de humor do Tom eram radicais, mas, como nunca tínhamos pensado na ideia de depressão, não sabíamos o que estava acontecendo. Qual seria o problema do Tom?

Tom: Cheguei à conclusão de que realmente não queria mais morar com os outros caras. Sendo mais direto, eu queria morar com a Giovanna. Queria colocar o nosso relacionamento de volta nos trilhos. Nos dois meses anteriores ao Natal, passei o tempo todo procurando outro lugar para morar.

Danny: Problemas do Tom à parte, estar no McFly continuava sendo maravilhoso. No Royal Variety Performance, em novembro de 2005, nós conhecemos a rainha. Fiquei muito nervoso. Eu? O Danny de Bolton? Fazendo show e me encontrando com Sua Majestade? Quase tive um treco. Bebi um pouco para tentar lidar com aquilo e errei uma nota durante a apresentação da "The Ballad of Paul K"...

Dougie: Quando você vai conhecer a rainha, um servo do palácio o procura para falar todas as regras de etiqueta que é preciso seguir. Você só tem permissão de falar quando Sua Majestade lhe dirige a palavra e *tem* que chamá-la de *Ma'am* (Senhora) com o mesmo som da palavra *palm*, em inglês, e não como de *jam*.

Vamos fazer isso direito, dissemos a nós mesmos: *Ma'am* com a pronúncia de *spam* e não como a de *palm*? *Spalm* com a pronúncia de *Ma'am*? *Jam* como em *ham*? Cliff Richard, um veterano em conversas com a rainha, veio nos socorrer:

— Pessoal, é *Ma'am* com a pronúncia de *palm*...

Obrigado, Cliff!

Tom: Quando a cortina se abriu, todos os artistas estavam no palco, formando um desenho de ferradura. A gente estava numa das pontas. A rainha começou pela outra, apertando a mão de artistas cuja carreira ela sem dúvida acompanhava cuidadosamente, como Ozzy Osbourne e Slash. Eu estava ao lado do Cliff com Harry, Dougie e Danny.

Harry: Enquanto a rainha avançava na fila de cumprimentos, um de nós sugeriu que na nossa vez a gente levantasse a mão para ela bater e dissesse: "E aí, rainha?" Isso foi o pontapé inicial. A gente começou a rir. E quanto mais perto ela chegava, mais a gente ria. Quando ela estava a poucos apertos de mão de distância, a gente estava quase chorando.

O Tom tentava nos acalmar:

— Pessoal, é a *rainha*... Gente, *sério, cala a boca*...

Tom: Eu estava com medo de que nós acabássemos decapitados.

Danny: Mas quanto mais ele dizia isso, mais a gente ria. Era impossível parar, foi o pior ataque de riso que a gente já teve.

Harry: E lá estava ela. Eu a vi apertar a mão do Dougie e depois a minha. Estava prestes a dizer "Sua Majestade", quando ouvi o Dougie segurando uma risadinha. Abaixei a cabeça para não encará-la diretamente e ouvi a minha voz subir algumas oitavas enquanto tentava não desabar:

— Sua Majestadeeeeeeee!

Tom: Ela passou para o Danny. Ele obviamente tinha esquecido que não se deve falar a menos que a rainha lhe dirija a palavra, porque imediatamente começou a puxar papo com ela.

Danny: Não tive escolha, precisei me concentrar em falar com ela, porque senão eu prestaria atenção no Harry e no Dougie rindo. Então perguntei:

— Gostou do show?

— Ah, sim. Muito bom — respondeu ela.

— Belo teatro, não é?

— Sim, sim, o lugar é lindo — concordou a rainha antes de, finalmente, passar para o próximo.

Felizmente não acabei preso na Torre de Londres por quebrar as regras. Nunca mais encontramos Sua Majestade, mas nos apresentamos para ela num evento das Olimpíadas, e consegui errar a letra. Provavelmente foi o carma por termos sido tão bagunceiros no Royal Variety!

❖

Dougie: O Princess Park Manor sempre foi a central das celebridades. O Busted e o V moravam lá, assim como o jogador de futebol Ashley Cole e as meninas do Girls Aloud, que eram atraentes, mas um pouco mais velhas que nós. Como todos da banda as adoravam, sempre ficávamos meio constrangidos ao lado delas. Éramos os nossos piores inimigos perto do grupo, parecendo um bando de adolescentes bobos ao redor das garotas mais legais da escola. Claro que ficar com alguém do Girls Aloud seria incrível, mas isso nunca aconteceria, não é?

É... não. Não aconteceria mesmo.

Danny: Alguns meses antes eu tinha saído com o Antony Brant, do V. Nós ficamos com algumas garotas e íamos levá-las para o apartamento dele no Princess Park Manor quando esbarramos em Cheryl Cole e sua mãe. Não sei por quê, mas a mãe da Cheryl não se deu muito bem comigo, mas estava óbvio que a Cheryl estava a fim do Antony. Levamos as garotas para o apartamento, mas a Cheryl o convidou para a casa dela. Não parecia justo que ele recebesse toda a atenção de uma das Girls Aloud enquanto o máximo que eu conseguiria seria o deboche da mãe da Cheryl. Mas pelo menos isso me fez perceber que as meninas do Girls Aloud não eram intocáveis. De repente eu poderia ter alguma chance com elas.

Quando *a gente* se mudou para o Princess Park Manor, decidi colocar meu plano em prática. De qual delas eu gostava mais? Escolhi a Kimberley e decidi mandar uma mensagem de texto para sentir o terreno. Mas como conseguir o telefone dela?

O Princess Park Manor vinha com tudo o que tinha direito, até um micro-ônibus para quem quisesse ir às lojas próximas ou à estação. Bastava telefonar para um dos motoristas, e ele pegaria você e levaria aonde quisesse. Um deles era particularmente amigável, um cara realmente gente fina, sempre disposto a agradar. E, claro, como todos os moradores do Princess Park Manor usavam os serviços do motorista, eles tinham o telefone de todos, inclusive o da Kimberley. Quando perguntei a esse motorista se ele me passaria o número dela, ele disse que sim na hora.

Mandei a mensagem de texto: *Aqui é o Danny, do McFly. Peguei seu número com um dos motoristas. Estava pensando se você toparia tomar alguns drinques comigo. Seria maravilhoso sair com você...*

Como ela poderia recusar um convite tão gentil?

Ela respondeu quase imediatamente. Isso tinha que ser um bom sinal. Abri a mensagem.

Em primeiro lugar, estou chateada por ele ter dado o meu telefone. Vou ter que conversar com ele sobre isso. Segundo: não, eu não quero sair para uns drinques. Tenho namorado.

Ela pareceu *bem* irritada. Talvez as meninas do Girls Aloud fossem mesmo inalcançáveis, no fim das contas.

Dougie: Não que a gente tivesse contribuído para a reputação do Danny. Praticamente toda vez que encontrávamos as meninas fazíamos papel de idiota.

Eu adorava estar na banda, mas se tinha uma coisa chata era ter que atender a imprensa adolescente e responder todas as mesmas velhas perguntas nas entrevistas (eu sei, coitadinhos de nós). Tínhamos nos esforçado para fazer o novo álbum, mas ninguém perguntava sobre a música, eles só queriam saber qual era o nosso sabor de pizza favorito. Ainda piores que as entrevistas eram as sessões de fotos. Passávamos dias inteiros em estúdios, fantasiados com cenários de fundo bobos. A gente queria falar sobre as músicas novas, mas queriam que nos fantasiássemos de vampiro no Halloween. Essas sessões de fotos eram tão chatas e eram tantas — estávamos em capas de revistas adolescentes semana sim e outra também — que começamos a fazer exigências ridículas. A gente só faria sessões de fotos se fossem divertidas. Insistimos para que as revistas nos levassem para passear de kart e fotografassem. Numa ocasião, fiz um ensaio cercado de lagartos e cobras. Porém, era muito difícil deixar as entrevistas divertidas, e a tentação de dar respostas idiotas ficava cada vez maior. Era a única forma de manter a sanidade.

Eu estava no meio de uma dessas entrevistas quando veio a pergunta: se você pudesse fazer uma armadilha para qualquer celebridade, quem seria e por quê?

Até *tentei* responder isso de forma razoável, mas não conseguia pensar em ninguém a quem detestasse o suficiente! Por algum motivo o nome da Nicola do Girls Aloud me veio à cabeça. Não sei por quê, afinal todos dizem que ela é uma ótima pessoa. Talvez ela fosse casca-grossa por ter sido ofendida por outras pessoas, mas sinceramente eu não tinha problema algum com ela. Só estava zombando do entrevistador quando respondi:

— Eu faria uma armadilha para a Nicola, um grande poço para ela cair. Haveria espinhos no fundo, e, se os espinhos não a matassem, as cobras matariam. E se as cobras não a matassem, um machado cortaria a cabeça dela...

Como era uma pergunta *realmente* idiota, dei uma resposta *muito* idiota. Minhas torturas imaginárias para a Nicola ficaram cada vez mais violentas, mas obviamente eu só estava brincando, então não pensei muito nisso. Quando a revista saiu, contudo, o que era para ser uma resposta descartável para uma pergunta idem estava na capa e tinha virado matéria de página dupla na revista.

Estávamos no estúdio algumas semanas depois, e, em uma das pausas, Harry e eu fomos à lanchonete. O Girls Aloud estava numa das mesas tomando chá. Eu tinha me esquecido daquela entrevista, mas mesmo assim ficamos parados na porta, meio sem saber o que fazer.

Ai, não... O Girls Aloud... Espero que a gente não fale nenhuma besteira...

Foi quando a Nicola se levantou:

— Ei, Dougie. Que porra de história é essa de cobra?

Direcionei a ela um olhar totalmente perplexo.

— Você disse que faria uma armadilha para mim. O que fiz para você, porra?

Ai. Merda.

Eu deveria ter me desculpado e explicado o que tinha acontecido, mas não fiz isso. Entrei em pânico. Costumava ficar assim na frente de garotas, especialmente se elas fossem bonitas. Tudo ficou meio enevoado, e me lembro de ver uma lata de Coca-Cola pelo canto do olho e pensar comigo mesmo: "Ai, se eu *fosse* uma lata de Coca não teria que lidar com essa situação constrangedora, esquisita, insuportável..."

E aí o Harry foi me ajudar...

Harry: Eu achava que era mais esperto, mais sutil, melhor para falar com as garotas. Deixa comigo, Doug.

— Ei, meninas...

Comecei a falar, mas a minha eloquência me abandonou. O Dougie *disse* que um machado deveria cortar a cabeça da Nicola. Como *eu* ia tirá-lo daquela situação usando a minha lábia?

— Eu... é... acho que não foi *bem* isso que o Dougie quis dizer...

Elas ficaram olhando para mim, sem dizer uma palavra.

— Quer dizer, o que ele estava *tentando* dizer era...

Elas não pareciam impressionadas. Nem um pouquinho.

Senti meu rosto ficando da cor de uma beterraba. Olhei por cima do balcão e falei, bem sem graça:

— Uma lata de Fanta, por favor.

Dougie: Sabe quando você está na escola, foi expulso da sala por fazer bagunça e o caminho até a porta é o mais longo de todos? A gente estava assim: de cabeça baixa, com o Girls Aloud rindo enquanto tentávamos sair de lá rapidamente, mas tudo parecia estar em câmera lenta. Não foi o nosso melhor momento.

Harry: Deveríamos ter aprendido a lição, mas tinha algo nelas que nos transformava em palhaços. Na premiação Pride of Britain naquele mesmo ano, elas ficaram numa mesa perto da gente. Danny e eu tínhamos tomado algumas cervejas e decidimos cumprimentá-las. Dei a volta na mesa e disse oi a cada uma delas até chegar à Cheryl, a quem perguntei, empolgado:

— Como vai você?

— Como vai você? — disse ela ao mesmo tempo.

— VERDE!

Quantos anos você tem, Harry, 11? O que você vai fazer agora? Correr para encostar em algo verde e garantir sorte?

Cheryl me encarou e deu um sorriso desconcertado. Os olhos dela se moveram para a esquerda e para a direita, como se estivesse procurando uma saída. Dei um passo para trás, dizendo:

— É... vejo você depois! — disse, sentindo o sangue subir para a cabeça.

Tom: A nossa época no Princess Park Manor deveria ter sido fantástica, mas, graças ao meu péssimo humor, não foi boa para mim. Já tinha decidido que queria sair de lá, comprar uma casa, mas não sabia quanto isso custaria nem quanto dinheiro eu tinha. Até então, nunca precisei pensar nisso. A gente recebia uma mesada, e o aluguel era pago em débito automático, saindo diretamente da nossa conta no banco. Quando encontrei nosso contador, tive uma ótima surpresa. E quando, pouco antes do Natal, achei uma casa no noroeste de Londres, não muito longe de onde fui criado, pareceu a coisa certa a ser feita.

Dougie: O Natal era a única época em que a gente se afastava. Promovemos muito o disco no período anterior às festas, e Tom estava péssimo. Talvez porque a gente estava trabalhando sem parar por um ano... então todos nós precisávamos de férias, tanto da banda como uns dos outros. Naquele Natal, Danny e eu fizemos cruzeiros com as nossas famílias, Tom foi para a Flórida e Harry para a Tailândia com a Izzy.

Tom: Para mim, o período de festas era inspirador, e, por algum motivo, Orlando é um lugar especialmente mágico. Talvez por isso eu tente ir até lá todo ano. Assim que chego, sinto minha baterias criativas recarregarem e quase quero voltar direto para casa e começar a trabalhar em novas canções. A Flórida também tinha o seu poder.

Levei meus pais, minha irmã e a Giovanna para passar o Natal e o Ano-Novo comigo, e foi um momento de virada para mim. Me senti inspirado a compor, tanto que fiz a música "Bubble Wrap" enquanto estava no banheiro do Walt Disney World (bom, é um ótimo momento para pensar, não é?). Voltei me sentindo renovado (da Flórida, não do banheiro!). Eu estava mais positivo, e a escuridão começava a sumir.

Harry ainda estava na Tailândia quando voltei, mas Danny e Dougie já tinham chegado dos respectivos cruzeiros.

Dougie: A gente passou algumas semanas no sol, e eu voltei me sentindo tão reenergizado quanto o Tom. Cheio de ideias. Eu tinha começado a gostar de um artista chamado Drew Brophy. Ele faz uma arte meio viajante, parecida com quadrinhos e voltada para o surfe: brilhante, colorida, o exato oposto das imagens de *Wonderland*. Parecia se encaixar perfeitamente na música que o Tom fazia na época.

Tom: Matt Willis, do Busted, tinha recomendado ao Fletch que a gente ouvisse uma banda de São Francisco chamada Jellyfish. Enquanto estava na Flórida, ouvi o álbum deles, *Spilt Milk*, e adorei. Até agora não consigo entender por que não é um dos álbuns de maior sucesso de todos os tempos. Voltei para o Reino Unido me sentindo totalmente inspirado por esse novo achado, e ver o Dougie entusiasmado com o recém-descoberto amor pela obra de Drew Brophy nos levou ao que eu só poderia chamar de epifania. A gente se viu totalmente empolgado, passando a noite em claro, com um entusiasmo renovado pela banda e pelo futuro. Nossa perspectiva musical mudou. Da escuridão de *Wonderland* a gente se viu criando algo tão colorido quanto a obra do Drew Brophy e tão pop quanto o Jellyfish.

Dougie: Naquela noite, vi o humor do Tom mudar diante dos meus olhos. Assim que começamos a falar sobre aceitar o tipo de banda que a gente era, sobre se concentrar na diversão e gostar da nossa música em vez de tentar ser moderno e instável, foi como se uma nuvem tivesse saído de cima da cabeça dele.

Tom: E saiu mesmo. De repente, me senti determinado a não voltar ao fundo do poço, a não prejudicar tudo por ser um babaca com os outros caras. Quando você está deprimido, não consegue se lembrar de como é ser feliz, mas quando está para cima você *consegue* se lembrar da depressão. Assim, quando ela vai embora, o alívio é tão intenso que você faz de tudo para não ficar assim de novo. Claro, às vezes você não tem escolha, e precisei de alguns anos para aprender que certas coisas no meu cérebro eram mais complicadas do que eu imaginava. O alienígena ainda batia na minha janela, mas agora sentia a minha cabeça no lugar. Como se o futuro fosse ótimo e estivesse de volta.

Foi ótimo também porque agora a gente tinha que começar a pensar no álbum número três.

Não é o tamanho do seu barco...

CAPÍTULO

9

Tom: *Wonderland* tinha sido uma reação ao *Room On The 3*[rd] *Floor*. O próximo álbum seria uma reação ao *Wonderland*. A gente tinha que fugir de todas as coisas sombrias e tristes. Tínhamos que deixar a luz entrar.

E precisávamos compor algumas canções.

Nossa gravadora sugeriu que a gente se reunisse com alguns compositores para ver o que saía. Não gostamos muito (afinal, o objetivo do McFly era fazer as próprias músicas), mas acabamos aceitando. No início de março de 2006, me vi num estúdio minúsculo localizado num porão em Shepherd's Bush com um compositor razoavelmente conhecido que assinava com o belo nome Eg White. Tentei deixar a mente aberta, esperando que algo de bom pudesse sair dali, mas quando Eg anunciou que achava os Beatles supervalorizados e que era um cara mais do hip-hop, comecei a duvidar que a gente conseguiria trabalhar junto. Basta dizer que não voltei a encontrá-lo novamente.

Danny: Dougie e eu tivemos uma experiência parecida com outro compositor. Aí pensamos: vamos mandar tudo isso à merda! Não *queríamos* compor com outras pessoas. Éramos bons o bastante para fazer aquilo sozinhos. E foi o que fizemos.

Harry: Eu estava com viagem marcada para jogar críquete na Índia em prol do Sport Relief. Isso abriu os meus olhos tanto quanto a viagem para Uganda, pois vimos a devastação que o tsunami causou na vida das pessoas de lá. Você nunca esquece essas viagens. Passar do luxo cinco estrelas que aproveitei nas férias na Tailândia para ver em primeira mão como vilarejos inteiros sumiram do mapa e meios de vida foram destruídos dá muito o que pensar.

Algumas pessoas são cínicas quando veem celebridades recebendo espaço na mídia por seus trabalhos de caridade. Sem dúvida é uma via de mão dupla. Nós crescemos vendo as Spice Girls gravando singles para a Comic Relief. Quando nos pediram para gravar um, a gente definitivamente percebeu o quanto isso era importante para a nossa carreira.

Mas só uma pessoa muito medíocre e que gosta muito de se promover não se emocionaria com a pobreza opressiva que vi na Índia, não se esqueceria nem por um momento do que a exposição faria por sua carreira em vez de se concentrar em ajudar uma organização de caridade.

Estamos longe de ser santos ou missionários, mas após ver como é a vida do outro lado da cerca, ficamos felizes em fazer a nossa parte.

Tom: A única vez que perdi a cabeça com um jornalista foi quando ele insinuou que nosso trabalho para a Comic Relief e o Sport Relief era hipócrita e mercenário. Vai. Se. Foder. Quem já trabalhou para essas organizações sabe o quanto essa ideia é idiota.

Harry: Mas o críquete na Índia *foi* legal, mesmo assim. Eu redescobri o amor pelo esporte, jogava sempre que podia e comecei a readquirir um pouco da forma que tinha na escola. Quando os caras compuseram a letra para a música "Little Joanna", eles escreveram "But only the music is bleeding when crickets replace the band" ["Mas apenas a música sangra quando os grilos substituem a banda"], e achei que eles estavam pegando no meu pé. Na verdade, a letra fala do inseto [grilo em inglês é *cricket*, assim como o esporte críquete], mas sem dúvida havia momentos em que me perguntava se deveria ter buscado uma carreira no críquete em vez da música.

Danny: Enquanto Harry estava na Índia e depois das sessões fracassadas com outros compositores, Tom, Dougie e eu decidimos nos trancar no estúdio montado no Princess Park Manor. Compusemos por dez dias seguidos. Acordávamos às 11 horas e trabalhávamos até as 5 da manhã. Dormíamos algumas horas e fazíamos tudo de novo. A gente mal botava o pé fora de casa. Nossa governanta, Darrotta, trazia as refeições, então a gente nem se preocupava com a alimentação. Nesses dez dias a gente compôs a maior parte do nosso terceiro álbum.

Tom: Quando não estávamos compondo, estávamos repensando toda a imagem da banda, tentando nos afastar de todas as coisas sombrias de antes. Além de ouvir o Jellyfish, fiquei totalmente obcecado pelo Queen, assim como tinha ficado pelo The Who durante as gravações de *Wonderland*. E o mais importante: estávamos nos dando superbem de novo.

Apesar de tudo isso, não desisti de sair do Princess Park Manor. Me sentia no auge de uma nova fase da vida. Comprar uma casa, onde poderia ficar sozinho com a Giovanna quando quisesse, definitivamente parecia o melhor a e fazer. Durante as férias de Natal, levei Danny e Dougie para ver a casa que eu compraria. Até esperava que eles gostassem, mas não que eles adorassem o lugar tanto quanto eu. Após ver o imóvel por meia hora, eles fizeram um depósito para um apartamento ao lado.

Harry: Estava pronto para a viagem de férias rumo à Tailândia, por isso não fui com eles. Voltei das férias sabendo que Tom se mudaria e eu pensava que ainda teria o resto da banda por perto no Princess Park Manor, mas descobri que os três pretendiam se mudar. Fiquei meio puto e levemente assustado quando os caras começaram a me falar para ver outro apartamento que estava à venda no mesmo prédio do Danny e do Dougie. Resumindo: Danny e Dougie compraram apartamentos, um em cima do outro, e passaram a ser vizinhos do Tom, e eu acabei comprando um apartamento no fim da rua. Adeus, Princess Park Manor. Agora todos nós tínhamos o nosso próprio espaço, mas continuávamos bem próximos. Uma configuração perfeita: melhores amigos que viram vizinhos.

Tom: Era divertido para todo mundo morar perto e também era conveniente, porque os nossos dias eram completamente tomados pelos compromissos da banda — como, por exemplo, ir para Los Angeles promover o filme *Sorte no amor*, que estava para ser lançado nos Estados Unidos. Nessa viagem, a gente criou o título para o terceiro álbum. Estávamos de bobeira comendo hambúrguer num restaurantezinho no Sunset Boulevard com nosso amigo George. Ele estava contando a história de uma mulher com quem ficou e decidiu dar alguns conselhos sobre a técnica sexual dele, dizendo:

— Não é o tamanho do seu barco. É o movimento do oceano.

Dougie e eu olhamos um para a cara do outro. Obviamente, pensamos a mesma coisa ao mesmo tempo. A partir daquele momento, sabíamos que *Motion In The Ocean* [Movimento do Oceano, em inglês] seria o nome do terceiro álbum.

Foi naquela viagem para Los Angeles que visitamos um estúdio de tatuagem em frente ao Viper Room, o clube onde o River Phoenix morreu. A gente estava se dando muito melhor agora, e ir lá pareceu ser algo legal para se fazer como banda. Cada um decidiu tatuar uma palavra nos pés, e tivemos um ataque de riso pensando em piadas bobas com a palavra "pé." No fim, tatuei "Big" [Grande] no calcanhar.

Harry: Eu, "Bare" [Descalço].

Dougie: Eu, "Athlete's" [de Atleta].

Danny: E eu "Good Ef" [Grande Esforço]. (Vamos lá, você consegue...)

Dougie: Nessa época eu estava tentando parar de fumar, então embora a gente *estivesse* se dando muito melhor, eu ficava meio agitado boa parte do tempo. Por isso acabei dando um soco na cara do Harry em Los Angeles.

Harry: Dougie estava com um surto de mau hálito, então o apelidei de "bafo de cocô". Infelizmente, ele também estava com um surto de mau humor, e não achou a menor graça, mas Tom e Danny acharam hilário. Toda vez que eles riam colocavam mais lenha na fogueira. Dougie caía mais na pilha à medida que a gente repetia o apelido, o que só deixava a situação ainda mais engraçada.

Foi muito infantil:

— *Para* com isso, Harry.

— Tá bom, bafo de cocô.

— *Harry!*

— Ei, relaxa... *Bafo de cocô*!

Dougie estava no banco da frente do carro, por isso a gente não conseguia ver o quanto ele estava furioso com aquilo, e não levei muito a sério o conselho que ele me deu:

— Cara, é sério. Se você falar isso de novo, vou te enfiar a porrada.

— Tá bom, tá bom. — Houve uma longa pausa. Apenas sussurrei — *Bafo de cocô!*

Do nada, Dougie virou o corpo e deu um soco bem na minha cara. Acertou em cheio. Não posso dizer que não mereci.

Houve um silêncio de choque no carro.

— Opa! — disse eu, ainda passando a mão na bochecha que queimava — Relaxa, bafo de cocô.

Chegamos ao hotel e fui para o meu quarto. Quase imediatamente, o telefone tocou. Era o Dougie, chorando muito:

— Cara, *mil* desculpas por ter te batido... Foi *muito* errado... Me sinto *muito* mal.

Tentei acalmá-lo:

— Cara, não esquenta... Eu te provoquei... Águas passadas não movem moinhos... Somos todos amigos...

Ele acabou parando de chorar e desligou.

Tom: Trinta segundos depois, recebi uma ligação do Harry:

— Adivinha quem estava no telefone chorando como um bebê? O bafo de cocô.

❖

Fizemos um show promocional em Los Angeles. Foi a primeira vez que tocamos decentemente nos Estados Unidos, e, embora não tentássemos "invadir" a América, foi levemente surreal perceber que tínhamos fãs por lá. Não o bastante, porém, para conseguir a proeza que o pessoal da publicidade do filme inventou para a estreia de *Sorte no amor*.

Se não estivermos fazendo shows, nosso maior pesadelo é estar sob os holofotes. Apresentar prêmios, falar em público ou andar no tapete vermelho é um verdadeiro inferno para quem se esconde no banheiro durante festas, e os outros caras sentiam o mesmo. Isso fez da estreia de *Sorte no amor* em Los Angeles um dos momentos mais dolorosos para todos. A perspectiva de aparecer e ser o centro das atenções era ruim o bastante. Quando foi sugerido que deveríamos chegar num ônibus londrino aberto, nossa resposta foi unânime: Nem. Pensar.

Mas aí fomos "Fletchados".

Nosso empresário nos convenceu a fazer aquilo. (Basicamente nos intimidando verbalmente, para ser mais preciso.) Então, quando chegou a hora, a gente se viu em pé no alto de um ônibus de dois andares enfeitado com o logotipo do McFly e uma bandeira do Reino Unido, desejando que o chão nos engolisse. Ninguém sabia quem a gente era! Poderíamos ter feito isso numa boa em Londres, mas em Los Angeles, uma cidade acostumada com celebridades do primeiro escalão de Hollywood, ninguém entendeu toda aquela pompa. Brigamos para não ficar na frente e poder esconder nosso rosto envergonhado.

Foi tão ruim quanto a gente tinha imaginado. Alguns fãs apareceram, mas estavam longe de formar um grupo grande. Alguns jornalistas receberam informações sobre nós e tiraram fotos sem entusiasmo. Fora isso, todos pareciam confusos. Mal podíamos esperar para descer daquele ônibus.

Harry: Não que o que nos esperava no tapete vermelho fosse muito melhor. Nenhum de nós tinha visto a Lindsay desde Nova Orleans. Encontrá-la de novo pela primeira vez na frente de metade da imprensa norte-americana estava longe de ser ideal. Obviamente, ela também não devia estar gostando da ideia, pois mal olhou para a gente quando dissemos oi e posamos para fotografias juntos. Até a irmã caçula dela fez questão de nos ignorar. Humilhados por uma garota de 12 anos. Ótimo.

Tom: Em todo caso, ficamos mais empolgados ao ver Brian Wilson, dos Beach Boys, no tapete vermelho. Tudo bem que ele parecia estar muito chapado e não ter noção do que fazia ali, que dirá saber quem *a gente* era, mas tiramos uma foto com um dos nossos heróis, e momentos assim são inesquecíveis. É bom que pessoas na nossa posição possam ser fãs de vez em quando. Isso faz você lembrar qual é a sensação, mantendo seus pés no chão e ajudando a ter empatia com os fãs que ficam meio bobos por estarem diante de uma pessoa famosa.

Dougie: E aí a gente assistiu ao filme. Já tínhamos visto uma exibição de teste em Londres, então sabíamos que não era o melhor filme do mundo. Sabíamos que não era *Cidadão Kane*. Sentamos lá com o resto do elenco e assistimos a tudo cobrindo o rosto com as mãos...

Danny: O filme provou que era melhor mesmo a gente se dedicar à música. De volta ao Reino Unido, foi justamente o que fizemos.

Uma das decisões mais importantes que uma banda pode fazer é a de quem vai produzi-la. Hugh Padgham trabalhou muito bem no *Room On The 3rd Floor* e no *Wonderland*, mas achamos que era hora de fazer uma parceria com alguém de sangue novo. Nessa época, conhecemos Jason Perry. Ele tinha sido vocalista de uma banda chamada A, que tinha estourado na revista *Kerrang!*, e fez grande sucesso com uma música chamada "Nothing", nossa favorita na época. Por isso, foi muito legal quando soubemos que Jason era um grande fã do McFly e nos via como músicos competentes, e não apenas como uma bandinha pop adolescente.

Dougie: Fiquei meio bobo ao encontrar Jason, por ele ser tão famoso, e também empolgado por ele querer trabalhar conosco.

Danny: Ficou claro que Jason tinha algo de novo a acrescentar. O processo de gravação para *Motion In The Ocean* foi diferente do que tínhamos vivido antes. Para começar, tivemos um período de pré-produção: ensaios com o produtor especificamente para a gravação. Isso significou que antes de entrar no estúdio com o Jason para gravar as músicas, tínhamos trabalhado nossas partes individualmente com muita precisão, de modo que o tempo de estúdio foi usado para acertar o nosso desempenho e o som, em vez de orquestrar as músicas enquanto gravávamos.

Em junho, começamos a gravação do novo álbum. Jason e seu coprodutor Julian Emery queriam que a gente viajasse para gravar. Sair de Londres, longe de quaisquer distrações, para que toda a nossa atenção se voltasse para a gravação. Fomos ao Grouse Lodge, um estúdio residencial na Irlanda situado numa antiga propriedade da família Guinness. O local tinha o seu próprio pub, onde era servida a melhor cerveja Guinness da Irlanda. Nossa conta do bar ao final de todo o processo de gravação foi de milhares de libras. Foi a primeira vez que trabalhamos com um produtor cuja estratégia era garantir que a gente se divertisse. Se não estivéssemos bem no estúdio, ele não se importava em nos deixar assistir ao futebol ou tomar uma cerveja.

Quando gravamos "Bubble Wrap", meu vocal claramente não estava funcionando para ele. Jason perguntou se eu queria uma cerveja. Claro que sim. Meia hora depois, tinha uma cerveja nas mãos, e o estúdio estava numa escuridão total, exceto pelas velas que ele acendera ao meu redor para dar o clima certo. Jason e Julian fizeram de tudo para deixar a gente feliz durante as gravações. Ao contrário do que tinha acontecido nos álbuns anteriores, não houve um momento em que aquilo parecesse trabalho. Era exatamente o que precisávamos.

Tom: Jason e Julian também eram compositores, e a gente começou a criar uma melodia juntos. O título provisório era "Jelly Belly", e a letra era terrível. Sabíamos que seria preciso modificá-la, o que é uma das coisas mais difíceis de se fazer quando uma letra já grudou na sua cabeça. Mas a gente gostou da música e gravou as faixas instrumentais sem saber ao certo qual seria a letra definitiva.

E aí, uma noite, eu tive um sonho. Nele, a gente estava compondo uma canção sobre se apaixonar por um alienígena (pois é, eu sei) que virou a música de maior sucesso na história do universo. No dia seguinte, contei o sonho ao Dougie, e ele sugeriu que a gente tentasse compor essa música e baseá-la em "Jelly Belly". O próximo passo, é claro, foi vender essa ideia levemente maluca aos outros caras, mas eles toparam, e o resultado foi "Star Girl". A gravadora precisou ser convencida — por algum motivo insondável eles não gostaram da frase "I fell in love with Uranus" ["Eu me apaixonei por Urano", que, em inglês, tem pronúncia similar à de "Eu me apaixonei pelo seu ânus"], mas batemos o pé. Foi bom, porque "Star Girl" acabou chegando ao primeiro lugar das paradas. Não foi a canção de maior sucesso na história do universo como no meu sonho, mas acabou sendo mandada para além dos confins do planeta Terra. Quando o Twitter ganhou força, a gente começou a acumular seguidores, chegando às centenas de milhares. Sendo o nerd que sou, algumas das pessoas que *eu* adorava seguir eram astronautas da Estação Espacial Internacional [ISS, na sigla em inglês], a NASA e outros tuiteiros ligados ao espaço. Uma conta em particular informava todos os dias a música que a tripulação da ISS tinha ouvido ao acordar. Um dia, retuitei essa informação com um comentário inocente: bem que a gente podia tentar fazer uma música do McFly tocar no espaço.

Foi um comentário à toa, mas nossos fãs levaram o desafio a sério e ficaram absolutamente malucos no Twitter, bombardeando a NASA com milhares e milhares de tuítes, entupindo os servidores de e-mail deles com pedidos para colocar uma música do McFly em órbita.

Uma semana depois, chegou um e-mail na minha caixa postal de alguém da NASA. A mensagem informava que o bombardeio dos fãs fora notado e que eles entrariam em contato em breve. Duas semanas depois, um cara chamado Burt, um dos chefões da NASA, ligou. Ele ficou impressionado com a insistência dos nossos fãs, e a gente começou a conversar sobre várias possibilidades. De repente, poderíamos tocar no último lançamento do ônibus espacial, talvez pudéssemos gravar um clipe numa das instalações deles. Na época, a NASA estava fazendo sessões ao vivo com astronautas, nas quais era possível mandar perguntas para eles pelo Twitter e assisti-los pela internet. E foi durante uma dessas sessões que "Star Girl" tocou na Estação Espacial Internacional, que dava voltas ao redor da Terra. Não foi exatamente a realização de um sonho, mas chegou bem perto disso.

Aquele verão foi um dos melhores que já tivemos. A gente voltou da Irlanda para nossas novas casas, onde Dougie mandou construir uma rampa de skate no jardim, e também terminamos de gravar os vocais para *Motion In The Ocean* no estúdio caseiro do Danny. Fazia um calor daqueles, e estávamos revigorados como banda. Espero que as músicas reflitam isso. Elas são alegres e têm clima de verão. A gente se sentiu bem com aquele álbum e estávamos de volta nos trilhos.

Danny: Aquele verão também foi divertido por outros motivos. Tom e Harry estavam em relacionamentos sérios e eram totalmente fiéis e monogâmicos, mas Dougie e eu ainda tínhamos um bom tempo pela frente para aproveitar a vida de solteiros. Nossos novos apartamentos atraíam muitas garotas, e uma noite em particular me vem à cabeça. Eu estava com três garotas no meu apê e convidei Dougie para a festa. A gente tomou uns drinques, e ficou claro que nossas convidadas estavam a fim de algo mais. Aí meu telefone tocou. Não me lembro dos detalhes da ligação, mas era algum problema de família que eu não queria resolver na frente dos outros. Chamei o Dougie num canto:

— Cara, leve as garotas para o seu apê e mantenha o clima quente que eu já volto.

Dougie as acompanhou ao apartamento dele enquanto eu resolvia meu problema. Desliguei o telefone e esfreguei as mãos, ansioso. Tínhamos três garotas, dois caras e bebidas. Todos os ingredientes para uma grande noite. Fui para o apê do Dougie... e encontrei todo mundo meio que dormindo no sofá, vendo televisão.

— Dougie! *Dougie*! O que houve?

Dougie deu de ombros. Ele ainda era bem tímido naquela época, por isso ainda não se sentia muito confiante para manter o clima quente com as garotas. Era definitivamente hora de consertar a situação. Eu não ia deixar a festa acabar, então sugeri um jogo estilo verdade ou consequência. Dougie topou, as garotas também, e elas pareciam totalmente dispostas a fazer o que a gente quisesse. Ah, se a garrafa tivesse caído virada para elas e não para mim e o Dougie... Elas me desafiaram a beijá-lo, e ele aceitou.

— Só um beijinho no rosto — disse ele, completando num sussurro. — Vai valer a pena, cara. *Vai* valer a pena!

Mas a noite não terminou como tinha planejado. Dougie é um bom amigo e tudo mais, mas beijá-lo na frente daquelas três garotas lindas não era o que tinha em mente...

Tom: Quando chegou a hora de fazer a turnê do *Motion In The Ocean*, a gente fez questão de que o palco refletisse o clima para cima e de verão que gostaríamos de transmitir no álbum. Havia Cadillacs e redes no palco, até construímos uma cabana de praia para convidar alguns fãs para ver a gente de pertinho. Tivemos que parar de fazer isso, porque o resto do público vaiava essas pessoas. E foi na turnê do *Motion In The Ocean* que a gente conseguiu tocar com um de nossos heróis musicais.

Chegamos ao primeiro lugar da parada naquele mesmo ano com uma regravação do Queen: "Don't Stop Me Now". Brian May nos enviou uma garrafa de champanhe como forma de nos parabenizar e perguntou se a gente tocaria a nossa versão durante o musical *We Will Rock You,* em comemoração ao sexagésimo aniversário do Freddie Mercury. Nem precisaria pedir duas vezes, e assim, nos vimos ensaiando com Brian May, o cara mais maravilhoso e gentil que se pode encontrar. Ele escutava educadamente as minhas nerdices sobre o espaço (pois tem Ph.D. em Astrofísica) e foi muito gentil com todos nós, e continua sendo até hoje. Foi como se as estrelas estivessem alinhadas a nosso favor. Durante *Wonderland*, eu tinha ficado obcecado pelo The Who, e acabamos tocando com o Roger Daltrey. Agora estava obcecado pelo Queen, e ali estávamos nós fazendo um som com o Brian May.

Uma coisa boa merece outra. Na metade da turnê do *Motion In The Ocean*, achamos que seria uma ótima ideia perguntar ao Brian se ele gostaria de subir ao palco com a gente. Sempre que precisamos fazer algo assim, mandamos Danny perguntar. Ele é de longe o integrante mais afável e sociável da banda, o tipo de cara que pode falar com qualquer um. Todo mundo gosta do Danny assim que o encontra — só acham que ele é um babaca quando passam a conhecê-lo melhor. ;) Danny perguntou se Brian gostaria de se apresentar no nosso show em Wembley. Ele aceitou. Para ser sincero, ele é tão gente fina que não consigo imaginá-lo dizendo não a alguém. Brian até adiou as férias em uns dois dias para tocar com a gente.

Anunciar Brian May no palco para a apresentação de "Don't Stop Me Now" foi definitivamente um ponto alto da nossa carreira. A plateia ficou totalmente louca, e foi um grande momento para nós quando depois ele disse ter nos achado uma das melhores bandas ao vivo do país. Talvez as pessoas estivessem começando a nos levar mais a sério, afinal.

Não que fôssemos imunes às críticas. Parecia que sempre existiriam pessoas alegando que a gente não passava de uma banda pop fabricada. Às vezes isso te afeta, não dá para evitar. Quando a crítica de um jornal de circulação nacional quis dar cinco estrelas para um dos nossos shows, o editor insistiu para que ela atribuísse apenas quatro. Eles não poderiam elogiar muito o McFly, óbvio. Uma jornalista em particular falou muito mal das nossas letras, mas teve a audácia de citá-las de forma errada. Isso me deixou *muito* puto. Escrevi para ela. Não havia problema em não gostar das nossas letras, eu disse, mas que pelo menos citasse-as corretamente antes de criticá-las. Ela respondeu quase na mesma hora. As letras tinham sido copiadas do nosso livreto oficial. Investigações revelaram que Danny, responsável por transcrevê-las para o livreto, colocou a letra errada. Boa, Danny!

Hoje em dia, se alguém nos cita incorretamente, é fácil corrigilo no Twitter. Essa é uma boa forma de garantir que esse tipo de erro não aconteça de novo. São tantos fãs nos seguindo que eles logo bombardeiam o culpado com mensagens acusadoras.

De modo geral, porém, a vida começou a ficar um pouco mais calma para nós depois do lançamento de *Motion In The Ocean*. Estávamos todos sossegados nas nossas casas, e até o Danny, mulherengo de carteirinha, se viu num relacionamento sério. A gente ainda evitava o estilo de vida das celebridades, e a nossa ideia de uma boa noitada não incluía bebidas e cocaína num clube londrino, mas sim algumas cervejas no nosso pub favorito, o Rose and Crown. Pelo menos era o que a gente pensava.

Tudo ia bem, mesmo que o passo seguinte da nossa carreira não tenha saído exatamente como a gente queria. Ou talvez até tivesse, porque ele trilhou o caminho para o que aconteceu depois, musicalmente falando.

As bandas e suas gravadoras sempre têm diferenças de opinião. Que foto deve ser capa do álbum? Qual deve ser o primeiro single? As bandas se importam muito com essas coisas, mas elas geralmente se resolvem num acordo que satisfaça a todos. O lançamento do álbum *Greatest Hits*, porém, foi algo de que discordamos desde o início. As gravadoras adoram álbuns de grandes sucessos porque não lhes custa nada. Para nós, aquilo não fazia o menor sentido. A gente só tinha lançado três álbuns e constantemente produzia material novo. Um álbum de grandes sucessos depois de uma década de carreira seria legal, mas lançar um naquele momento parecia ridículo. Ficamos com medo de as pessoas acharem que estávamos seguindo a trajetória tradicional das bandas pop fabricadas: alguns álbuns, um de grandes sucessos e depois a separação. Em todas as entrevistas que fizemos na época, perguntavam se a banda estava se separando, e mesmo quando negávamos ninguém acreditava.

No passado, sempre fomos muito respeitados pelas pessoas e tivemos relativa liberdade para fazer o que queríamos como banda. Essa foi a primeira vez que fomos obrigados a aceitar algo que não concordávamos. Não foi bom, mas tentamos ver o lado positivo: lançar o álbum *Greatest Hits* pelo menos nos permitiria fazer uma turnê. Isso para nós era sempre a luz no fim do túnel. Além do mais, apesar do que todos pensavam, a banda continuou.

E não havia dúvida: a gente sabia que ainda tinha muitas cartas na manga.

O John do Elton

CAPÍTULO 10

Danny: Em nosso primeiro show, no Hammersmith Apollo, minha mãe conversou com uma família no bar, os Sewell: Al, Deb e as duas filhas. Minha mãe se deu bem com os Sewell, e eles viraram amigos. Na época, Al seria uma espécie de figura paterna para mim. Ele e Deb também eram amigos de longa data do Rod Stewart, e por isso acabei sendo apresentado a ele.

Em novembro de 2007, fomos à Irlanda fazer um show para a organização de caridade Childline. Rod estava se apresentando naquela mesma noite e tinha um jato particular esperando para levá-lo de volta para casa. Ele falou que tinha três lugares vagos e que poderíamos pegar uma carona com ele, se quiséssemos.

Tom: Obviamente, Danny teve que ir porque era amigo do Rod. Como era aniversário do Dougie, decidimos que ele deveria ir também. Sobrou apenas um lugar. Harry e eu jogamos pedra, papel e tesoura para ver quem ia. Harry perdeu, então me juntei ao Danny e ao Dougie.

Harry: Fazer o quê, né? Mas, para compensar, teria uma partida de críquete da seleção inglesa, então consegui voltar ao hotel e ver os melhores momentos. Os pequenos prazeres da vida...

Danny: Encontramos Rod no aeroporto. Quando você voa num jatinho particular, não passa pela segurança normal do aeroporto, então precisamos entregar nossos passaportes antes de embarcar. Rod é meio piadista, parece um estudante bagunceiro. Não pensamos duas vezes antes de entregar os documentos, entrar no avião e curtir um belo voo de volta para Londres.

Tinha um carro esperando pelo Rod na pista de pouso. Antes de entrar, ele se despediu e devolveu nossos passaportes. Foi só quando o carro já estava longe que a gente olhou os documentos e viu que ele tinha desenhado um monte de pênis com caneta permanente. Um deles saía da minha cabeça na foto do passaporte! A gente ligou para ele depois, e Rod morreu de rir da pegadinha. Imagino que ele riria ainda mais quando soubesse do problema que isso nos causou ao usar passaportes com desenhos de genitálias masculinas para viajar pelo mundo. Funcionários da alfândega não são conhecidos pelo senso de humor, e perdi a conta das vezes que ouvimos bronca sobre o quanto éramos infantis. Eles não ficaram nem um pouco impressionados com os rabiscos do Rod. Todos nós tivemos que tirar passaportes novos.

Tom: No ano seguinte, pediram para a gente participar do single para o Children in Need. Eles sempre querem regravar uma canção bem-conhecida, por isso pensamos em gravar "Stay With Me" e ver se Rod aceitava participar. Ele disse que cantaria no single conosco, mas isso acabou não acontecendo, então gravamos sozinhos mesmo. Danny e eu fizemos o vocal principal. Era uma música difícil, mas a gente conseguiu mandar bem e apresentá-la ao vivo no evento. Abrimos o show, foi muito marcante.

A gente estava fazendo uma turnê em arenas naquela época, por isso precisamos sair de helicóptero do Children in Need para o nosso show em Birmingham naquela noite. O helicóptero pousou, entramos no ônibus da turnê e o telefone do Danny tocou.

— Rapazes! — gritou ele. — É o Rod!

A gente se juntou ao redor do telefone, e Danny colocou no viva voz.

— Danny, meu amigo, foi ótimo, mas por que você não cantou tudo sozinho? Aquele outro cara, a voz dele não é boa para rock...

Valeu, Rod.

Eu estava tão animado para aquele show de Birmingham. Nada como ser criticado pelo Rod Stewart pouco antes de uma apresentação para tirar toda a graça do evento.

O álbum *Greatest Hits* foi lançado contra a nossa vontade. Frustrante, para dizer o mínimo. Agora a gente queria retomar um pouco o controle, então quando os nossos empresários sugeriram gravar o próximo disco de forma independente, a gente adorou a ideia. Se lançássemos um álbum com o nosso selo, teríamos controle criativo total sobre ele. Não haveria qualquer interferência externa. A gente poderia fazer o que quisesse.

Mas aquilo era arriscado. Seria preciso financiar tudo sozinhos: gravação, promoção, tudo o que uma gravadora normalmente faz. E teríamos que fazer direito, seria nossa responsabilidade, mas aceitamos o desafio. Logo, lidaríamos com a empreitada como verdadeiros homens de negócios. Controlando os gastos. Sendo econômicos. Certo?

Bom, não exatamente.

Primeiro, a gente precisava de férias. E também precisava trabalhar nas músicas para o próximo álbum. Por que não juntar os dois? Fomos para Barbados. A ideia era que nossas namoradas fossem para a primeira semana de férias, e quando elas fossem embora a gente se jogaria no trabalho. A primeira parte do plano correu perfeitamente e passamos férias incríveis, mas quando as garotas voltaram para casa acho que nem *falamos* no novo álbum, que dirá começar a trabalhar nele. A gente só ficou de bobeira na praia e encheu a cara à noite. Dividimos quartos, e uma noite o Dougie ficou tão bêbado que mijou na cama. Como ele não contou ao Harry, na noite seguinte o nosso baterista encontrou um colchão com um cheiro muito especial. A luz de alerta deveria ter acendido, já que Dougie estava tão doido a ponto de não conseguir se segurar. Mas não acendeu. A gente só estava se divertindo, e quem vai imaginar que algo pode dar errado quando tudo parece tão certo?

Harry: No último fim de semana antes do Natal, nos pediram para tocar no concurso Miss Mundo em Joanesburgo, dividindo o palco com Alesha Dixon. Seria apenas uma visita rápida: sairíamos na sexta para voltar no domingo, mas você pode imaginar que nossas namoradas se despediram da gente com sorrisos forçados. Elas não precisavam se preocupar, pois nem imaginávamos que as candidatas a Miss Mundo se dariam ao trabalho de falar com quatro idiotas ingleses de uma banda.

O show foi bom, e depois fomos jantar no hotel onde as candidatas estavam hospedadas fazia duas semanas. Havia um toque de recolher às 9 da noite e uma política rígida: nada de garotos nem bebidas; mas elas estavam dispostas a relaxar, e os únicos caras da mesma idade delas eram a gente. Dougie, Tom e eu estávamos em compromissos sérios e não queríamos trair. Era ótimo olhar, mas tocar era proibido. No fim do jantar, porém, várias delas se jogaram em cima da gente, pedindo fotos. Nossa estratégia era simplesmente ficar na mesa, mas Danny tinha outros planos.

Tom: Elas ficaram atraídas pelo Danny como mariposas diante de uma lâmpada. Enquanto o café era servido, havia umas seis ou sete lutando pela atenção dele. Se Danny morresse naquele exato momento e fosse para o céu, teria acordado exatamente no mesmo lugar.

Danny: É verdade. Eu tinha uma namorada em casa, mas não estava feliz no relacionamento e era um covarde por não querer terminar. E ali estava eu, num lugar cheio das mulheres mais lindas do mundo, e disposto a aproveitar aquilo ao máximo.

Dougie: Quando o jantar terminou, Danny foi embora, enquanto o resto de nós continuou junto. Fomos a uma boate dentro do hotel com o Fletch e a sensacional Alesha Dixon. Eu tinha acabado de fazer um piercing no nariz e, quando brinquei que a risada dela parecia a de um sapo, ela o puxou de leve no piercing e espirrou sangue no meu rosto inteiro. Ótimo. A gente tomou alguns drinques e dançou (Harry e eu fizemos o velho truque de dançar ao som do Wham! de um jeito *bem* gay), mas tudo estava sob controle.

Harry: A Miss Cazaquistão perguntou o número do meu quarto. Eu disse o número errado...

Levou um tempão para o Danny voltar, de mãos dadas com a Miss Inglaterra e mais feliz do que pinto no lixo.

Danny: Eu estava sorrindo por dois motivos: era ótimo ficar com uma miss, e além disso eu tinha conseguido uma desculpa para sair do relacionamento. Não fiz nada além de beijá-la, mas em casa eu contei a minha namorada que não podia mais continuar com ela depois de ter sido tão infiel. Ela estava disposta a me dar outra chance, mas eu fui covarde e aproveitei para ir embora. O relacionamento acabou da pior forma possível.

A essa altura, você deve estar com a impressão de que não tratei muito bem as mulheres da minha vida. Tem toda a razão. Eu era jovem, solteiro e só queria me divertir. Na época eu não sabia, mas aquela noite no Miss Mundo me levaria a encontrar alguém que transformaria o velho Danny num cara totalmente novo. Infelizmente, ainda levaria mais de um ano para isso acontecer.

Dougie: Fletch sempre disse que pelo preço das gravações em Londres, a gente poderia ir gravar na Austrália. E *nós* sempre dissemos: "Fletch, isso é ridículo."

Era como balançar o pano vermelho diante de um touro. Agora que estávamos sozinhos, ele fez de tudo para que aquilo acontecesse.

Então, para gravar o disco que seria o *Radio:ACTIVE*, ficamos na Austrália por dez semanas. Qual é a graça de ser o chefe se você não pode tirar vantagem disso de vez em quando?

Fomos para Sydney em janeiro de 2008. O plano era começar a procurar imediatamente um lugar legal para viver pelas próximas dez semanas, mas a gente começou a beber praticamente assim que aterrissou. O primeiro dia lá passou voando, num misto de cerveja e doses de outras bebidas. A gente perdeu a conta da quantidade de bares dos quais fomos expulsos, sendo literalmente puxados pelos colarinhos e postos para fora. Harry arrumou briga com um segurança e tinha os arranhões para provar. Quando voltamos ao hotel naquela noite, estávamos prontos para apagar. Quando acordamos no dia seguinte, tudo parecia estranho. Não conseguíamos tirar a bizarra sensação de que a Austrália nos odiava.

A gente tomou a estranha decisão de curar nossa ressaca escalando a Ponte da Baía de Sydney. Então lá estávamos nós no topo da ponte ouvindo o guia dizer quantas pessoas morreram durante a construção e exatamente o que aconteceria se alguém caísse. Não era bem o que a gente queria ouvir, especialmente porque estávamos pendurados. E pelos próximos quatro dias, enquanto procurávamos um lugar legal para morar, fomos os perfeitos idiotas ingleses pegando a barca para Manly Beach com toalhas e usando chinelos de dedo, ficando vermelhos iguais a camarões numa praia cheia de australianos fortões. De modo geral, a primeira semana da nossa nova empreitada não foi um sucesso total.

As coisas começaram a se acertar, porém, quando encontramos um lugar legal para ficar. Foi em Manly, subúrbio localizado na região nordeste de Sydney, bem perto da praia. Era incrível. Um lado inteiro da casa era uma grande janela com vista para o mar; dava para abrir tudo e "deixar a paisagem entrar". O interior era sensacional, o tipo de lugar que normalmente se vê em revistas. Até os banheiros tinham vista para o mar.

Tom: Não sei bem como me senti em relação a isso, as janelas eram transparentes, e alguns momentos devem ser particulares...

Dougie: A gente precisava fazer uma viagem de quarenta minutos para a cidade onde ficava o estúdio de gravação. O trajeto de ida e volta para o trabalho não era ruim: passávamos pela Ponte da Baía de Sydney e pela Ópera de Sydney. Não era como pegar o metrô lotado para ir à cidade. E o tempo estava sempre ensolarado. A gente se deu ao luxo de fazer aulas de surfe, então toda manhã surfávamos antes de pegar o caminho com belas paisagens para o estúdio, por volta de 1 hora da tarde. A gente gravava até as 22 ou 23 horas, depois dirigia para casa com a janela abaixada e a brisa soprando. E apesar do nosso problema no primeiro dia, estávamos sóbrios. A gente mal tocou em álcool porque todo dia havia um motivo para levantar da cama que não envolvia bebidas. Harry começou a treinar para a maratona de Londres, e a gente até se juntou a ele em alguns treinos. Era um novo McFly.

Harry: A gente convidou o Antony Brant e também nossas namoradas, Giovanna, Izzy, a namorada do Danny, Olivia, e a namorada do Dougie, Louise (uma menina adorável: cristã e que não fazia sexo antes do casamento. Combinação péssima para alguém como o Dougie...).

Tom: E para melhorar, a gente estava gravando a música que queria. Nada de interferências ou intromissões. Apenas nós e o Jason Perry, que trabalhou com a gente e cujo entusiasmo era tão contagioso quanto o estilo de vida tranquilo que estávamos levando. Um amigo do Jason fazia shows como hipnotizador. Eu tinha lido o livro de Derren Brown que explica tudo sobre hipnose e as pessoas mais suscetíveis a ela: aqueles que gostam de ser o centro das atenções e só precisam de um pouco de estímulo para se exibir. O que me fez pensar em uma pessoa: Harry! Falei para ele:

— Cara! Você é *totalmente* o tipo de pessoa que seria fácil de hipnotizar.

Harry: Eu não tinha tanta certeza se isso era bom ou ruim, mas concordei em ir a um desses shows. Dougie e Danny ficaram assustados demais para subir ao palco, mas Tom concordou em ir se eu fosse. Junto com Izzy e Giovanna, a gente topou ser hipnotizado quando ele perguntou ao público de mais de cem pessoas se havia algum voluntário.

Eu *tentei* relaxar quando ele quis nos colocar num estado hipnótico, mas quando a garota do meu lado dormiu no meu ombro, percebi que não ia funcionar comigo. Olhei para a esquerda, onde Tom estava sentado, e notei que ele estava sob o efeito da hipnose. Quando o hipnotizador disse que todos nós segurávamos o sorvete mais gostoso do mundo, o rosto do Tom entrou em êxtase enquanto ele lambia a guloseima imaginária. Olhei para Izzy e percebi que ela também estava bem acordada. A gente saiu do palco com os outros que não foram afetados, e deixamos o Tom e a Gi lá.

Dougie: O que se seguiu foi provavelmente a meia hora mais divertida da nossa vida. Quando o hipnotizador percebeu que o Tom e a Gi eram um casal, os olhos dele brilharam. Mas Tom foi o astro do show. O hipnotizador o fez dançar balé no palco igual à Fada Açucarada do *Quebra-Nozes*, e depois socar o ar toda vez que o tema do filme *Rocky* tocava nos alto-falantes. O melhor de tudo foi fazê-lo se apaixonar por outro voluntário do sexo masculino que estava vestido de mulher: toda vez que o cara levantava a saia, Tom se apaixonava mais. O Tom teve que confessar tudo isso para uma Giovanna hipnotizada, que ficava cada vez mais furiosa quando ia ficando claro que Tom queria deixá-la por um cara de vestido.

Aí o hipnotizador disse para ele:

— Muito bem, Tom. Está vendo aquele cara na primeira fila? Ele roubou o seu pinto.

O Tom olhou para ele:

— Cara, dá para devolver o meu pinto? Sério, cara, você já não tem o seu?

Foi quando o hipnotizador anunciou:

— E agora você conseguiu o seu pinto de volta e ele tem o dobro do tamanho!

Corta para um imenso sorriso no rosto do Tom quando ele passa a mão em seus documentos aumentados e anda pelo palco como um cachorro com dois pintos.

Danny: Para o *grand finale*, Tom foi para a plateia fazer striptease para mim, Dougie e Harry, girando a camiseta no ar e se esfregando na gente, adorando quando jogávamos dinheiro. Ninguém sabia quem a gente era, e metade achou que era armação porque Tom deu um show e tanto. Foi quase engraçado demais para ser verdade.

❖

Harry: Quando você grava, o baixo e a bateria são feitos primeiro. Depois disso, o trabalho da seção rítmica está feito. Por isso não fazia sentido a gente ficar lá enquanto Tom e Danny gravavam as guitarras, e por isso Dougie, Louise, Izzy e eu decidimos fazer uma viagem para surfar.

Dougie: A gente foi a várias praias num dia, ficou de bobeira na água se divertindo. Numa ocasião, estávamos na última praia do dia, e nuvens de tempestade estavam se formando. A água parecia cinza, meio assustadora, e as ondas em que estávamos surfando ficaram maiores. Harry e eu remamos e esperávamos uma onda quando ele viu duas barbatanas aparecerem e depois desaparecerem.

Eu sabia alguma coisa sobre tubarões. Sabia que, ao contrário dos golfinhos, eles tinham nadadeiras verticais que aparecem por cima da água. Foi o que eu tinha acabado de ver: as nadadeiras de um tubarão que estava prestes a jantar um baterista e um baixista.

— HARRY! TUBARÃÃÃÃÃÃÃO!!!!

Nunca me mexi tão rápido. A gente remou de volta como doidos, nos cagando de medo e já esperando sentir as mandíbulas nos nossos calcanhares. Ficamos completamente apavorados...

Então por que os australianos na praia estavam morrendo de rir da gente?

Não era um *tubarão*, eram *dois* golfinhos. Já falamos que éramos os típicos ingleses idiotas na praia, né?

Danny: Enquanto Harry e Dougie estavam curtindo a vida, a gente ralava no estúdio. Em termos de trabalho, o nosso é o que menos se parece com um tradicional. Porém, passar o dia inteiro no estúdio sabendo que você tem o ônus de precisar criar algo é o mais próximo de um emprego que se pode imaginar. É um processo longo, lento, e pode ser desanimador se você não estiver inspirado. Mas a Austrália foi um bom ambiente para gravar. Tranquilo. Lenta e gradualmente o *Radio:ACTIVE* começou a surgir.

Tom: A gente aprendeu algo sobre composição. Quanto mais pessoal é uma música, maior a probabilidade das pessoas se identificarem com ela. Tente escrever algo que todo mundo entenderá e você acabará diluindo o sentimento. "All About You", por exemplo, era específica, sobre mim e Giovanna, e acabou sendo uma das nossas músicas mais populares. O *Radio:ACTIVE* foi conscientemente um álbum sobre a gente. Sobre estar numa banda.

Na época da turnê de *Wonderland,* eu tinha feito uma música chamada "One For The Radio" sobre essas pessoas que gostavam de nos criticar, mesmo quando cantarolavam as nossas melodias. Toquei para Dougie quando estávamos trabalhando no material para *Motion In The Ocean*, mas ele não gostou muito. Sem problemas.

Quando você está trabalhando com canções, algumas não entram no álbum. Mas de vez em quando retomo ideias antigas e fiz isso quando a gente estava compondo para o *Radio:ACTIVE*. Na verdade, era uma música muito boa, e a letra tinha a ver com os nossos sentimentos na época: um pouco frustrados por não sermos levados a sério como banda, mesmo por pessoas que gostavam das nossas músicas em segredo.

Toquei a música para Richard Rashman. Ele não gostou.

— Você tem que mudar essa letra, Tom. Ninguém vai se identificar com isso.

Mas eu sabia que ele estava errado. Sabia que era exatamente o tipo de música que nossos fãs entenderiam. E entenderam mesmo. Mais do que qualquer álbum anterior, o *Radio:ACTIVE* é muito pessoal. As letras falam dos pontos altos e das frustrações da nossa vida. Quando foi lançado, em julho de 2008, descobrimos que ele uniu nossos fãs como nenhum dos álbuns anteriores conseguiu fazer.

Danny: Mesmo lançando esse álbum de forma independente, não gravamos pensando como homens de negócios. Não decidimos compor as músicas mais populares para um público mais amplo. Era um álbum para nós e para os nossos fãs. O álbum que *nós* queríamos fazer, não o que os outros achavam que a gente deveria fazer. E pareceu que todo mundo acabou nos apoiando por isso. A gente conseguiu tocar muito no rádio, o que não é fácil, e o feedback da imprensa e da indústria musical foi positivo.

Tom: O lançamento de *Radio:ACTIVE* foi inovador. Era uma época de mudanças na indústria musical. A revolução do download estava começando, e as vendas de álbuns físicos estavam diminuindo. Para baixar música legalmente era preciso ter cartão de crédito, e para ter cartão de crédito é preciso ter 18 anos. Muitos dos nossos fãs eram mais novos. Então, quase da noite para o dia havia um obstáculo para os fãs conseguirem as nossas músicas. Por isso precisávamos ser criativos.

A gente forneceu o álbum gratuitamente junto com o jornal *Mail on Sunday*. Fomos a primeira banda atual a lançar um álbum dessa forma, e parecia que os olhos da indústria estavam sobre nós. Foi um sucesso? Difícil dizer. Certamente isso colocou dois milhões e meio de álbuns do McFly na casa das pessoas numa época em que as vendas dos álbuns caíam rapidamente, e o subsequente lançamento comercial foi bem-recebido. Além disso, ele criou toda uma nova base de fãs: a gente subitamente percebeu muito mais homens aparecendo nos nossos shows, quando o nosso público-alvo sempre foi majoritariamente feminino. Talvez o *Radio:ACTIVE* tenha mostrado às pessoas que éramos mais do que uma bandinha pop adolescente. Talvez por ouvir com mais atenção os nossos instintos conseguimos um pouco da credibilidade que tanto desejávamos.

Harry: Também foi o primeiro álbum que levamos ao exterior. A gente sempre quis fazer uma turnê em outros países, mas isso nunca foi prioridade da gravadora, porque ela não ganhava dinheiro com a agenda de shows da banda. Agora que estávamos decidindo tudo, era algo que poderíamos bancar. Fizemos shows na Europa, no Japão, e, depois de um de nossos DVDs ao vivo ter vendido surpreendentemente bem na América do Sul, um promoter de lá resolveu arriscar com a gente. Ele vendeu alguns shows, e os ingressos se esgotaram na hora. Novas datas foram abertas e aconteceu o mesmo. Até virou notícia no Brasil quando os fãs do McFly em São Paulo fizeram fila para comprar os ingressos. A gente nem sabia que *tinha* fãs por lá. Nunca imaginaríamos. Quando chegamos ao Brasil para o início da nossa pequena turnê, havia quinhentas fãs no aeroporto para nos receber, e enquanto os carros tiravam a gente de lá em segurança, nossa música "Lies" tocava no rádio de dois em dois minutos. Já é sensacional o bastante ouvir sua música no rádio na Inglaterra, que dirá do outro lado do mundo. E, a caminho do hotel, vimos imensos outdoors na cidade inteira promovendo nosso show. Parecia que o McFly era ainda mais popular na América do Sul do que a gente imaginava...

Países diferentes têm fãs diferentes. No Japão, por exemplo, elas são persistentes, mas sempre ultraeducadas. Uma vez a gente se despediu de um grupo de garotas que tinha se reunido em frente ao nosso hotel, e todas se derramaram em lágrimas. No Brasil, porém, a gente descobriu um tipo de fã totalmente novo. Apaixonadas, para dizer o mínimo. Mesmo no ápice da loucura do início da nossa carreira no Reino Unido, nunca tínhamos visto nada assim. Foi o nosso primeiro gostinho da superfama. Parecia que éramos os Beatles em 1964. Sair do quarto do hotel para ir ao bar no térreo estava totalmente fora de questão. Nos aeroportos, era preciso contornar a segurança e ser escoltados diretamente para o avião. Um grupo de fãs ficou acampado em frente ao local onde iríamos tocar em São Paulo 15 dias antes do show, e a fila estava tão grande que as redes de TV mandaram helicópteros para filmar. Os fãs sabiam onde a gente estava a cada minuto. Quando a gente tirou o dia para relaxar na piscina, elas estavam lá com câmeras. Fazer compras? Esqueça. A caminho de uma entrevista em São Paulo, umas fãs pularam no nosso carro, abriram as portas e tentaram entrar. Ao sair na varanda do quarto de hotel, lá estavam as fãs na frente gritando para nós. Quando alguém ia à academia malhar, lá estava uma fila de fãs observando quem estava na esteira. No Rio de Janeiro, a gente ficou num belo hotel perto da praia, mas foi simplesmente impossível descer para a areia, porque isso significaria uma batalha para atravessar uma Linha Maginot de fãs. Viajamos para o Amazonas, e elas estavam esperando por nós na floresta tropical, com violão nas mãos, cantando músicas do McFly.

Dougie: Os shows na América do Sul são sensacionais. Tão intensos e apaixonados quanto os fãs. Praticamente todos da plateia estavam chorando ou gritando. É um mundo totalmente diferente. Não existe controle de multidões na maioria desses locais da América do Sul, então os shows ficam abarrotados de fãs insistentes, garotas alucinadas em tudo que é canto, e o barulho não tem fim. Soma-se a isso o fato da gente não ir lá com muita frequência, e tudo isso torna a atmosfera mais incrível que se pode esperar durante um show. Em nenhum outro lugar do mundo o McFly teve uma experiência parecida.

Danny: As bandas têm o costume de destruir quartos de hotel, certo? Jogar aparelhos de TV pela janela. Está no manual básico. Não para o McFly. A gente nunca foi adepto do estilo de vida do Led Zeppelin. Com uma exceção, da qual não me orgulho. Aconteceu na América do Sul. No Chile, para ser mais preciso. Tínhamos a agenda tomada por entrevistas no dia seguinte, e, por isso Tom, Dougie e Harry foram embora cedo. Muito sensato. Mas era aniversário de um dos integrantes da equipe, e fiquei para tomar uns drinques com ele. Não muito sensato.

Existe uma bebida chilena chamada pisco. Eu não tinha a intenção de ficar bêbado, mas as doses desse negócio estavam sendo distribuídas, e, antes que pudesse me dar conta, bebi mais do que deveria. O resto da noite é um branco total. Só consegui saber o que aconteceu pelo que os outros me contaram depois. Quando o bar fechou, convidei todos para o meu quarto para beber mais. Um segurança disse que era proibido, então fiquei todo valente e comecei a intimidar o cara. Uma coisa levou à outra, chamaram a polícia, e, segundo relatos, tentei intimidá-los também, só porque queria dar uma festa no meu quarto. Fico envergonhado só de pensar, porque não sou assim.

Foi Tommy quem me acordou no dia seguinte. Ele estava em pé na beirada da minha cama, gritando comigo. Meus olhos se abriram, e levei alguns momentos para absorver toda a destruição ao meu redor. Parecia que uma bomba tinha explodido. Havia espaguete grudado na parede, porque eu tinha jogado um prato para cima. Abajures estavam tortos. Tinha quebrado a tampa grossa de uma mesinha de vidro. Foi como se eu tivesse virado o Incrível Hulk depois de beber. Aparentemente pedi uma quantidade imensa de comidas no serviço de quarto e depois não abri a porta quando chegou. E pior que isso: havia uma reclamação formal na recepção dizendo que o hotel pretendia me processar e que a polícia voltaria lá naquela tarde.

Fiquei muito abalado. Que babaca. Nunca tinha agido assim depois de alguns drinques, e espero que isso nunca mais se repita. Fui até a recepção e pedi milhões de desculpas. Eles me liberaram, graças a Deus, então voltei para o quarto e fiz o que pude para limpar tudo, enquanto Tommy precisava lidar com o pequeno detalhe da conta de todo o estrago que eu tinha causado. Até hoje ainda tenho uma garrafa de pisco na geladeira, mas tenho medo de beber.

De modo geral, porém, o *Radio:ACTIVE* foi uma experiência positiva para nós. Foi bom sermos donos do nosso próprio destino, e, embora não seja o álbum que mais vendeu, consolidou os fãs e nos permitiu avançar na direção que a gente queria. Tanto que na turnê de arenas do *Radio:ACTIVE*, em novembro de 2008, tocávamos material para o próximo álbum, já com a intenção de lançá-lo pelo nosso selo.

Foi uma turnê memorável. Tínhamos um palco legal, que ficou ainda melhor quando a gente começou a pensar se havia uma forma épica de ir do palco principal para o palco B no meio da plateia. Em outras ocasiões a gente simplesmente foi a pé, mas aí pensamos: e se a gente pudesse *voar* até o outro palco? E quando ninguém reagiu como se fôssemos um bando de malucos, elaboramos um pouco mais a ideia.

Acabamos escolhendo uma plataforma transparente que ficava acima do público e nos levava do palco principal até o segundo palco.

Alguém se lembrou do *Isto é Spinal Tap**? Efeitos à parte, o show foi ótimo. Àquela altura, a gente tinha quatro álbuns e muitos singles de sucesso, por isso a lista de músicas a serem tocadas no show estava cada vez melhor. E ficamos eufóricos quando, na metade da turnê, Fletch anunciou que o mesmo estúdio na Austrália estava disponível para que a gente gravasse outro álbum. E assim, no início de 2009, depois de uma breve viagem ao Japão para fazer alguns shows, fomos direto para lá. Estávamos num ótimo clima criativo e não queríamos perder isso.

Tom: Sabe quando você está tentando recriar um momento e quando consegue se dá conta de que o resultado não é tão bom quanto se lembrava? Nossa segunda viagem à Austrália foi meio assim. Alugamos outra casa maravilhosa na praia perto de onde tínhamos ficado da primeira vez. Fletch e Jason esperavam por nós, e era sensacional estar de volta, mas, no fim das contas, não foi a mesma coisa.

O fato de não estarmos preparados também atrapalhou. Até começamos a trabalhar em algumas canções, mas chegamos do outro lado do mundo sem ter muita ideia de como seria o próximo álbum. Tínhamos agendado uma semana de pré-produção antes das quatro semanas de gravação, mas aos poucos foi ficando claro que as nossas músicas mais ou menos compostas não estavam rendendo. Era uma confusão de estilos diferentes. As músicas em si eram boas, mas o projeto como um todo não tinha rumo. Fomos embora da Austrália com o instrumental de dez músicas — que certamente poderíamos ter finalizado e lançado — na mala, mas que não pareciam boas. Elas formaram um álbum do McFly que nunca foi lançado.

Mas duas músicas, "End Of The World" e "I Need a Woman", pareciam diferentes, um pouquinho mais funkeadas. Um novo

---

* Documentário sobre uma banda fictícia de hard rock e heavy metal chamada Spinal Tap. (*N. da E.*)

caminho, talvez. Além disso, a gente achava que não estava em boa forma, musicalmente falando, e essa não era uma sensação boa. Foi um verão em que não fizemos muita coisa. Para mim, não há nada pior do que isso. Desperdiçamos a viagem para gravar, não tínhamos nada empolgante nas mãos e de repente parecia que a nossa carreira não iria a lugar algum. Fizemos uma tentativa morna de terminar o material que tínhamos começado, mas a gente sabia que não rolaria.

Danny: Existem momentos na vida em que você sabe que precisa tomar uma decisão difícil. Esse foi um deles. O produtor de um disco é uma figura fundamental. Como o diretor de um filme, ele tem tanta influência sobre o som de um álbum quanto os próprios músicos, às vezes até mais. Então, se o som não estivesse legal, talvez precisássemos de gente nova na mesa de controle. Por isso decidimos tirar o Jason do projeto e investigar a possibilidade de trabalhar com alguns produtores novos. Jason ficou arrasado. A gente se sentiu muito mal. Ele tinha feito dois álbuns e meio com a gente e virou amigo íntimo da banda. Tentou nos convencer a continuar com ele, mas a decisão estava tomada. Pensando agora, talvez fosse melhor ter mantido o Jason.

Tom: A gente inutilizou a maioria das músicas que tínhamos gravado e tratou "End Of The World" e "I Need a Woman" como demos. Ainda éramos independentes na época, mas isso estava prestes a terminar. Durante a turnê do *Radio:ACTIVE*, Fletch e eu começamos a trabalhar num musical. (Lembra quando falei que ele era um ótimo músico?) Nessa época, ele estava se reunindo com a Universal Records para discutir o assunto, e surgiu o nome do McFly. Fletch explicou que a gente estava trabalhando num som novo e colocou essas duas demos para tocar. Os executivos da gravadora ficaram doidos e fizeram uma oferta irrecusável. Um tipo totalmente novo de contrato com a gravadora. A gente manteria a autonomia conquistada antes, mas com o glamour de uma grande gravadora por trás. Isso poderia fazer com que eles nos ajudassem a entrar em contato com alguns dos melhores produtores do mundo: quando o chefe de uma grande gravadora liga, todo mundo atende. A ideia era colaborar com pessoas diferentes e ver o que sairia dali.

Foi assim que acabamos trabalhando com Dallas Austin.

Dougie: Dallas Austin já tinha trabalhado com todo mundo: Britney, Madonna, Michael Jackson, Pink, TLC. Só de ler a lista dos clientes anteriores já ficamos intimidados. Ele aceitou encontrar a gente em seu estúdio em Atlanta no começo de dezembro de 2009. Como era uma viagem de composição, Harry ficou em casa, enquanto Dougie, Danny e eu atravessamos o oceano para encontrá-lo.

Harry: Fiquei em Londres por outros motivos também: Izzy e eu enfrentávamos momentos difíceis e a gente tinha acabado de se separar. Na época, conseguimos resolver os problemas, mas eu estava péssimo. Os outros poderiam fazer farra nos Estados Unidos, mas eu só queria estar em casa.

Tom: Farra? Pode apostar. No que diz respeito ao Dallas, a farra anda de mãos dadas com o trabalho.

A gente chegou a Atlanta no fim da tarde e foi direto para o estúdio. Não sabíamos o que esperar ou mesmo se o Dallas estaria lá. Além disso, ficamos meio decepcionados ao ver que o estúdio ficava numa área meio estranha, não muito recomendável, de Atlanta. Mas, quando entramos lá, que surpresa. Era um dos lugares mais legais e criativos que já tínhamos estado. As paredes estavam repletas de discos de ouro e platina dos milhões de álbuns que ele já tinha vendido, havia obras de arte em todos os lugares e grafites incríveis. Além de instrumentos antigos e interessantes em toda parte. Quando o próprio Dallas apareceu meia hora depois, foi a imagem do *cool*. Tocamos a nossa demo, e ele pareceu gostar logo de cara.

Dallas gostou do fato de sermos uma banda jovem que compunha as próprias músicas e parecia *entender* a gente. Meia hora depois, já estávamos trabalhando no novo material.

Dougie: Pouco mais de uma hora de trabalho tinha se passado quando Dallas começou a receber um monte de mensagens de texto. Ele pareceu meio aéreo, até dizer:

— Pessoal, eu esqueci. Tenho um jantar com uma pessoa.

Tudo bem. Estávamos com *jet lag* e adoraríamos colocar o sono em dia, mas o Dallas não queria nem ouvir falar de a gente voltar para o hotel, e disse:

— Deixe-me ver se vocês podem ir também.

Ele trocou mais algumas mensagens até finalmente dizer:

— E aí, pessoal, vocês topam jantar com o Elton John?

Tipo, sério?

É, sério.

Meia hora depois, estávamos entrando num restaurante cheio, com muito clima e pouca luz. Mesmo com a multidão de pessoas dava para ver o Elton John sentado ao lado de um rapaz bonito e de um roqueiro velho de cabelo comprido. Enquanto nos aproximávamos da mesa, vimos que ele já tinha comido metade de um bife (estranhamente a gente nunca imaginou o Elton John comendo um bife), com uma cerveja sem álcool na mão. Ele e os outros estavam numa mesa pequena, e houve uma pequena comoção quando a gente puxou mais cadeiras para se juntar a eles.

Começamos a conversar, e, para nossa surpresa, Elton sabia exatamente quem a gente era. Não só isso: ele tinha crescido perto de onde a gente morava e fez o primeiro show no pub que fica no final da nossa rua. Ficou imediatamente óbvio que Elton era dessas pessoas que não têm medo de dizer o que pensa, e, a princípio, a gente ficou meio intimidado por estar na companhia daquela lenda da música. Morrendo de medo de falar algo errado. Mas quanto mais a gente conversava, mais ficava claro que ele era totalmente adorável.

Elton contou que morava em Atlanta alguns meses por ano e perguntou o que faríamos na segunda-feira seguinte.

Hum... Não temos nada planejado.

— Por que vocês não vão jantar lá em casa?

Claro que sim!

Danny: A gente tomou um ou dois drinques com Elton e depois voltou ao estúdio com Dallas. Deviam ser 22 ou 23 horas, e supomos que a noite de trabalho estava chegando ao fim. Dallas pensou diferente. Tomamos algumas doses de tequila e continuamos a trabalhar em algumas músicas. Mais algumas horas se passaram até o Dallas subitamente anunciar que precisava ir embora porque ia trabalhar como DJ numa boate local. Então a gente se espremeu nos carros que estavam a nossa espera e fomos levados até a área VIP da boate enquanto Dallas fazia seu som. Quando ele nos reencontrou, tomamos mais umas doses. A gente bebia bastante naquela época, especialmente Dougie, por motivos que em breve ficarão claros, então deixamos Dallas totalmente bêbado. Já eram três da manhã. Claro que a noite estava acabando, certo?

Errado. Voltamos ao estúdio com um bando de pessoas que estava na boate. A festa continuou. Tentei ser DJ pela primeira vez, mixando Tina Turner com N.W.A. Adorei e instantaneamente soube que queria repetir a experiência. As bebidas continuavam rolando, a nossa demo continuou tocando, e de vez em quando Dallas mandava a gente para a cabine de gravação cantar uma frase ou duas. Mas na maior parte do tempo a gente ficou de bobeira. No fim da noite, já estávamos puxando a cueca para fora da calça desse produtor megafamoso que a gente queria impressionar, lutando com ele no chão, escondendo os sapatos dele na geladeira, basicamente agindo como um bando de crianças e se divertindo horrores. Dallas estava rindo à beça também:

— Pessoal, vocês são os meus meninos. Sou o quinto integrante da banda, vocês *têm* que fazer o próximo álbum comigo...

E foi o que aconteceu. Aparentemente tínhamos conseguido um novo produtor. Chegamos ao hotel às cinco da manhã, acordamos com uma ressaca nojenta, voltamos ao estúdio e fizemos tudo de novo.

Tom: E veio a noite de segunda-feira. Tínhamos um jantar com um dos maiores astros pop do mundo. Nada demais.

Elton recebeu a gente na porta do imenso apartamento em Atlanta vestindo um agasalho Adidas levemente brilhante. Após dar um grande abraço em todos, ele mostrou o lugar mais incrível que a gente já tinha visto. Um andar inteiro daquele imenso complexo de apartamentos era reservado para os quartos, e outro, logo abaixo, era reservado apenas para guardar todas as obras de arte e coisas que ele havia acumulado ao longo dos anos. Mas a parte onde ele morava mesmo parecia um museu, repleto de pinturas, esculturas e enfeites. Tinha uma belíssima mesa de centro no meio da sala, mas não dava para colocar uma xícara de café sequer, porque ela estava coberta de bibelôs. Tudo estava impecavelmente limpo, incluindo os sofás perfeitamente brancos, então quando Danny e Dougie pediram uma taça de vinho tinto fiquei com tanto medo de eles derramarem a bebida que quase perguntei se eles poderiam beber com um canudinho. Ou, pelo menos, se o *Danny* poderia receber um canudinho. (Ainda me lembro de quando ele se sujou todo de ovo, dizendo: "De todos os malditos alimentos...")

Dougie: Nossas bebidas foram servidas por dois garçons muito jovens e bonitos. E é claro que Elton tinha um chef pessoal para preparar a comida. Tomamos alguns copos, e depois ele se ofereceu para mostrar a casa. O apartamento era enorme e tão exagerado quanto se pode imaginar. Cada cômodo era aromatizado por uma vela diferente. No meio do apartamento havia a escultura de um cavalo em tamanho natural. O lugar era repleto de estátuas da Antiguidade grega, incluindo uma figura estilo Vênus de Milo que a Disney lhe dera por ter composto a trilha sonora de *O Rei Leão*. Tinha também um monte de fotografias artísticas nas paredes, incluindo uma que tinha um close de algo... impossível de se identificar. A gente perguntou o que era.

Ele respondeu calmamente:

— Ah, é só esperma.

Só esperma? Olhamos uns para os outros, e então passamos a prestar mais atenção em tudo. Estávamos vendo demais ou metade dos objetos daquele apartamento tinha a forma do órgão sexual masculino? Esculturas de pênis começaram a surgir do nada, junto com imagens de rapazes na praia e homens com pouca roupa. Até a foto do esperma fazia parte de uma série de closes. A gente não perguntou se cada espécime era do mesmo doador, se tinha sido um esforço grupal ou se pertenciam a um amigo.

Elton levou a gente para o quarto dele, perguntando:

— Querem ver o meu guarda-roupa?

Ele nos levou até o cômodo com todas as roupas que já havia usado, roupas que reconhecemos dos clipes e de outras aparições.

— Olhem só.

Puxando uns gavetões, *todos* os famosos óculos apareceram. Grandes, pequenos, cor-de-rosa, purpurinados, doidos, centenas deles. Era como um museu do Elton John, tendo o próprio como curador.

Tom: A refeição foi servida. Ele já tinha contado que seria um jantar mexicano, então estávamos preparados para algo especial. Mas quando chegou a comida, eram os tacos congelados de supermercado de sempre. Mas tudo bem, a gente estava se divertindo demais. Sentamos à mesa, conversamos muito, tomamos alguns drinques, e logo uma coisa ficou clara em relação a Elton John: ele sabe *tudo* sobre a cena musical contemporânea. Não estávamos diante de um dinossauro do rock que vivia no passado e fingia estar por dentro do que rolava com as crianças. Ele tinha uma coleção imensa de músicas e sabia exatamente o que *foi* e o que *tinha sido* primeiro lugar. Elton sabia tudo sobre o McFly, e que eu tinha composto com James Bourne do Busted havia muitos anos. Chupa, Rod Stewart! Quando fui ao banheiro, tão enfeitado e decorado quanto o resto do apartamento, não resisti e tirei uma foto diante do espelho. Afinal, com que frequência você tira água do joelho no John* do Elton?

Danny: Elton provavelmente foi a pessoa famosa mais legal que já conhecemos. Quando a gente se despediu, ele pediu nosso endereço. Naquele Natal, cada um de nós recebeu um cartão com "De Elton e David". Acredite: poucas pessoas com esse status no nosso meio fariam uma gentileza dessas.

Voltamos às gravações e também à farra, claro. Atlanta é a terra das boates de striptease, e Dallas é um dos clientes mais fiéis. Nós também fomos, no curto período que passamos lá. O lugar aonde ele nos levou, o Cheetah, não só era um clube de striptease por excelência, como também um dos melhores restaurantes de Atlanta. Por volta das 22 horas, todas as garotas saíam de vestidinhos pretos, parecia um concurso de Miss Universo. E estar com Dallas Austin significava que elas girariam em torno da nossa mesa e começariam a dançar para nós. Quase toda noite a gente ia lá. Bom, trabalhar em demos é difícil, e a gente precisava de um descanso...

Tom: No estúdio, apesar de nossas excursões ocasionais, a gente trabalhava muito todas as noites, determinados a ter quatro ou cinco boas músicas para levar de volta a Londres. Na última noite, Dallas subitamente se lembrou de uma música que tinha composto com o JC do 'N Sync e nunca tinham usado. Ela se chamava "If U C Kate"

* Banheiro, em inglês. (*N. da E.*)

e tinha um clima funkeado, meio Prince, exatamente o que a gente procurava. Ficamos doidos por ela: decidimos que aquela música serviria de inspiração para o novo disco. Era perfeita, e pela primeira vez ficamos tão empolgados por uma música que não era nossa. Ouvimos aquilo sem parar no voo de 12 horas para casa e passamos o Natal farreando e dançando ao som das demos. "If U C Kate" especificamente virou a trilha sonora da nossa vida. Depois da viagem fracassada para a Austrália, finalmente estávamos mais felizes quanto ao nosso rumo musical e ao que o futuro nos reservava. Nosso relacionamento com Dallas era o começo de algo bom.

No Ano-Novo, Dallas veio para Londres para fazermos o novo álbum. Seguindo o seu estilo, ficamos totalmente noturnos. Dessa vez com a presença do Harry, ficamos no mesmo hotel, colocávamos o despertador para tocar à tarde e íamos para o estúdio por volta das 18 horas, onde trabalhávamos até o amanhecer. Eu disse trabalhar. A gente *realmente* trabalhava, mas alternava com idas a boates e quantidades heroicas de álcool. Nossa ceia era o café da manhã no hotel, quando os outros hóspedes tinham acabado de acordar. E agora que Dallas estava na cidade, todo tipo de gente aparecia no estúdio enquanto gravávamos, inclusive uma menina sobre a qual tínhamos ouvido falar chamada Jessie J.

Dougie: Um doce. Ela voltou no dia seguinte com uma amiga e fez lasanha para a gente.

Tom: Mas apesar de todas as farras (e da ausência temporária do nosso baterista, que conseguiu cair bêbado numa boate, abrir o lábio e terminar tomando soro no hospital. Boa, Harry!), muitas músicas para o álbum que seria *Above The Noise* tomaram forma durante a viagem de Dallas a Londres. Além disso, todo mundo da gravadora estava ultraempolgado com o nosso trabalho, então a gente se permitiu ficar empolgado também. Ignoramos as vozes na cabeça questionando se o estilo de produção do Dallas era adequado ao tipo de banda que desejávamos ser ou ao som que desejávamos conseguir. Tomamos a decisão de experimentar um pouco, e era isso que a gente estava fazendo.

Harry: A gente estava mudando de rumo de outras formas, também. Aprendemos ao longo da carreira que ser um artista pop de sucesso não é só questão da música que você faz, mas também da imagem que você projeta, e, nessa época, depois de olhar fotografias nossas tiradas nos seis anos anteriores, chegamos à outra conclusão: precisávamos nos arrumar mais.

O *Radio:ACTIVE* não tinha sido um fracasso, de jeito nenhum. Sempre será um álbum para os fãs, e conseguimos lotar uma turnê em arenas com ele, mas seria forçado dizer que foi um sucesso comercial como queríamos. Tínhamos um problema para resolver: como faríamos um sucesso *imenso* de novo? Não parecer tão sujos ajudaria. Precisávamos parecer astros do pop. A gente deveria tentar entrar em forma.

Tom: Ótima ideia, mas isso nunca ia acontecer. A gente? Na academia? Fala sério. Mas eu me enganei. Harry, que naquela época tinha saído do noroeste de Londres e se mudado para Putney, contratou um personal trainer. A gente estava em Portugal para um show quando notei pela primeira vez a diferença enquanto ele trocava de roupa no quarto de hotel.

— Cara, você está *imenso*!

Dez minutos depois, Dougie, Danny e eu estávamos no quarto dele fazendo flexões como se tivéssemos saído da comédia *The Benny Hill Show*. Todos queríamos ficar iguais ao Harry! Começamos a malhar com um personal trainer e contratamos um nutricionista para aprendermos a comer de modo saudável. Mesmo nos momentos em que ir à academia não era prático, como durante a viagem do Dallas a Londres, quando virávamos pessoas noturnas e ficávamos bêbados constantemente, tentávamos garantir que pelo menos a comida que a gente ingeria fosse saudável.

Danny: Mas nosso foco principal era o álbum, claro, e isso significava voltar a Atlanta para a última sessão de gravação com Dallas. Agora estávamos com Harry e mal podíamos esperar para mostrar a ele os lugares que a gente frequentava: Cheetah, o estúdio e, claro, a casa do Dallas...

Dougie: A casa do Dallas *é* uma nave espacial. O lugar mais louco que você já viu. Linhas limpas de concreto, escadas em espiral totalmente grafitadas, cantinhos confortáveis em todos os lugares, um bar com uma janela que dava para *dentro* da piscina infinita, de modo que era possível ver as pessoas nadando, um corredor de vidro que levava ao quarto dele. Dallas não precisa de chave para entrar em casa, só da sua impressão digital.

Harry: No meio de uma das sessões de gravação, Dallas subitamente perguntou se a gente queria comer. Todos se espremeram no carro, e ele começou a falar ao telefone enquanto dirigia. E perguntou:

— O que vocês querem comer? Frango? Peixe?

Achamos que ele falava com algum restaurante no telefone, mas na verdade ele estava nos levando para a casa dele, onde um chef de uniforme branco estava na varanda, num dia absurdamente quente, preparando a nossa comida. Foi a refeição mais incrível que a gente já comeu; essa era a vida que caras como Dallas viviam, e agora a gente estava nessa também. Foi um daqueles momentos em que nos sentimos *mesmo* como astros do pop. A vida era muito legal.

Tom: Mas a gente estava fazendo de tudo para ficar em forma também. Tínhamos um personal trainer no hotel e refeições planejadas por um nutricionista entregues no estúdio. Álcool à parte, estávamos ficando em forma, embora de tempos em tempos eu percebesse que

Dougie estava agindo de forma estranha. Ele desaparecia por um tempo, depois voltava cambaleante, falando rápido demais e, sinceramente, sendo meio chato. Ele também parecia distraído e não estava totalmente concentrado no trabalho de estúdio. Todos nós sabíamos que ele estava tendo problemas pessoais em casa, mas parecia que tinha algo mais, como se Dougie não estivesse gostando tanto do que a gente vinha fazendo. Será que era isso ou eu estava apenas sendo paranoico e ansioso? Não teria sido a primeira vez, e eu também tinha a estranha sensação de que o caminho musical escolhido por nós não era o certo.

A gente estava se divertindo muito com Dallas, não havia dúvida, mas à medida que a gravação progredia, uma sombra de preocupação começava a passar pela minha cabeça. O método de trabalho do Dallas Austin era o exato oposto do que estávamos acostumados. Até esse álbum, a gente sempre soube o que ia gravar antes de entrar em estúdio. Com o Dallas, estávamos compondo durante o processo e tudo andava bem menos estruturado.

Dougie: Tudo parecia muito estranho, e não estava me sentindo confortável com aquilo. Quando você está numa banda há um tempo, sabe como uma música vai soar assim que a bateria é gravada. Dava para dizer que aquele bando de canções não seria algo de que eu ia gostar. Eu não tinha problemas em experimentar coisas com os caras. Foi o que sempre fiz: se era horrível, tudo bem, a gente seguia em frente. Mas não estava gostando de deixar outras pessoas participarem daquele processo. No fim, acabei jogando a toalha. Perdi o foco e me concentrei nas farras.

Tom: Mas nem todos poderiam fazer isso. Quando a segunda viagem para Atlanta chegou ao fim, começou a pressão para que a produção terminasse logo. Esse novo álbum teve uma gestação tão longa que estávamos dolorosamente cientes de quanto tempo tinha se passado desde nosso último lançamento. Se começássemos do zero novamente, mais um ano se passaria antes de termos alguma coisa pronta para os fãs, o que seria tempo demais. E eu sentia que a gente estava saindo do controle cada vez mais; tínhamos escolhido um caminho e agora era tarde demais para voltar. Um dia, em frente ao estúdio do Dallas, aconteceu a conversa telefônica mais longa que já tive com Fletch, e isso é muita coisa. Estava tudo tão desestruturado que eu não tinha certeza se a gente ia conseguir terminar o álbum, e a sensação desconfortável de que não estávamos indo na direção certa me incomodava ainda mais. Duas músicas especificamente, "This Song" e "Party Girl", não pareciam tão boas aos meus ouvidos, e embora eu soubesse que tínhamos ido longe demais para mudar de rumo, eu ainda estava preocupado.

Fletch tentou me tranquilizar. Ele amou o que tinha ouvido. A gravadora amou o que *eles* tinham ouvido. Tudo ficaria bem.

Talvez ficasse. Talvez estivéssemos errados em nos preocupar. Talvez a gente devesse ter mais fé na opinião alheia e não prestar atenção em nossas dúvidas chatas.

Me lembro de desligar e entrar no estúdio. Agora, todas as nossas fichas estavam apostadas em Dallas, ele era um produtor excepcionalmente talentoso. A gente sem dúvida viveu uma época maravilhosa com ele.

Eu só esperava que não acabássemos perdendo tudo.

A Grande Depressão

CAPÍTULO 11

Tom: Às vezes, as canções vêm quando você menos espera. Do nada. Taio Cruz é um ótimo cantor e produtor que também tem contrato com a Universal. Antes da nossa primeira viagem a Atlanta, a gente se reuniu para compor, o que resultou numa música chamada "Nowhere Left To Run". De volta ao lar, após acabar de gravar com Dallas, a gente se reuniu com Taio de novo num estúdio, achando que faríamos aquela música. Mas era um estúdio só de ensaios, pois Taio ficou com a impressão de que a gente se encontraria para compor mais, e foi o que fizemos. Eu tive uma ideia para uma música, quando estava brincando em Atlanta numa Fender Rhodes no estúdio do Dallas. Eu sabia que ela tinha potencial, mas não havia surgido a oportunidade para desenvolvê-la. Trabalhamos nela aquele dia com Taio, e como resultado saiu "Shine A Light". Foi a última música a ficar pronta para o álbum que virou o *Above The Noise* e acabaria sendo um dos nossos singles de maior sucesso.

A gente gravou "Shine A Light" e "Nowhere Left To Run". Elas ficaram boas, e tudo parecia promissor.

E aí o mundo do McFly deu uma guinada. A gente estava entrando num período da carreira ao qual agora chamamos internamente de A Grande Depressão. Seria uma viagem turbulenta.

Danny: Após terminar "Shine A Light" e "Nowhere Left To Run", voltamos nossas atenções para as gravações que fizemos em Atlanta com Dallas. Ao longo dos anos, a gente desenvolveu um entendimento de como nossas músicas são produzidas. Com Hugh Padgham e Jason Perry, passávamos horas trabalhando num único som de bumbo. As sessões eram estruturadas, e a gente sempre sabia o que deveria fazer. Já o Dallas, por mais que fosse um excelente produtor, não trabalhava assim. Quando voltamos a Londres e recebemos as fitas masterizadas para ouvir, não havia como escapar: o som estava ótimo, mas algo não estava certo. Era limpinho demais, não sendo verdadeiro o suficiente. O nosso novo álbum não soava como o de uma banda. A gente queria manter a mente aberta em relação a tudo, mas aquele não parecia um álbum do McFly.

Dougie: Tudo o que eu temia enquanto a gente gravava tinha virado realidade. As músicas pareciam urbanas demais, genéricas demais. Quase não tinham guitarras, as baterias eram esparsas. Não era mesmo o nosso estilo. Todo mundo na gravadora ainda parecia empolgado, mas nós defendemos que era preciso ter mais produção, e voltamos humilhados para nosso amigo Jason Perry, esperando que ele nos colocasse de volta nos eixos.

Harry: Com Jason, fomos a um estúdio caseiro na Bélgica e regravamos as partes de bateria e guitarra que não estavam grandes o bastante. Não há dúvida de que melhoramos, mas, mesmo assim, aquele não era o álbum que a gente queria fazer.

Tom: Existem momentos no processo criativo, porém, em que é fácil duvidar da própria opinião. Nada acaba soando *exatamente* do jeito que você tinha imaginado a princípio, não quando passa pelo filtro musical de alguém que talvez não tenha a mesma sensibilidade que você. E embora nenhum de nós na banda estivesse doido pelo álbum que acabamos fazendo, a gente parecia ser um grupo minoritário de quatro indivíduos. A opinião alheia era totalmente diferente da nossa. Foi decidido que "Party Girl" deveria ser lançada como primeiro single, mesmo que nenhum de nós tenha gostado muito dela.

Mesmo que nenhum de nós tenha achado que ela realmente *soasse* como o McFly.

Danny: Também havia outros motivos para essa pressão pelo lançamento. Já fazia muito tempo que o McFly estava sumido dos olhos do público. Com a viagem para a Austrália, depois as idas e vindas de Atlanta, já fazia alguns anos desde que tínhamos aparecido na TV ou feito muitos shows. As pessoas começaram a perguntar quando a banda terminaria ou se estávamos pensando em voltar para fazer shows.

O quê?

Até a família e os amigos começaram a fazer essas mesmas perguntas, e isso realmente mexeu com a gente. Estávamos desesperados para lançar o novo álbum, para voltar. E se a experiência nos ensinou algo, foi isto: quando você decide algo, tem que fazer do jeito certo. Esqueça as dúvidas e mergulhe de corpo e alma. Do contrário, qual é o sentido? Afinal, a gente estava cheio de ideias.

Nossos fãs na internet aumentaram incrivelmente. Milhares de fãs, do mundo inteiro, começaram a seguir a gente no Twitter, e sentimos que havia chegado a hora de organizar a nossa presença online para podermos nos conectar adequadamente com os nossos fãs e oferecer algo em troca por todo o apoio que nos deram ao longo dos anos. O resultado foi um site pago onde os fãs poderiam acessar conteúdo e material promocional exclusivo, músicas grátis, comprar ingressos com antecedência e interagir com a banda. Como o nosso selo se chamava Super Record, o site se chamaria Super City. Era para o lançamento do site McFly Super City ter sido ótimo. A gente *queria* que fosse ótimo, não tanto por nós, mas pelos fãs. Na verdade foi um desastre completo.

Tom: A gente gastou muito, mas *muito* tempo, muita energia e muito dinheiro no Super City. Tipo, quase um milhão de libras tiradas do nosso bolso. A ideia era incrível: e se a gente pudesse criar um mundo virtual do McFly, um cruzamento entre site e jogo, onde nossos fãs pudessem navegar e se aprofundar em assuntos da banda? Se você assinasse o site, teria tudo o que lançássemos: novos álbuns, videoclipes e conteúdo extra, tudo gratuitamente e em primeira mão. Se você fosse aos nossos shows, teria os melhores lugares ou poderia entrar no local uma hora antes. A gente faria webchats semanais para ter o máximo de interação entre a banda e os fãs. Custaria 40 libras por ano ou seis libras por mês, um valor que a maioria dos garotos poderia bancar. Era revolucionário, ninguém tinha feito algo assim.

A gente decidiu que a arte do álbum *Above The Noise* estaria associada ao Super City e teria qualidade quase cinematográfica. Como sempre, Dougie e eu ficamos doidos com as referências visuais: juntamos um monte de quadrinhos, cenas de filmes e pôsteres de cinema. À medida que as discussões evoluíam, a gente decidiu que o Super City teria um tema de super-heróis. Não super-heróis bregas, algo um pouco mais sofisticado e sombrio, como *Watchmen* ou *O Cavaleiro das Trevas*.

Dougie: Mas há um problema em entregar as suas ideias para outra pessoa que não as entende muito bem: elas em si ficam diluídas ou são mal-interpretadas. Você pode ter pensado em *O Cavaleiro das Trevas* e eles podem ter pensado no *SuperTed*. Pode ser uma batalha constante fazer os outros entenderem o que está na sua cabeça, e geralmente você desiste quando não dá certo. Acaba sendo cansativo demais e nem um pouco divertido. Foi o que aconteceu. As imagens do álbum que recebemos não ficaram como o que tínhamos em mente. As ilustrações eram uma cópia literal da música.

Mais uma vez, as pessoas ao nosso redor pareciam gostar, e, quando a gente se deu conta, as imagens tanto do álbum como do site estavam totalmente diferentes do que desejávamos.

Tom: E tem mais. A capa do *Above The Noise* era para ser muito legal, mas na versão final acabei com uma bengala na mão! Tudo parecia conspirar contra nós. O álbum não ficou como a gente queria, as ilustrações ficaram horríveis, mas, olha, a gente tinha esse site incrível para lançar, certo? Como o Danny falou, você não pode promover algo de modo convincente se não estiver apoiando a ideia 100%. E foi o que fizemos. Nas semanas antes do lançamento do site, a gente contou para *todo mundo* sobre o nosso novo e revolucionário site, falando mais disso do que sobre o álbum. O site *tinha* um visual único, diferente de tudo o que havia no mercado. À medida que a data do lançamento se aproximava ficávamos mais empolgados.

Dougie: Fizemos uma contagem regressiva pesada. O lançamento do Super City em novembro de 2010, coincidindo com o lançamento do *Above The Noise*, foi notícia: a imprensa comentou, foi trending topic no Twitter, os fãs ficaram pilhados. Todos os envolvidos no site foram à casa do Tom para ver o site entrar no ar às 10 horas da manhã. Os primeiros 10 mil assinantes seriam chamados de "pioneiros" e receberiam um certificado assinado por todos nós, então a gente sabia que haveria muitos acessos assim que o site entrasse no ar.

Danny: A gente fez um monte de reuniões com as pessoas envolvidas na criação do site, explicando que os fãs do McFly eram radicais; que toda vez que a gente tuitava, recebia tantas mensagens que era impossível responder tudo; que eles eram tão fanáticos que sempre que havia alguma enquete on-line envolvendo a gente, conseguíamos ganhar só com base no nosso público virtual; que graças aos nossos fãs na internet, a gente conseguiu fazer a nossa música ser tocada no *espaço*.

Portanto, quando o site entrasse no ar, ele teria *muitos* acessos, e os servidores *precisavam* ser capazes de suportar isso.

Tom: Mesmo levando dois anos para fazer o site, a gente ainda se viu acordado até as 4 horas da manhã na véspera do lançamento, subindo demos de músicas antigas e outros conteúdos que achamos que os fãs iriam gostar. Quando chegou o dia, minha casa estava cheia de telas, fios e câmeras, todos esperando o site entrar no ar.

A página de espera era um relógio fazendo contagem regressiva, e acho que a gente mal respirou enquanto os segundos passavam, esperando que todos fossem à loucura.

5, 4, 3, 2, 1... decolar...

Nada aconteceu.

Todos apertaram F5 nos laptops.

Mesmo assim, nada aconteceu.

E *mesmo assim* nada aconteceu.

Aí o Twitter surtou. Milhares de fãs do McFly, do Brasil a Birmingham e Barcelona, começaram a tuitar que não conseguiam acessar o site. Ele tinha saído do ar devido à quantidade de acessos. Estávamos diante de uma falha épica, *épica*.

O Super City do McFly recebeu dez milhões de visitas em sua primeira hora de existência. Isso significava *muitos* fãs insatisfeitos. Para piorar a situação, algumas pessoas conseguiram entrar na página de assinatura, pagaram pelo acesso e agora não conseguiam ver o conteúdo que esperavam. Parecia que a gente estava roubando os fãs.

Foi um caos lá em casa. As pessoas gritaram umas com as outras, telefones tocaram, ânimos se exaltaram. E quatro rapazes do McFly estavam sentados no meio daquilo tudo, se perguntando como tudo podia ter dado tão errado.

Harry: Enquanto aquele dia terrível passava, ficou claro que havia problemas fundamentais com o site e que partes dele teriam que ser refeitas. E isso significava que ele precisaria sair do ar. No primeiro dia de funcionamento.

E lembre-se de que aquele não era apenas o lançamento do nosso site. Era também o lançamento do nosso álbum, o primeiro dia em que nossos fãs poderiam ouvir a música nova, na qual, para o bem ou para o mal, a gente tinha trabalhado tanto e por tanto tempo. No fim do dia, depois que todos saíram da casa do Tom envergonhados, pedindo desculpas, e que ficamos sozinhos, fizemos um webchat com os fãs, para dizer a única coisa que poderíamos: desculpa.

Tom: Os fãs foram incríveis. Eles sabiam o quanto estávamos chateados. E as mensagens de solidariedade vieram rapidamente, em grande quantidade. Era bom saber que eles ainda nos apoiavam como sempre fizeram. Mas às vezes nem esse tipo de apoio é o bastante para fazer alguém sair do buraco.

Dougie: Nessa época, as *boy bands* estavam voltando à moda. Sempre achamos que nos destacávamos da multidão com um som diferente, sendo uma banda de verdade que tocava os próprios instrumentos e compunha as próprias canções. E conseguimos muito com o *Radio:ACTIVE*. Músicas como "One For The Radio" chegaram a tocar na Kerrang! Radio e na XFM. Os fãs do sexo masculino, quando perceberam que a gente era uma banda com guitarras de verdade, começaram a gostar do nosso som. Mas com "Party Girl" a gente lançou algo insosso, um álbum que qualquer outra *boy band* poderia ter feito. Apesar de termos tido problemas com o Super City e a arte do álbum, trabalhamos muito no novo álbum e acabamos soando igual a todo mundo. A gente tirou do McFly tudo o que o tornava uma banda boa e se colocou no caminho do R&B mais genérico. Parecia que tínhamos perdido um pouco do progresso antes conquistado.

Tom: Foram dias difíceis, especialmente para mim e Dougie. E eles estavam prestes a ficar ainda piores.

Quando penso na minha vida, especialmente no meu período na banda, consigo ver um ciclo que se repete, não tão regularmente quanto o de um relógio, mas com regularidade suficiente para ser mais que os altos e baixos normais da vida de uma pessoa. Tenho períodos de grande empolgação, quando me sinto totalmente inspirado e qualquer coisa criativa parece possível. Se eu quiser, posso escrever roteiros de filmes, livros ou musicais. *Qualquer coisa*. Lembra que contei ter assistido a *Oliver!* quando criança e voltei *sabendo* que faria a peça? E do surto de otimismo e criatividade que tive antes do *Motion In The Ocean*? Esses foram os momentos em que o mundo pareceu ser a minha bolha, e episódios assim podem ser incrivelmente produtivos. Também podem ser confusos, porque mesmo que seja péssimo em algo, estar no McFly sempre significou que as pessoas me levavam a sério quando eu arriscava. Mas no geral, esses são os períodos da vida que considero preciosos.

Mas para cada alto há um baixo: momentos de tanto desespero e indiferença que não vejo como sair deles. Tudo é ruim. Nada ficará bom de novo. Não há motivo para levantar da cama de manhã. Você não quer falar com ninguém e, quando fala, acaba deixando todos putos. Você não se lembra de como é ser feliz. Quanto a compor ou fazer qualquer coisa criativa, esqueça. Passei por uma depressão assim na época de *Wonderland*, quando fui grosso com os meus melhores amigos e nem soube se queria continuar com a banda. A Giovanna diz que fico "menstruado" nesses períodos. Ela sabe quando estou passando por um desses momentos difíceis porque começo a procurar emprego na Disney. Não que eu fosse me encaixar muito bem por lá, já que não fico muito divertido nessa época.

Estar numa banda deixa esse problema mais intenso. Quando as coisas são boas, são incríveis: fazemos um filme em Hollywood, ganhamos um BRIT Award, temos milhares de fãs gritando por nós. Quando as coisas não vão tão bem, quando você não consegue a credibilidade desejada, as pessoas te criticam ou o seu álbum não saiu do jeito que você esperava, podem ficar piores. Desanimadoras. A gente passou por um momento desanimador na carreira, e ele estava me fazendo passar pelo episódio de depressão mais profundo que já tinha vivido desde o *Wonderland*.

Tentamos experimentar. Tentamos fazer algo novo. E acabamos num caminho que nos levou para um lugar aonde não queríamos ir. A gente se tornou tudo o que mais odiava. Agora tínhamos que fazer a rodada habitual de entrevistas e turnês centradas em algo pelo qual eu não sentia tanta empolgação. Isso acabou comigo, sério. No fundo, *queria* que nossos singles fracassassem. Na lógica insana da minha mente deprimida, isso provaria que eu estava certo. E para deixar tudo ainda mais confuso, achava que estava no comando do nosso novo e infeliz rumo. Era culpa minha o *Above The Noise* ter saído daquele jeito. Eu me sentia responsável e subitamente não queria mais tomar qualquer decisão sobre a banda, opinar sobre quais músicas seriam lançadas como singles nem dar palpite sobre a futura turnê do *Above The Noise*. Me senti total e completamente arrasado.

O Natal de 2010 estava chegando, e as velhas preocupações reapareceram na minha cabeça. Não estava gostando da minha vida. Não sabia o que o futuro reservava para o McFly, mas na minha cabeça não seria algo bom. Dougie se mudou para a minha casa. Ele estava tendo os próprios problemas, não só no âmbito pessoal, mas em *todos* os aspectos da vida. Ele estava mantendo a gravidade da situação em segredo, mas tenho certeza de que as bebedeiras deprimidas madrugada adentro que fazíamos não ajudavam. A gente se via passando a noite em claro, chafurdando na autodepreciação, reclamando de como a nossa carreira ia mal e falando sobre como odiávamos tudo o que o McFly tinha subitamente se tornado. Nunca nos passou pela cabeça falar sobre o futuro de uma forma positiva ou discutir o que poderíamos fazer para sair do buraco em que tínhamos nos enfiado. Uma noite, na metade da campanha promocional para o *Above The Noise*, quando "Shine A Light" tinha acabado de ser lançada e estávamos na minha casa, agarrados aos respectivos copos de bebida, Dougie disse:

— Cara, foda-se. Vamos fazer mais um álbum e acabar tudo. Mais um para os fãs e pronto. Acabou.

Olhei para o Dougie, depois me levantei, saí da sala, subi as escadas rumo ao banheiro. E lá eu me sentei e chorei. A sugestão bêbada do Dougie foi direto ao ponto. O McFly estava quase acabado.

Minha depressão chegou ao ápice no Natal. Ou deveria dizer que ela chegou ao fundo do poço? Eu não queria sair da cama, não tinha entusiasmo por nada. E meu humor estava péssimo, como sempre. Embora soubesse que não queria me sentir daquele jeito, não via possibilidade de me reerguer. Para mim, aquele era o futuro. Para sempre.

Aquilo não fazia o menor sentido. Como eu poderia estar tão lá em cima e depois tão lá embaixo? Como não era capaz de controlar como me sentia ou de me manter estável, como Danny e Harry? Percebi que precisava falar com alguém. Procurar ajuda.

Não falei com ninguém sobre aquilo. Não saberia o que dizer. Fui ao meu médico e tentei explicar o que se passava na minha cabeça. Ele não hesitou em me encaminhar para outro médico no hospital Priory. Falei sobre o que estava acontecendo e como esses ciclos se repetiam havia anos. E foi só então que ouvi a palavra "bipolar" sendo usada.

Não quero fazer pouco caso da questão da saúde mental. É algo sério demais. Nos meses que se seguiram, consultei dois médicos. Um deles me diagnosticou como bipolar, mas o outro, não. Seja qual for a verdade, quando os sintomas do transtorno foram lidos para mim, era como se uma luz acendesse na minha cabeça. Os episódios de euforia, quando tudo parece possível. As depressões, quando nada parece valer a pena. Esse era o resumo da minha vida.

O médico perguntou se eu tinha problemas para dormir, e mencionei o alienígena na janela. Falei dos meus terrores noturnos e sobre como quase toda noite, desde que me entendo por gente, ficava paralisado de medo, apavorado demais até para cutucar o ombro da Giovanna e acordá-la pedindo ajuda. Estranhamente, quanto mais eu falava desses medos esquisitos que me assombraram a vida inteira, mais aliviado eu ficava. Os médicos com quem conversei não me olharam como se fosse maluco. Eles só falaram o que eu poderia fazer para melhorar.

Um dos meus médicos deu um conjunto de fitas de hipnoterapia para eu ouvir enquanto dormisse. Precisei me acostumar àquilo: ouvir música enquanto dormia sempre fora impossível para mim, afinal, como ouviria os alienígenas chegando? Também receitaram remédios para ajudar com o meu humor. Fiquei meio desconfiado disso. A verdade é que teria feito quase tudo para me livrar da depressão, mas a única coisa que *não* teria feito seria me livrar da euforia: aqueles períodos criativos maravilhosos e maníacos quando tudo parece possível. E se a medicação acabasse com isso? E se, ao suprimir os altos e baixos do meu humor, suprimisse tudo o que me caracterizava como pessoa?

Não falei para os caras sobre o meu diagnóstico. Não contei a ninguém, exceto para a Giovanna. Algumas coisas é melhor manter para si. Teria sido a notícia errada no momento errado de qualquer forma, porque um dos nossos colegas estava prestes a entrar no período mais difícil já enfrentado por nós. Ninguém se deu conta disso na época, mas não havia certeza de que ele conseguiria sair daquela situação.

CAPÍTULO 12

O segredo de Dougie

Dougie: Descobri que falar a verdade é sempre melhor que mentir. Mas como você pode ser sincero com os outros quando não está sendo nem consigo mesmo?

Somos uma banda que conta tudo uns para os outros. Existem algumas coisas, porém, que não dá para contar nem aos melhores amigos. Talvez você tenha muita vergonha de confessar na frente deles ou talvez tenha medo de que tentem impedi-lo de fazer o que está fazendo. Talvez simplesmente não saiba o que dizer. Por vários anos tive um segredo assim. E como todo mundo que tem esse mesmo segredo, eu não achava que era um problema. Pelo contrário: achava que era uma das melhores partes da minha vida. Eu estava errado.

Aos 17 anos, comecei a beber muito. Adorava vinho porque parecia mais sofisticado. Danny e eu íamos ao supermercado e fingíamos saber do que estávamos falando quando escolhíamos os nossos. Imagino que ao fingir sofisticação eu poderia ignorar o fato de que estava aos poucos ficando dependente do álcool.

O vinho não era o meu único vício. Cada vez mais a gente voltava para casa depois de um show e, após algumas cervejas, bebia vodca até tudo começar a girar. Só então eu ia dormir. Óbvio que acordava de ressaca, e no começo era um milagre o fato de conseguir passar o dia sem vomitar. Aos poucos, porém, o meu organismo ficou mais e mais tolerante a essas ressacas. Me acostumei a passar a primeira metade do dia me sentindo mal, e descobri que tinha um talento para superar aquilo. Quando percebi que conseguia fazer isso, comecei a gostar *de verdade* do negócio.

Aos 18 anos, minha autoconfiança aumentou graças a tudo o que tinha vivido até então com o McFly. Essa confiança se manifestou de várias formas, especialmente ao me dar coragem para perguntar às pessoas sobre outras substâncias disponíveis. Ficava superparanoico com medo de alguém descobrir, claro. Pelo fato de ser uma pessoa pública, a imprensa se aproveitaria. Mas, pior do que isso, eu sabia o quanto meus colegas de banda ficariam decepcionados se descobrissem.

Passaram-se os meus aniversários de 18, 19 e 20 anos. Não se engane: estava me divertindo à beça, ou pelo menos era o que pensava. Apenas um pequeno grupo de pessoas sabia o que eu estava fazendo, pois tomava cuidado. Nunca saía para dançar tarde da noite nos lugares onde pudesse ser fotografado pelos paparazzi. Era discreto. Assim, poderia continuar sem que ninguém suspeitasse.

Pouco a pouco, porém, algo começou a acontecer.

Eu dizia a mim mesmo que adorava aquele estilo de vida, mas não estava sendo sincero.Comecei a me sentir desconfortável na minha própria pele — essa é a única forma de descrever isso. Eu não era mais o Sr. Confiante, uma pilha de nervos. Finalmente me dei conta de que não gostava de fato do que fazia, mas não conseguia parar e me odiava por isso. Tomava decisões rápidas: chega de drogas, nunca mais. Continuava a beber, claro, e às vezes eu conseguia ficar até um mês sem tocar em mais nada, mas a psicologia do viciado sempre me vencia. Claro que um mês de bom comportamento merecia uma pequena recompensa... Era uma lógica inversa, mas que me dominava. Eu me presenteava com uma dose, mas essa dose sempre continuava até o dia seguinte, e no dia depois, e no outro depois dele... E cada vez que eu chegava ao fundo do poço, ele estava ainda mais fundo.

As manhãs eram os piores momentos: a hora da depressão. A sensação de estar desconfortável na própria pele ficava mais intensa, e eu precisava de um drinque para afastá-la, para conseguir passar o dia. E à medida que o tempo passava, aquele drinque não era mais suficiente. Precisava de algo mais assim que abria os olhos, só para enfrentar o dia. Ficava deitado na cama, exausto, mas de olhos arregalados, porque tinha medo de não acordar mais se os fechasse. Queria descascar a própria pele e sair do meu corpo, como se fosse a única forma de me livrar daquela sensação horrível. Como obviamente isso não era possível, a única forma de amenizar a sensação por um tempo foi usar mais drogas. Tudo ia ladeira abaixo, piorando cada vez mais.

Eu me odiava, mas não conseguia parar, então comecei a ficar desleixado. Não é muito difícil esconder as coisas, mas Harry percebeu que algo estava acontecendo. Ele me chamou de lado e falou de suas suspeitas. Eu confessei. Mais ou menos.

— É, eu tenho usado umas coisinhas aqui e ali. Você sabe, só de vez em quando. Não é nada sério...

Mas Harry não é idiota. Acho que mesmo na época percebi que ele não tinha acreditado em mim, pois sabia que eu não lidava bem com a moderação. Mas pedi segredo, e ele manteve a palavra. Meu segredo estava seguro.

Harry: Sabia que era a única pessoa em quem Dougie podia confiar. Tom dificilmente entenderia, Danny ficaria furioso. Parecia que Dougie estava numa fase rebelde. Ela passaria, mas enquanto isso era muito mais importante ter alguém com quem conversar do que tentando obrigá-lo a uma recuperação em que ele ainda não estava preparado para entrar.

Mas isso não significa que não me preocupei. A gente bebia bastante, mais do que os outros, mas ele bebia com mais urgência. Não era uma questão de se divertir, e sim de ficar o mais bêbado possível. Para a maioria das pessoas era só um passatempo. Para o Dougie, tinha virado uma necessidade. O dilema era enorme: eu estava sendo um bom amigo ao manter o segredo? Seria um mau amigo se contasse tudo? Certo ou errado, decidi que era mais importante ter a confiança do Dougie. Assim, se algo desse muito errado, ele poderia correr para mim. Não é?

Dougie: Não duvido que se o Harry tivesse se intrometido na hora errada, teria me estimulado ainda mais a continuar com as drogas. Mas mesmo assim, sozinho, a progressão dos meus vícios continuava.

Existe a paranoia e um nível ainda maior de paranoia. Me convenci de que alguém estava me espionando. Se olhasse pela janela à noite e visse uma luz, achava que era uma câmera. Passava horas andando pelo meu apartamento, verificando todas as janelas, indo até o jardim e conferindo a cerca para ver se alguém estava lá. Era um inferno. Podia passar bem o dia, mas só se soubesse que haveria uma festa à noite, mesmo que isso significasse apenas ir até o pub onde poderia encher a cara.

Ficar bêbado passou a ser um hábito diário, mesmo quando estávamos trabalhando. Se a gente tinha um show, eu dormia no ônibus da turnê até a passagem de som, e meu café da manhã era o jantar do pessoal. Mais de uma vez me lembro de estar no camarim pensando que não conseguia nem ficar em pé, quanto mais tocar um instrumento na frente de dezenas de milhares de pessoas. A culpa era insuportável: os caras da banda trabalhavam muito para fazer um bom show, muitas pessoas gastaram dinheiro para ver a gente, e na noite anterior tinha me colocado num estado em que me achava incapaz de botar o pé no palco. Sempre pensava que decepcionaria os fãs, indo tocar daquele jeito. A culpa levava ao ódio. Eu amava todo mundo e desprezava apenas uma pessoa: a mim mesmo.

Harry: Mas ele mentia bem demais. Assustadoramente bem. Merecia um Oscar.

Dougie: Eu tinha quase 21 anos quando entrei num novo relacionamento. O nome dela era Frankie Sandford. Sabia quem ela era havia um tempo por causa da banda S Club Juniors. Depois ela foi para uma nova banda, The Saturdays, e a gente se esbarrou um dia na boate G-A-Y, no Astoria. Estava tão chapado que nem me lembro de como acabamos juntos. Na época, o nosso relacionamento foi mais noticiado do que os outros, e eu queria apenas dizer que éramos muito diferentes e totalmente inadequados um para o outro. Nós dois tínhamos muitos problemas, por isso nunca daria certo. Frankie odiava quando eu estava chapado, mas não fazia ideia de que usava algo diferente de álcool. O que eu estava tomando me deixava tão lento e com tanto sono que bastavam alguns drinques para apagar. E quando eu estava apagado, não me sentia um merda nem me odiava.

Até as pessoas que *sabiam* do meu consumo de drogas não tinham noção da gravidade do problema. Mentia sobre a quantidade que usava, e quanto mais fazia isso, mais eu acreditava na mentira que contava.

Quando me dei conta, Frankie e eu estávamos juntos havia alguns anos, e consegui esconder dela o meu abuso de substâncias tóxicas. Por uns bons cinco ou seis meses, porém, as coisas não ficaram bem entre nós. Frankie saía todas as noites para fazer as coisas dela, e eu ficava em casa bebendo três ou quatro garrafas de vinho e usando drogas. Era uma combinação nociva. Bebia e usava drogas do mesmo jeito que algumas pessoas fumam cigarros. Não havia mais prazer naquilo. Simplesmente fazia porque precisava.

Frankie e eu terminamos no outono de 2010. As colunas de fofocas estavam cheias de especialistas alegando saber os detalhes do relacionamento; quem sou eu para estragar a festa deles? Tudo o que tenho a dizer é: Frankie tinha os problemas dela, eu tinha os meus, e, depois que terminamos, a situação ficou um milhão de vezes pior.

Sabe aquela sensação de liberdade que você tem quando um relacionamento termina? Ela foi perigosa para mim. Agora que não precisava mais esconder nada de ninguém, poderia abusar do meu corpo do jeito que me desse na telha. Vi a dor da separação como desculpa: agora eu tinha um motivo para ficar tão fodido quanto quisesse. Tomava algumas doses assim que acordava só para aliviar os excessos da noite anterior, e embora prometesse a mim mesmo *todo santo dia* que não tocaria em mais nada além de álcool, chegava a um ponto de embriaguez tão grande que derrotava a minha força de vontade.

Meses se passaram. Não dormi um dia sequer na minha cama: simplesmente apagava no sofá, no chão ou em casas de pessoas aleatórias. Me esqueci de como era ficar sóbrio.

Harry: Em novembro de 2010, cortei totalmente o álcool. Esta recém-descoberta sobriedade virou uma parte importante da minha vida, algo que me deu muito orgulho, e que ainda me dá. Mas como Dougie estava prestes a descobrir, algumas pessoas têm mais dificuldade que outras para resolver seus problemas.

Dougie: Em fevereiro de 2011, eu estava sentado no chão da cozinha. Foi o ponto mais baixo aonde cheguei. Achava que não podia falar com ninguém. Ninguém entenderia o que eu estava passando. Por que entenderiam? Por que *deveriam*? Estava numa situação horrível, a culpa era toda minha, e não havia saída. Tentei várias vezes largar meus vários vícios, mas fracassei. Não conseguia entender por que não conseguia ir ao pub e tomar apenas um ou dois drinques, como Danny e Tom faziam. Até o Harry, meu companheiro de bebedeira, tinha decidido parar totalmente de beber. O que *eu* tinha de diferente? Por que *eu* era tão pior que os outros?

Como conseguiria parar?

Foi quando estava sentado no chão da cozinha que a resposta veio. Era tão absurdamente óbvia que não consegui entender por que não tinha pensado naquilo antes.

A minha vida tinha se tornado um inferno sem fim, então a única solução era acabar com ela. Continuei sentado ali, tentando descobrir a melhor forma de me matar. Sabia que não era bom com sangue, pois sempre desmaio quando vejo, então nunca seria capaz de cortar os pulsos. Não fazia ideia de como me enforcar e não tinha remédios ou qualquer outra coisa suficiente para ter uma overdose (além do mais, já tinha ouvido histórias horríveis de pessoas que tentaram ter uma overdose e acordaram no dia seguinte paralisados em vez de mortos). Foi quando me lembrei de ter visto algo na televisão sobre colocar a ponta de uma mangueira no cano de descarga do carro e a outra ponta na janela do carro parcialmente aberta. O monóxido de carbono coloca a pessoa para dormir permanentemente. Eu tinha uma mangueira e um carro, o que significava uma saída.

Não me lembro de ficar chateado, nervoso ou de me sentir culpado pela minha decisão. Só lembro da sensação dominante de alívio por não ter que acordar na manhã seguinte me sentindo daquela forma. De repente eu estava no controle de um aspecto da minha vida. Poderia não ser capaz de parar de usar drogas, mas pelo menos conseguiria fazer algo para acabar com o inferno que estava vivendo. A ideia me deixou satisfeito como não ficava havia anos. Ela me deixou feliz.

Eram 5 da manhã, e estava calmo lá fora quando fui cambaleando pelo jardim até encontrar a mangueira e carregá-la para o carro, um Audi Q7 que estava parado na rua. Coloquei uma ponta da mangueira no cano de descarga e a outra num pequeno vão na janela do motorista. Em seguida, sentei no banco do motorista e liguei o motor.

Até hoje não sei como ainda estou aqui. Cheguei a sentir o cheiro dos vapores emitidos e os inalei profundamente, mas o Q7 é um carro grande com um escapamento idem. Talvez mais gases estivessem escapando do que entrando pela mangueira. Talvez eu tenha estragado tudo de outra forma. Fiquei lá vinte minutos esperando adormecer, mas não foi o que aconteceu.

Estava ficando sóbrio. Desliguei o motor e saí do carro cambaleante, sentindo-me ainda pior do que antes. Não conseguia abandonar meus vícios nem era capaz de me matar. Tinha tentado e fracassado, como em tudo na minha vida.

Esse foi o meu nadir, meu ponto mais baixo. Quando percebi o que tinha acabado de fazer e que aquilo não tinha causado um grama de arrependimento no meu cérebro estragado, soube em algum canto da minha mente que estava no fundo do poço. E se eu não podia acabar com a minha vida, então precisava encontrar algum tipo de ajuda.

Temos um médico na banda que cuida da nossa saúde desde o início. Fui me consultar com ele e contei tudo, mas evitei confessar a tentativa de suicídio porque tinha medo de que ele pudesse me internar. Ele me encaminhou a um terapeuta.

Cheguei ao consultório do terapeuta por volta de 13 horas, completamente bêbado. Tinha bebido uísque e me lembro de ficar andando pela clínica de um lado para outro. Esperava que o terapeuta me receitasse algum tipo de antidepressivo, mas ele deu uma olhada em mim e decidiu me mandar para uma clínica de reabilitação. Nada de reclamar. Eu seria internado dali a dois dias.

Como contar aos seus melhores amigos que você vem mentindo para eles ao longo dos últimos quatro anos? Como encontrar as palavras certas? No dia seguinte, Dia dos Namorados de 2011 no Reino Unido, tínhamos entrevistas agendadas no escritório dos nossos empresários em Londres. Teria que explicar a eles o motivo do meu sumiço por tempo indeterminado.

Contei primeiro ao Harry. Ele sabia um pouco do que eu estava passando, e, embora tenha ficado surpreso pelo problema ter piorado tanto, tinha consciência de que não foi algo que surgiu do nada.

Harry: Ele sentiu náuseas enquanto me contava, obviamente apavorado com o que estava por vir. Tentei consolá-lo, tranquilizá-lo, mas por trás da máscara eu não podia acreditar no quanto a situação tinha se agravado. Aquilo não era uma forma de chamar atenção, era real.

Dougie: Quando contei ao Tom, ele ficou tão chocado que não disse nada. Ele sabia que as coisas não iam bem, mas não fazia ideia da gravidade dos meus problemas. Quando entendeu, ficou cheio de perguntas. Ele se lembrava de momentos em que eu tinha agido de forma estranha. Tudo *aquilo* tinha a ver com *isso*?

Tinha. E muito mais.

Ao contar para o Danny, senti náuseas de novo. Ele claramente não sabia o que dizer. Evitei mencionar minha tentativa fracassada suicídio para todos, mas quando sentei diante dos meus três melhores amigos e admiti ter um imenso — *imenso* — problema, senti um peso sair das minhas costas. Lembrando agora, posso ver que eu tinha dado o primeiro passo para a recuperação, mas ainda havia um longo caminho pela frente.

Harry: Por ser o Dia dos Namorados, eu tinha reservado uma mesa em Londres para jantar com a Izzy. No carro, a caminho do restaurante, conversamos sobre o quanto estávamos preocupados. Aí caiu a ficha de que Dougie estaria sozinho naquela noite.

Dia dos Namorados.

Véspera de ser internado na clínica de reabilitação.

A receita para o desastre.

Decidimos adiar a noite romântica, cancelamos a reserva e mudamos o rumo para a casa do Dougie.

Liguei para ele no caminho:

— O que você vai fazer hoje à noite, cara?

Ele parecia bem calmo.

— Nada.

Tentei parecer casual.

— Bom, eu e a Izzy estamos indo aí, a gente pode passar um tempo com você?

— Tudo bem, beleza.

Típico do Dougie. Ele não pareceu notar que a gente tinha outros planos.

Assim que chegamos ao seu apartamento, eu o chamei num canto:

— Cara, é sua última noite antes de ir para a clínica de reabilitação. Vou ficar com você, mas talvez seja melhor não beber hoje, ok?

Tarde demais. Tinha uma garrafa de Jack Daniel's quase vazia ao lado dele.

Nós três nos sentamos para um jantar romântico em casa. A noite transcorreu normalmente. Por volta de 1 da manhã, liguei para o Tom, já que ele morava ali perto. Expliquei que a gente estava saindo e perguntei se ele poderia ver como Dougie ficaria depois que a gente fosse embora. Em seguida, chamei Dougie de novo.

— Olha, Doug, você bebeu, mas fica só nisso hoje, tá?

O sorriso voltou. Os olhos dele brilhavam.

— Tarde demais, cara —sussurrou ele. — Tarde demais.

Dougie: As lembranças do Harry daquela noite são bem melhores do que as minhas. Só lembro que o Tom *realmente* foi à minha casa e passou algum tempo tentando me convencer de que tudo daria certo na clínica de reabilitação, mostrando fotos da instituição aonde me internaria na manhã seguinte. Todos dizem que só de falar nisso comecei a tremer, fiquei um caco. Sinceramente, não me lembro de um segundo sequer daquela conversa.

A manhã chegou, e as coisas pareceram um pouco melhores. Tom me levou de carro ao hospital Priory, em Southgate. Como ainda estava bêbado da noite anterior, o álcool no sangue me ajudou a relaxar. A clínica de reabilitação daria certo, repetia para mim mesmo. Seria um refresco. A gente até conseguiu fazer piada com a situação. E quando me internei, foi totalmente diferente do que esperava. Na minha cabeça estava a imagem de um sanatório vitoriano, com chuveiros coletivos e enfermeiros de cara feia. Tom, que tinha passado pelo Priory um ou dois meses antes de mim, tentou explicar que não era bem assim, mas eu não conseguia me livrar da sensação de que lá seria parecido com uma prisão. Na realidade, estava mais para um Holiday Inn. Eu tinha meu próprio quarto, embora não fosse luxuoso e pessoas viessem ver como eu estava a cada hora, não havia nada me impedindo de sair de lá se quisesse. Talvez eu *realmente* fosse ficar bem...

Mas aí chegou a hora do Tom ir embora. Eu ficaria sozinho, sem os colegas da banda para me apoiar. E foi só depois que ele me levou para o meu novo lar que me dei conta da realidade da situação: não haveria um drinque no fim do dia.

Esse único pensamento foi o bastante para me deixar sóbrio e fazer o pânico subir pela garganta.

De repente, fiquei cercado de médicos me examinando e terapeutas fazendo perguntas. Tremi de novo. Vomitei. Sem dúvida, nunca tinha me sentido tão apavorado.

E piorou. Na primeira noite, o cara do quarto ao lado alagou o quarto. Ouvi toda a comoção e abri a porta para ver o que estava acontecendo. O meu vizinho estava lá, em pé na porta com um olhar surtado. Com uma voz de maluco, ele disse:

— Prazer em conhecê-lo...

Fechei a porta de novo. Um outro cara parecia Jesus e estava sempre andando, só *parava* quando ia dormir. Eu era um dos mais jovens lá, a maioria dos outros pacientes tinha 30 anos ou mais.

O pânico aumentou. O que eu estava fazendo lá? Não deveria *estar* lá, cercado por aqueles malucos. Eu não era como eles. Não era maluco.

Ou era?

Logo descobri que existiam dois grupos diferentes no Priory: os que faziam parte do Programa de Tratamento de Vícios (PTV) e os que estavam na enfermaria geral, reservada para quem sofria de depressão aguda ou outros problemas de saúde mental. O PTV estava cheio de pessoas exatamente na mesma situação que eu, mas, ainda que se fizesse parte desse grupo, meu quarto ficava perto da enfermaria geral.

Receitaram Librium para mim. É como se fosse um Valium muito forte, usado para tratar ansiedade e síndrome de abstinência aguda de álcool. Teria mesmo enchido a cara se houvesse álcool disponível. Como não havia, o Librium pelo menos me deixava relaxado o suficiente para não sofrer tanto com a retirada abrupta das drogas e do álcool. A medicação ajuda a desintoxicar o organismo e reduz a probabilidade de você fugir da clínica de reabilitação para obter outra dose da substância pela qual estiver fissurado, seja ela qual for. Não que eu não tivesse tentado: fiz a mala três ou quatro vezes, mas tinha sempre alguém por perto na última hora para me convencer a fazer a coisa certa.

Telefones celulares eram proibidos: os pacientes eram obrigados a entregá-los na chegada, mas consegui ficar com o meu. Todas as noites daquela primeira semana liguei para Harry ou Tom, chorando muito. O Librium podia disfarçar alguns dos sintomas da abstinência, mas a sensação de não estar confortável na própria pele voltou, e agora não tinha nada para fazer aquilo sumir.

Harry: Dougie estava inconsolável. Era quase impossível entender o que ele falava, que dirá pensar em algo para fazê-lo se sentir melhor. A gente acabou entendendo algo, no fim das contas: ele estava no quarto sozinho, sem saber o que estava acontecendo. Os funcionários o obrigavam a tomar comprimidos que ele não queria e faziam perguntas que ele não sabia responder. Dougie obviamente precisava de companhia, mas as visitas só eram permitidas aos domingos, e ainda estávamos no começo da primeira semana.

Liguei para o Priory e consegui convencê-los a fazer uma visita. O Librium o tinha acalmado, mas dava para ver que ele estava inquieto. Não era o Dougie que conhecíamos. Era horrível ter que deixá-lo lá naquele quarto espartano meio dopado e à beira do pânico.

No domingo seguinte, Tom, Danny e eu fomos visitá-lo junto com outro amigo do Dougie, um cara legal, mas que tinha um talento incrível para falar o que não devia.

Dougie: Acho que ainda não tinha caído a ficha de que a minha única chance de recuperação era *nunca mais* beber. Quando o meu amigo perguntou quando eu poderia tomar uma cerveja com ele, falei:

— Nunca.

Ele ficou branco.

— *O quê*? Você nunca mais vai poder tomar uma cerveja?

Sacudi a cabeça. E voltei a me sentir enjoado.

Não o culpo por não entender. Ele não foi o único. Todos os meus amigos bebiam, mas sabiam se controlar. Por isso eles não entendiam o principal problema do meu vício: uma dose era demais e cem nunca eram o bastante.

Só conhecia mais uma pessoa que tinha ido para uma clínica de reabilitação: Matt Willis, do Busted, que me ajudou muito. Eu ligava para ele todo dia e contava o que estava sentindo, falava da tempestade na minha cabeça e de como a desintoxicação era difícil. Só de falar com alguém que já tinha passado por aquilo era um alívio, só de saber que outra pessoa passou pela mesma coisa e sobrevivido me dava o pouco de coragem que precisava para seguir em frente.

Aos poucos algo mudou na minha cabeça. Agora queria ficar limpo por vários anos, e aquela era a minha única chance. Se eu fracassasse, sabia que nunca mais voltaria para lá. Por isso, tinha uma obrigação comigo mesmo de ser bem-sucedido. E com a banda também.

Estava tomando Librium há uma semana, confusa e cheia de lágrimas, quando decidiram tirar a medicação. Àquela altura eu já estava desintoxicado, e aconteceu algo extraordinário. Do nada me senti bem como não me sentia havia anos, cheio de energia. Tinha passado de querer pular da janela por estar deprimido e com vontade de encher o corpo de substâncias tóxicas a querer pular da janela por estar muito feliz. À medida que conheci outras pessoas no PTV, me dei conta de que não era a única pessoa no mundo com aqueles problemas e que não estava sozinho. Estava cercado por todas aquelas pessoas ótimas que estavam passando pelo mesmo que eu. tinham a mesma rotina e os mesmos segredos.

O plano original era ficar lá por uma semana para me desintoxicar, mas agora que tinha visto uma luz no fim do túnel, decidi me internar pelo período completo de 28 dias. Eu já estava na clínica havia três semanas quando a imprensa descobriu o meu paradeiro e inventou a própria versão dos fatos. Porque nunca fui visto caindo bêbado em boates, nem criei uma fama de drogado. Porém, como eu tinha me separado recentemente da Frankie, decidiram que eu me recuperava de um coração partido, e não vi motivo para corrigi-los.

Na metade do meu período de um mês na clínica, passei por uma fase de recuperação. Comecei a acreditar que realmente poderia melhorar e poderia continuar em abstinência, pelo menos por um tempo. Uma vez ao dia, todos nós sentávamos num círculo e falávamos o que vinha à cabeça. No final, acabei adorando aquilo. Era uma chance de me livrar de todas as preocupaçõezinhas irritantes que estavam me destruindo por dentro. Poderia dizer ao grupo que olhava o percentual de álcool da minha loção pós-barba e ficava com vontade de beber. Em vez de me sentir uma aberração, aprendi que outros tinham pensado exatamente o mesmo. Não só isso: alguns viram que havia álcool no enxaguante bucal e estavam bebendo todos os dias.

A gente entraria em turnê assim que meu tratamento na clínica de reabilitação acabasse. Naquele dia, Harry me levou em casa de carro. No apartamento, recrutei Tom para mexer em tudo e jogar fora qualquer coisa associada à minha vida anterior. Antes de ficar sóbrio, eu achava que era ótimo em esconder as evidências dos meus vícios. Agora percebo o quanto meus esconderijos eram óbvios. Foi duro jogar tudo fora, assim como foi difícil me livrar de todo o álcool que tinha em casa. Mas eu sabia que era o único jeito de ficar limpo e a única forma de impedir que minha vida voltasse a ser o que era.

Enquanto escrevo isso, os últimos 18 meses parecem os mais longos desde que eu tinha 14 anos. Por quê? Porque consigo me lembrar de tudo. O período de sobriedade foi o melhor da minha vida: consigo me lembrar das nossas turnês, entro no palco me sentindo empolgado, não acordo péssimo. Estou vivendo a vida do jeito que ela deve ser vivida.

Mas sempre preciso me lembrar disso: não estou curado. Estou em recuperação e estarei enquanto ficar limpo, o que pretendo fazer pelo resto da vida. Ainda falo com outras pessoas em recuperação todos os dias, porque ter contato com quem está lidando com as mesmas experiências ajuda. Vou a reuniões do AA, não tanto quanto deveria devido à nossa agenda de turnês, mas o suficiente para me manter na linha. Tenho um terapeuta e um padrinho, que passou pelo mesmo problema e que está limpo há quase dez anos. Ficar em recuperação é um esforço ativo e diário para mim. Todo dia quando acordo eu faço a minha meditação, leio os meus livros sobre recuperação e faço o meu "inventário pessoal": uma lista do que aconteceu nas últimas 24 horas, dizendo se poderia ter lidado melhor com os eventos. Preciso saber se estou sendo uma pessoa boa, porque se começar a agir como um idiota, este pode ser o primeiro passo de volta para o que eu era. Se permitir que a autodepreciação retorne à minha mente, sei que voltarei à estaca zero.

A sobriedade nem sempre é fácil. Enfrento situações em que sei a probabilidade de ter uma recaída, mas vivo um dia de cada vez. Sei que se me atribuir a modesta tarefa de chegar ao fim do dia limpo, tenho grande probabilidade de conseguir. Maior do que se parar para imaginar o resto da minha vida sem uma cerveja ou qualquer outra das substâncias que me atormentaram no passado.

E embora meu ego tivesse preferido que ninguém soubesse dos meus problemas e ficasse perfeitamente feliz se eu voltasse a ser apenas o cara quieto do McFly, sei que ser sincero e aberto sobre o que estou passando é a melhor maneira de continuar a recuperação. Porque descobri que falar a verdade é melhor do que mentir. E você não pode ser honesto com os outros a menos que seja honesto consigo mesmo.

O início

CAPÍTULO 13

Tom: Dougie foi ao inferno, mas voltou. A vida também deu uma guinada para mim. Tinha medo do remédio que estava tomando roubar os meus períodos de criatividade, mas isso não parecia estar acontecendo. Os períodos de alta não foram afetados, mas a vida ficou mais leve. Mais fácil de lidar.

Não falei com os caras sobre meu diagnóstico até ter me acertado com a medicação. No entanto, se o Dougie podia ser sincero com a gente, então eu também podia. Danny e Dougie não são do tipo que têm conversas profundas e significativas, mas eu sabia que Harry seria uma boa pessoa com quem conversar. A gente teve algumas conversas quando contei a ele tudo o que estava acontecendo. E quanto mais falava, mais aliviado eu ficava. Essa não era uma desculpa para o meu comportamento ocasionalmente estranho no passado, mas ao menos era uma explicação.

Harry: E explicava muito. Me lembro de dizer ao Dougie que o Tom não era um babaca havia muito tempo, e quando Tom contou sobre o diagnóstico dele, tudo pareceu se encaixar. Suas mudanças de humor ao longo dos anos foram intensas, mas agora, de repente, ele voltou ao jeito que era quando a gente se mudou para a casa da banda, há tantos anos. E agora que sabíamos o que ele enfrentava, isso tirou o gosto amargo do comportamento anterior. Tudo fazia sentido.

Tom: De repente me vi com sentimentos positivos sobre o futuro. E parece idiota dizer, mas o meu riso voltou. Eu não ria assim havia anos. Parecia o clima da casa da banda, lá no início. Parecia que estávamos fechando um ciclo.

Finalmente descobri que tinha expulsado o alienígena da janela. Tinha me livrado daquele medo paralisante que vivi todas as noites da minha vida. Ainda durmo com a televisão ligada, mas pelo menos agora posso tirar os braços de baixo do cobertor e ter uma visão mais racional do mundo.

E uma visão mais racional do McFly.

Cometemos um grande erro no último álbum: duvidamos de nós mesmos. Agora que a sanidade tinha voltado à banda, não repetiríamos isso. A gente ia fazer tudo do *nosso* jeito e dar o nosso melhor. Por acaso, três de nós estavam prestes a levar a exposição pública a um novo nível.

Danny: Por vários anos sempre perguntaram se a gente queria participar de reality shows. *Big Brother* isso, *Celebrity* aquilo: diga um nome e já fomos convidados. A resposta sempre foi a mesma: "Não, obrigado." Quando Fletch contou que os produtores de um programa chamado *Popstar to Operastar* — no qual celebridades recebem treinamento para cantarem ópera — entraram em contato, disse que os mandou passear logo de cara. Mas eles foram insistentes e o fizeram pensar...

Dougie: Danny como astro de ópera? Era a ideia mais engraçada que já tínhamos ouvido, mas não era tão idiota quanto parecia. Bom, não muito. Ele e Tom tinham o hábito de brincar e imitar vozes de ópera quando faziam o aquecimento vocal antes dos shows, e mais de uma vez a gente se viu olhando para o Danny e dizendo:

— Sabe, isso é muito bom de verdade!

Danny: Quando Fletch perguntou se eu aceitaria, simplesmente dei uma gargalhada. E então *eu* comecei a pensar também. Nunca tive um desafio daquele nível, e parecia ser a hora de arriscar. Além do mais, estávamos todos meio preocupados que, com tantos adiamentos da turnê de *Above The Noise* (isso foi depois da segunda viagem a Atlanta), a gente estivesse longe dos olhos do público por muito tempo, então talvez fosse bom para a banda. Decidi tentar.

Até hoje gostaria de ter me soltado mais naquele programa e não ter me preocupado tanto em parecer *cool*. Ficava *muito* nervoso antes de cada apresentação, ao contrário de um show do McFly, em que fico feliz da vida. Antes de um desses shows, eu cheirava óleo de lavanda para me acalmar e ficava com fones bem presos aos ouvidos para afastar a mente do horror que estava por vir. Nada é mais assustador do que fazer televisão ao vivo. É de se pensar que a essa altura eu já estaria acostumado, mas ainda me apavora. A cabeça fica cheia de "e se": e se eu fizer algo errado? E se esquecer a minha fala? Quando percebo estou tendo um ataque de pânico e todas as dúvidas começam a virar realidade. Eu já sou ruim com letras nas melhores ocasiões, e essas eram em italiano! Como eu ia decorá-las? No fim das contas, precisei escrever tudo foneticamente num caderninho e decorar dessa forma.

O treinamento e as filmagens para o programa aconteceram imediatamente após a segunda viagem para Atlanta. Nesse período me senti mais um funcionário do canal ITV do que integrante da banda. Os professores de canto eram todos brilhantes, mas também eram rígidos e me cobravam muito. Eu nunca tinha cantado escalas na vida. Até conseguia fazer as mais simples, mas quando os exercícios ficaram mais complicados, fui mal. Só melhorei quando descobri a colocação correta para a garganta, usando todas as pequenas dicas e técnicas que fazem um cantor de ópera soar tão bem. Ainda uso algumas dessas técnicas quando me apresento hoje em dia.

A gente não tinha apenas professores de canto, mas também instrutores de dialetos e de arte dramática. Não acho que tenha feito algo mais assustador (pelo menos não algo que eu esteja preparado para admitir) do que tentar interpretar as letras de uma ópera numa salinha, acompanhado apenas do professor e de uma câmera de TV.

Fico arrepiado só de lembrar, mas não amarelei: se não mergulhasse de cabeça, nunca sairia daquela sala.

Me dei suficientemente bem com os outros participantes, mas seria forçar a barra dizer que fiz amigos para a vida inteira no programa. Há uma tendência entre as "celebridades" do Reino Unido de supor que os mínimos detalhes das suas vidas são interessantes para todos, e daí conclui-se que os outros precisam saber tudo sobre eles. Já acho difícil me lembrar do que fiz semana passada, que dirá o que algum ator de novela fez no ano passado. Reconheci vagamente os outros participantes e não sabia muito sobre eles. Me sentia um pouco como um peixe fora d'água naquele tipo de ambiente e fiquei na minha. Os caras com quem me dei melhor estranhamente foram o meu concorrente, Jimmy Osmond, e um dos juízes, Meat Loaf. Eu e o Meat simpatizamos logo de cara. Depois de um dos shows, ele chegou para mim com uma vodca na mão e disse, daquele jeito bem dramático dele:

— Danny! Existem sete pessoas nesse mundo de quem eu gosto, e são todos atores. Você é o número oito!

Valeu, Meat!

Não me esforcei muito no *Popstar to Operastar*. Não era tão competitivo assim, apenas fui lá e participei. Minha motivação era simples: melhorar o perfil do McFly. Claro que, se fosse repetir a experiência, eu levaria um pouco mais a sério e entraria para ganhar, porque nos meses seguintes, depois que Dougie conseguiu ficar limpo e a Grande Depressão passou, ficou claro que os rapazes do McFly *poderiam* participar desses programas e *ganhar*.

Harry: Não que a gente estivesse exatamente doido para aparecer em todos os reality shows. Quando surgiu a oferta para eu participar do *Strictly Come Dancing* enquanto estávamos na turnê em arenas de 2011, fiquei na dúvida. Já tinha feito um especial do *Strictly* para a organização de caridade Children in Need em novembro do ano anterior. Só aceitei participar porque Fletch me convenceu no ônibus da turnê, voltando de um show em que eu tinha tomado algumas cervejas (isso foi algumas semanas antes de eu parar de beber, então aquelas cervejas foram o catalisador de tudo o que aconteceria comigo depois), embora os produtores tenham rejeitado a nossa ideia brilhante de Dougie e eu aprendermos a dançar juntos. O *Strictly* sempre me pareceu o mais elegante de todos esses programas, mas na verdade não sabia se queria mesmo aparecer em horário nobre toda semana na televisão. Quando Fletch me ligou e contou que estavam pedindo para eu participar do programa, recusei. Estava feliz com a minha vida do jeito que era. Feliz em ser apenas o Harry do McFly. Eu não queria ser mais famoso, não queria perder o anonimato que ainda tinha. E depois do estresse e do nervoso de apenas quatro dias no *Strictly* para o Children in Need (que foi *muito* difícil), não estava certo se poderia aguentar aquilo toda semana. Mas, ao mesmo tempo, fiquei um pouco resignado. Acho que lá no fundo eu sabia que acabaria sendo convencido a participar.

Tom: Achei, de verdade, que ele deveria aceitar. Seria bom para a banda, claro, mas, conhecendo o Harry, sabia que ele seria ótimo naquilo. Além de ter arrebentado no especial do Children in Need, a gente já mencionou o quanto ele é competitivo.

Danny: Já eu não dei opinião, mas lá no fundo achava que a maioria das pessoas que apareciam em reality shows era babaca. O Harry *não é* babaca, então ele passaria uma ótima impressão.

Dougie: Não fiquei empolgado porque reality shows não são legais. Não era a coisa certa para a nossa imagem. E se isso desmerecesse a gente? E se o programa fosse editado de modo a fazer o Harry parecer um babaca? E se desse a impressão de que a nossa carreira estava acabada ou de que estávamos apenas tentando faturar? De qualquer modo, *Popstar to Operastar* à parte, a gente sempre fez tudo como um grupo. Por que algum de nós faria algo individualmente?

Harry: Tom e Dougie eram o anjinho e o diabinho nos meus ombros. Eu entendia os argumentos dos dois e, à medida que o prazo para a decisão se aproximava, não me sentia mais perto de uma resposta. Izzy estava firme no time do "sim", e, no fim das contas, cheguei à conclusão de que deveria tentar. Seria ótimo para a banda e ótimo para mim como experiência de vida.

Dougie: E acabou sendo igual a esperar um ônibus: dois reality shows surgiram de uma vez. Sei que nunca seria capaz de fazer algo como o *Strictly Come Dancing*: mal consigo ficar em pé e falar ao mesmo tempo, que dirá dançar tango ao vivo na televisão. O único programa que *conseguiria* fazer seria o *I'm a Celebrity... Get Me Out of Here!*, devido ao meu interesse na vida selvagem. Normalmente eu não aceitaria de jeito algum. E se dissesse algo idiota e fizesse papel ridículo? Mas depois que Harry concordou em aparecer no *Strictly*, cedi ao *I'm a Celebrity...* Onde come um, comem dois. No meu caso, a comida era um bosta, mas tudo bem. Aceitei participar do programa.

Fazia pouco tempo que tinha saído da clínica de reabilitação e estava morando com Tom e Giovanna, porque não tinha muita certeza se conseguiria voltar a morar sozinho. Como eu lidaria com a selva australiana por três semanas com um bando de gente que nunca tinha visto na vida? Não fazia ideia. Era uma forma bem pública de continuar a recuperação.

Quando Harry e eu concordamos em fazer nossos respectivos reality shows, estávamos em frente à casa do Tom, fumando um cigarro. Eu disse:

— Já imaginou se nós dois ganhássemos, como isso seria incrível?

Nós rimos, é claro. Afinal, quais eram as chances de isso acontecer?

❖

Dougie: Não importa quem você seja, os garotos encontram as garotas sempre do mesmo jeito: você sai, bebe para perder a inibição e espera que isso lhe dê coragem para seguir em frente. Acho que nunca fiquei com alguém sem ter bebida no meio, mas agora eu estava limpo e não saía muito. Morava com o Tom e a Gi, estava aprendendo a ficar sóbrio e mal via uma garota. Todos os outros caras estavam em relacionamentos sérios: Tom e Gi, Harry e Izzy; até o Danny era um homem mudado.

Danny: É verdade. Você se lembra da Miss Inglaterra? Após encontrá-la na África do Sul, fiquei com ela algumas vezes nos meses seguintes. Ela morava em outra cidade, não era nada sério. Muito tempo depois, em 2008, ela perguntou se eu queria assistir ao concurso de Miss Londres. Aceitei, e foi lá que vi Georgia pela primeira vez.

Georgia tinha sido Miss Inglaterra em 2007. Quando a vi tive um treco. Quem é *esta mulher*? Ela estava linda, parecia um anjo naquele mar de garotas. Ao longo da noite não consegui tirar os olhos dela, que parecia mais bonita a cada minuto.

Meio que esperava que a Georgia fosse a típica modelo difícil, ela meio que esperava que eu fosse o típico astro de rock babaca. Mas aí ela me ouviu falar e perguntou:

— Você é do norte?

— Sou!

— Eu também!

O gelo foi quebrado. A gente conversou a noite inteira e se deu bem na hora. Eu a convidei para almoçar no dia seguinte, mas ela recusou, porque tinha namorado. Levou exatamente um ano para eu convencê-la a sair comigo, e desde então não me arrependi de ter esperado. Georgia é incrível, está sempre ao meu lado e me mantém são. É linda por dentro e por fora, e quando você conhece uma pessoa assim, tem que ficar com ela. Ela é desse jeito, e eu cresci desde que a conheci. O velho Danny, o garoto que parecia estar numa loja de doces sempre que via uma garota bonita, tinha sumido. Não quero mais ninguém, só ela.

Dougie: Agora eu era o único solteiro. Estava falando dessa situação preocupante com Harry um dia quando subitamente me lembrei de ele ter falado que conhecia uma garota muito legal e divertida chamada Lara. Qual é a dessa menina, afinal?

Harry: Ela era amiga da família, e quanto mais eu pensava, mais achava que ela e o Dougie seriam perfeitos um para o outro. Além de pintora muito talentosa, era basicamente o Dougie num corpo de mulher. Por que eu não tinha pensado nisso antes? Meu irmão dividia a casa com a irmã da Lara, então fiquei de antena ligada. Ela tinha namorado? Fiquei sabendo que sim. Droga.

Dougie: A situação exigia um plano, então bolei um. Eu estava decorando meu apartamento, tentando fazer dele um lugar mais pessoal, para voltar a morar lá. Muitas pessoas com quem saio são artistas, e como tinha uma parede branca imensa em casa, ia pedir para alguém fazer um desenho. A Lara era pintora. O trabalho dela é incrível. Eu poderia pedir a ela! Se eu encomendasse uma pintura, a gente pelo menos teria motivo para conversar...

Lara e eu nos encontramos no Ivy Club, em Londres, para falar da pintura. Eu já sabia que ela era especial (tinha fuçado o Facebook dela e pressionado o Harry para obter informações), mas assim que a vi fiquei ainda mais apaixonado. Ela estava incrível: usando roupas superlegais e uma faixa na cabeça, sempre sorrindo de orelha a orelha. Parecia uma versão real e mais bonita da Esmeralda de

O corcunda de Notre-Dame, além de ser muito, mas muito divertida. Fiquei testando o terreno, vendo até onde podia ir com minhas piadas. A Lara sempre ia além. A gente se encontrou ao meio-dia e não parou de falar até as 19 horas. A única forma de descrever o encontro com Lara é que foi como se você tivesse passado a vida inteira andando com uma perna, aí um dia conhece alguém e de repente passa a ter duas, e a vida fica sensacional. Agora você pode correr, pular, o dia a dia fica fácil e maravilhoso, tudo porque conheceu essa pessoa.

Saí do Ivy Club completamente apaixonado, e depois desse primeiro encontro a gente trocou vários e-mails. Foram páginas e páginas de piadas, imagens, links para sites de que gostamos e vídeos que achamos divertidos. Os e-mails duraram algumas semanas, mas tudo o que eu queria era vê-la de novo. Com ajuda do Harry, escrevi um e-mail perguntando se ela queria sair. Lara recusou porque tinha namorado. Eu menti, dizendo:

— Não falei nesse sentido, é totalmente platônico.

Então a gente saiu como "fodidos platônicos". Viramos grandes amigos desde o começo. Foi uma experiência nova para mim isso de gostar da companhia de alguém sem álcool ou drogas. Eu estava no topo do mundo. A gente saiu umas quatro vezes. Um dos lugares que a gente frequentou foi a Little Shop of Horrors de Viktor Wynd, uma loja de curiosidades e taxidermia que também vende pornografia antiga, pimenteiros em formato de pênis e cabeças de macaco coladas a rabos de peixe imitando sereias. De todas as mercadorias que ela poderia ter escolhido naquela loja, Lara se apaixonou por um pequeno ovo de plástico da Fisher-Price. Foi exatamente o tipo de coisa que me fez gostar tanto dela. Quanto mais a gente saía, mais me apaixonava. E quanto mais eu me apaixonava, mais culpado me sentia.

Logo no início do meu processo de recuperação, uma das coisas que me aconselharam foi sempre observar o meu papel em qualquer situação, evitando problemas. Deveria me controlar e não perturbar ou causar mal aos outros. Ser o mais espiritual possível. Minha situação estava ficando insustentável. Eu gostava MUITO da Lara.

Pedi para encontrá-la de novo e, por saber que seria a última vez, tentei fazer algo especial. Eu a levei a um show burlesco meio doido. Quando a noite terminou, consegui encontrar coragem para dizer que não poderia mais vê-la. Dizer essas palavras estava me matando. Expliquei que tinha me apaixonado por ela e que não era uma boa ideia e nem certo a gente continuar saindo. Lara concordou, e no dia seguinte peguei a pintura que tinha encomendado. Foi um dia superchato. Como eu conseguiria ficar sem ver aquela garota?

A gente não deveria se falar depois dessa última vez, mas só consegui esperar 24 horas antes de mandar um SMS para ela. Aos poucos, comecei a pensar em algo: se a Lara realmente fosse a pessoa certa, eu deveria deixá-la escapar assim? Se ela fosse a pessoa certa, seria tão ruim assim deixar claro que não era só uma paixãozinha e que eu tinha mesmo me apaixonado loucamente por ela?

Então escrevi uma carta para ela, dizendo tudo o que achava difícil falar pessoalmente. Contei que estava completamente apaixonado e que ela era a pessoa mais incrível que já tinha conhecido. Mandei também uma caixa cheia dos ovos Fisher-Price de que ela gostou tanto na loja de taxidermia. Nosso equivalente a rosas, eu acho. Depois disso, meu plano era sumir do mapa. Algo fácil de ser feito, porque no dia seguinte Danny, Tom e eu tínhamos trabalho a fazer.

Danny: O treinamento do Harry para o *Strictly* começou no fim de agosto de 2011, e Dougie só iria para a selva em novembro. Enquanto Harry estava longe, o resto de nós aproveitou para pensar no que fazer com a banda. Tom mal tinha tocado uma guitarra ou um teclado desde o *Above The Noise*, especialmente devido à dificuldade que tínhamos tido com aquele álbum. Não fazíamos ideia do que viria a seguir, musicalmente falando, e isso foi muito bom: quando nós três finalmente nos juntamos, descobrimos um monte de ideias esperando para vir à tona.

Tom: A gente decidiu sair das distrações de Londres. Alugamos uma casa no litoral de Holyhead, ao norte do País de Gales, um lugar tão remoto que só era possível chegar lá quando a maré baixasse. A gente colocou o equipamento de gravação do Danny no carro e rumou para dez dias de isolamento.

Dougie: Um dia depois de mandar minha carta para Lara, chegamos a essa casa antiga no meio do nada, com belas paisagens e silêncio total. Depois das dificuldades do ano anterior, era exatamente o que precisávamos: um lugar onde pudéssemos nos inspirar. Era também um lugar onde eu poderia me manter ocupado e não pensar muito sobre o efeito que a carta causaria na Lara.

Nem deveria ter me preocupado. O celular só pegava em um lugar da casa. Alguns dias depois, estava tão envolvido com as composições que já tinha esquecido o assunto, quando meu telefone tocou com duas mensagens de texto: uma dizendo que a Lara tinha terminado com o namorado e a outra dizendo que ela sentia o mesmo.

Que momento incrível! Minha vida tinha mudado assim que saí da clínica de reabilitação e agora estava se transformando de novo. Parecia que as coisas não poderiam ficar melhores. Consegui a garota dos meus sonhos e me senti com 15 anos de novo, com a vida toda pela frente. O mundo inteiro parecia maravilhoso, como se eu tivesse dormido pelos últimos nove anos e acordado naquele momento. Todos os aspectos da minha vida melhoraram, e isso significava que poderia me concentrar na música com um novo olhar.

Tom: Estar diante de uma tela em branco às vezes assusta, mas pode ser inspirador. Sabíamos os erros que tínhamos cometido com o último álbum. Sabíamos que dali em diante seguiríamos o nosso instinto. Danny produziria o próximo álbum, pois as habilidades dele se desenvolveram bastante. Isso significaria que as nossas músicas ficariam ainda mais próximas do que gostaríamos, porque era um de nós atrás da mesa.

Danny: A gente transformou a sala de estar num estúdio e começou a experimentar. Não levou muito tempo para percebermos que estávamos criando a música mais empolgante que já tínhamos feito. Escrevíamos letras inspiradas no mar e no ambiente ao redor. Pela primeira vez em anos parecia que estávamos fazendo o que realmente *tínhamos nascido* para fazer. Tudo parecia certo, no nosso coração e na nossa cabeça. O oposto total do *Above The Noise*. A música que a gente fez naquela curta viagem me dava arrepios, e é como sempre digo: arrepios não mentem.

Dougie: A sensação era incrível. Tudo estava se encaixando. As músicas fluíam muito bem, e as melodias que escrevemos, com títulos como "Hyperion" e "Break Me" (uma música sobre a Lara que me dá formigamento sempre que a ouço), indicavam um som para o futuro. Sem ninguém para nos limitar, era só seguirmos nossa inspiração. Não pensávamos em que tipo de pessoa gostaria de cada música nem se elas eram boas para tocar no rádio. Apenas fazíamos o que dava vontade. Foi quando caiu a ficha de que seria muito melhor agir assim e não ser a maior banda do mundo do que ter um grande sucesso com menor satisfação.

A gente não podia ficar na casa por muito tempo: Harry estava em Londres, fazendo o país babar com seus passos de dança, e eu tinha uma pequena viagem para a selva australiana pela frente.

Merda.

Me sentia muito confortável aparecendo na TV com a banda. A nossa química estava lá, bem-afiada após tantos anos. Mas agora eu tinha que promover o *I'm a Celebrity...* na véspera da estreia sozinho. Eu estava bem longe da minha zona de conforto e odiei aquilo. Voltei para a casa do Tom e da Gi disposto a desistir do programa.

Não era para mim e ponto. Além do mais, estava com a Lara agora. Tinha levado tanto tempo para ficar com ela, e a gente tinha mergulhado de cabeça no relacionamento. Por que eu ia querer sair disso? Obviamente, fui convencido a mudar de ideia.

Tom: Quando chegou a hora do Dougie ir embora, ele estava apavorado e tremia enquanto esperávamos o Tommy para levá-lo ao aeroporto. Mesmo nesses últimos minutos, ele pensou em desistir. Depois de tudo o que tinha passado, colocar-se na linha de frente assim era algo imenso.

Dougie: Eu não estava nervoso por viver na floresta nem por jantar larvas ou tomar banho com insetos. Não estava nervoso com os mosquitos, as cobras ou baratas. Só estava com medo de fazer papel de bobo, de dizer algo idiota ao vivo na TV que causasse problemas e prejudicasse a banda. Fazemos muita piada quando estamos sozinhos, forçamos os limites só entre nós e não gostaríamos que ninguém mais ouvisse. E se eu entrasse no modo piadista na frente de milhões de pessoas?

O programa manda os candidatos para a Austrália sozinhos, por isso não dá para conhecer ninguém antes da viagem ou dividir os temores com os outros participantes. Consequentemente, eu estava uma absoluta pilha de nervos. Tentei me animar vendo só filmes da Disney durante o voo. Assim que o participante chega à Austrália, é levado para um hotel e precisa entregar o telefone. Os acompanhantes não falam nada sobre o que vai acontecer ou o que esperar, porque não *sabem* o que vai acontecer. O participante não sabe nem o *dia* em que vai para a selva, apenas recebe um aviso com uma hora de antecedência e precisa estar pronto pontualmente. O melhor é se acostumar a esse tipo de incerteza, porque nunca se sabe o que vai acontecer durante todo o período em que se está na selva.

As únicas pessoas que reconheci quando cheguei ao acampamento foram Antony Cotton e Mark Wright. Foi meio constrangedor, pois eu não fazia ideia de quem eram os outros. Imaginei que Stefanie Powers fosse uma atriz hollywoodiana das antigas, e a Fatima Whitbread provavelmente uma atleta de luta livre. Era uma via de mão dupla, pois apenas alguns deles sabiam quem *eu* era, mas isso eu já esperava. Nós nos apresentamos e fizemos de tudo para não parecer esquisitos enquanto conversávamos na frente das câmeras. Não acho que me saí bem, mas todos os participantes pareciam legais, então foi um peso que saiu dos meus ombros. Agora eu só precisava criar coragem e sobreviver às próximas três semanas sem fazer papel de bobo.

Não há truques de câmera ou exigências no programa. Você realmente é jogado no meio da selva e tem que se virar sozinho. Precisa pegar água do rio e ferver antes de beber e catar a própria lenha — uma missão e tanto até de manhã cedo, quando o calor e a umidade estão altos —, mesmo com fome. A comida é restrita e cruelmente racionada. Muita gente pode pensar que tudo é feito para a televisão, mas acredite: você fica com fome a maior parte do tempo e *realmente* quer ganhar aquelas estrelas, porque elas são a única forma de conseguir mais comida. Pense nisso: se as pessoas não estivessem realmente famintas, por que colocariam a cabeça numa caixa cheia de aranhas? Se um dos participantes volta para o acampamento e diz: "Foi mal, galera, só consegui duas estrelas", todo mundo sente pena do lado de fora. Lá dentro, pode apostar todos os seus bens que a pessoa está sendo xingada. Afinal, a coxa de galinha e os vegetais pelos quais estas estrelas podem ser trocadas simplesmente não matam a fome depois de serem divididos pelo grupo todo.

Então você fica com fome e com calor. Mesmo assim, adorei a experiência. Na primeira semana, não fiz realmente *nada*. Todos os outros pareciam cumprir as tarefas, e estava me dando bem com todo mundo. As únicas coisas que me chateavam de verdade eram o tédio e a tristeza por causa da fome de vez em quando. Ninguém tinha relógio, então a gente tinha que estimar o tempo pela posição do sol, mas acho que a fome batia com mais força às 16 ou 17 horas. No acampamento, a gente só falava de comida:

— Cara, você já experimentou espaguete à bolonhesa com molho inglês?

— Já provou o Caramel Chew Chew do Ben and Jerry's?

— Sabe o que vou comer quando sair daqui? Um Milky Way. Não como a droga de um Milky Way há anos!

E todos se entregavam à agonia causada pela fome. Devo ter fumado uns quarenta cigarros por dia só para matar a fome e o tédio. Meus dedos ficaram amarelos no fim do meu período lá.

Na televisão não aparece a quantidade de animais selvagens que passa pelo acampamento. Diferentes criaturas aparecem em horários variados. Quando o sol começa a se pôr, surgem os mosquitos e pulgões. Quando esfria, eles desaparecem, e pequenos insetos do tamanho de uma bala de revólver andam na sua pele. Outros insetos tomam o ar quando a noite cai: mariposas e insetos maiores que voam de modo desgovernado em direção a qualquer fonte de luz. Dá para ouvi-los zumbindo pelo ar e sentir quando fazem pousos forçados na sua cabeça. Quando chove, as pererecas começam o coro. Se andar pelo riacho, você vai ver milhares delas, e a água onde você se lava está repleta de girinos. Vários camarões de água doce, uma espécie de lagosta de água limpa, lutam entre si embaixo d'água, e perus selvagens andam pelo mato. Quando vi aqueles perus, foi a única vez em que olhei para um animal e pensei: alguém *por favor* mate essa coisa para que eu possa comê-la? Tentei convencer a Fatima Whitbread, que estava sempre fazendo alguma coisa, a construir uma lança e usar suas habilidades no arremesso de dardos para pegar um deles, mas disseram que era proibido. Tinha até um lagarto muito raro que eu desconhecia até ir para a selva. Descobri um deles escondido entre as pedras. Quando fui ver se era macho ou fêmea, ele mijou na minha cabeça. Nós, adoradores de lagartos, vivemos por momentos como esse. Uma noite, estava armando a rede quando um *bandicoot* — pequeno marsupial chamado assim pelos australianos — passou rapidamente. Segundos depois, a mãe dele veio atrás e o filhote pulou na bolsa dela.

Quando escureceu, ouvi xingamentos vindos da rede do Mark Wright:

— Dougie! *Dougie*! *Tem uma cobra ali*!

E eu respondi:

— Relaxa, cara, não é uma cobra, é um *bandicoot*.

Mark não estava acreditando, então desci da minha rede e fui até ele. De fato, no chão abaixo da rede estava uma píton-diamante apertando o filhote de *bandicoot* e tentando comê-lo. A píton-diamante é parecida com a píton-real, que já tive como animal de estimação e por isso não me assustava, mas era uma criatura bem perigosa naquela selva. Sabia que era comum achar aranhas-teia-de-funil ou cobras altamente venenosas nos arredores. Por isso, um dos caras que ficam nos bastidores é o Dr. Bob. Todos me falaram que conhecê-lo seria uma das partes mais legais de participar do programa. Eles tinham razão. Ele é uma mistura de Crocodilo Dundee com David Attenborough, um cara muito útil num lugar como aquele. Quando saí da selva, Dr. Bob me deu uma aranha-teia-de-funil. Infelizmente, a esqueci no frigobar da limusine que me levou de volta ao hotel, o que provavelmente não foi a surpresa mais agradável para quem usou o carro em seguida. De modo geral, achei a vida selvagem na Austrália um milhão de vezes mais interessante que a vida selvagem na Inglaterra, algo previsível para um país em que as aranhas podem ficar do tamanho da sua mão e matar um ser humano.

Tom: Uma semana depois do Dougie ter ido para a selva, também fui embora. Não para o mato, é claro, e sim para um hotel ultrachique a algumas horas de viagem de carro. Os amigos e familiares dos participantes ficam juntos, e, como o programa vai ao ar ao vivo no Reino Unido às 19 horas, todos se espremem num micro-ônibus para chegar ao estúdio por volta das 4 da manhã.

O que se falava no hotel entre os amigos e familiares dos competidores era que o Mark *certamente* ganharia. Fiquei quieto, falando apenas:

— Não tenha tanta certeza...

Dougie: Até gostaria de contar que a vida nos bastidores de *I'm a Celebrity* foi repleta de fofocas e brigas. Sinto decepcioná-los, mas me dei bem com todo mundo. Fiquei mais próximo do Mark, por achar bom ter alguém da minha idade ali que era relativamente tranquilo, mas não tive problemas com ninguém, e, no geral, apesar do medo no começo, foi uma experiência muito positiva. Você até descobre que realmente *quer* experimentar a "comida" horrorosa que te dão pelo simples motivo de ter algo para fazer. Uma única prova pode durar apenas dez minutos na televisão, mas levava um belo período de duas horas do seu dia. Ao sair do acampamento, você é levado numa liteira carregada por caras do exército mal-encarados que nem falam com você, não importa o quanto se tente puxar papo.

E as provas em si? Não foram tão ruins para mim como devem ter sido para os outros. Quando eu estava na escola, grilos costumavam pular do meu estojo porque os usava para alimentar meus lagartos, então um caixão cheio de grilos não foi exatamente um cenário de *1984*. Teria preferido baratas, porque elas não gostam da luz e só querem se esconder (como a Fatima Whitbread descobriu da pior maneira, quando uma subiu pela sua narina), enquanto grilos estão sempre se mexendo, pulando, indo para todos os lugares. Mas eu estava acostumado com eles. Durante a prova em que precisei colocar a cabeça em caixas plásticas cheias de bichos rastejantes e assustadores, as únicas criaturas que realmente me preocuparam foram as cobras, não porque não gostasse delas (gosto bastante), mas porque seria desconfortável se elas começassem a morder a minha cabeça.

Não é falsa modéstia dizer que eu acreditava mesmo na vitória do Mark. Parecia que ele era escolhido para fazer mais tarefas que eu, e eu tinha a impressão de que ele aparecia muito mais na TV. Não que isso me preocupasse. Não tinha certeza se me adaptaria à experiência de viver na selva e ter todos os meus movimentos observados de perto, especialmente depois do ano que tinha tido. Na verdade, só estava aliviado por ter conseguido ir até o fim, e no último dia, quando só restamos Mark e eu, pensava mais na refeição sensacional que a gente teria depois do que no ganhador. Quando anunciaram que eu seria coroado o Rei da Selva, fiquei tão chocado que meu primeiro pensamento foi: "Agora vou mesmo vomitar ao vivo na televisão."

Ainda bem que consegui me segurar, e o espanto se transformou em alegria. Foi um momento incrível para mim. Depois de estar no fundo do poço, agora me sentia no topo do mundo.

Antes de ir para a selva, fui inflexível: quando acabasse o programa, não queria fazer nenhuma entrevista ou publicidade. É incrível como curtos períodos da sua vida podem mudar você. Tive uma experiência tão boa que fiquei, sinceramente, com vontade de contar a todos sobre aquilo. De repente, estar exposto e sozinho não me incomodou. Senti uma confiança que eu nunca tinha experimentado antes.

E um apetite também. Nunca tinha visto alguém comer tanto quanto eu quando saí da selva. No dia seguinte, foram três cafés da manhã: uma pilha de panquecas com calda e sorvete, um omelete imenso e um prato com ovos, salsichas, feijão e pães. Comi até a última migalha e sofri por ter comido demais, mas o sofrimento nunca foi tão bom. Bizarro, não?

Tom: E quando a gente voltou para o hotel, havia uma multidão de fãs australianos do McFly esperando e gritando. Os produtores nunca tinham visto esse tipo de reação a um vencedor.

Dougie: Foi sensacional ver todos os fãs lá. Também foi ótimo ver o Tom e a Gi, mas, acima de tudo, foi sensacional ver a Lara. Quando saí da selva e a abracei foi, na minha cabeça, o momento mais romântico da minha vida.

Lara surgiu no momento certo. A gente tinha começado a sair apenas três semanas antes de eu ir para a floresta. Como Frankie e eu aparecemos em todos os tabloides, naturalmente havia muito interesse no meu novo relacionamento. Soma-se a isso o fato de ela estar saindo com um participante de um grande reality show, e dá para ver como a Lara foi subitamente jogada aos holofotes. Algumas pessoas lidam bem com isso, outras, não. Algumas pessoas mudam, outras permanecem as mesmas. Lara levou numa boa.

Tom: Dougie sempre foi excessivamente generoso com as namoradas, enchendo-as de presentes e gestos românticos. No início da relação com Lara, ele organizou uma noite incrível: um show, um restaurante caro, um clube de comédia — uma imensa e pública demonstração de afeto. Mas eu a conhecia e sabia que, assim, ele estava agindo errado. Lara estava longe desse estilo. Logo ficou claro que ela não estava saindo com Dougie por ele ser um cara famoso ou porque ele a cobriria de presentes caros. Ela estava com ele apenas por ele, e era bom para todos nós ver que o nosso amigo finalmente estava num relacionamento que rendia mais apoio do que fofoca, que lhe permitia ser aceito como era. Dougie finalmente encontrou uma parceira tão generosa quanto ele.

Renovado com o sucesso na selva, foi bom vê-lo finalmente feliz.

❖

Tom: Como recompensa por uma das tarefas do *I'm a Celebrity*, permitiram o envio de um pacote contendo, entre outras coisas, uma fotografia. Todos os outros amigos e parentes pensaram muito em qual foto eles deveriam mandar para a selva. As esposas dos participantes? Maridos? Filhos? Bom, Dougie não tinha nada disso, mas eu tive uma ideia muito melhor. A milhares de quilômetros de distância, o seu colega de banda estava arrasando numa pista de dança num reality show. Obviamente, Doug sentia muita falta dele, então achei que seria uma excelente ideia mandar uma foto do Harry vestido com o figurino do *Strictly Come Dancing*. O que mais um cara poderia querer quando está morrendo de saudade de casa?

Dougie: Eu fiquei *muito* puto...

Harry: De nada, bafo de cocô!

O *Strictly Come Dancing* sempre me pareceu o reality show que fazia mais sentido, porque pelo menos você aprende algo novo. Não que eu esteja desprezando o que o Dougie fez. Tá, talvez só um pouco. Mas relutei em aceitar, por estar acostumado a ser o baterista lá no fundo, não o exibido lá da frente. Essa função era do Danny. Minha vida estava ótima, e eu, bem feliz por ela progredir aos poucos. Se fosse bem no programa, todo mundo falaria disso o tempo todo, e eu perderia o pouco de anonimato que ainda tinha. Se fosse muito mal, seria uma vergonha. Para ser sincero, eu também estava com medo de topar esse grande desafio e descobrir que não estava à altura da tarefa.

Assim que tomei a decisão, porém, disse a mim mesmo: "Você não vai reclamar, vai ralar muito e vai mergulhar *com tudo* nisso." Sei o quanto sou obsessivo e competitivo, então tinha consciência de que o reality tomaria conta da minha vida. Eu estava certo quanto a isso.

Tomei a decisão no meio de julho de 2011. Passei dois meses malhando, adquirindo a melhor forma possível para o desafio que estava por vir. Falei com Kara Tointon, que tinha ganhado no ano anterior, e peguei algumas dicas. Ela disse para garantir a parte cardiovascular, porque o treinamento seria fisicamente extenuante. Eu estava proibido de ter aulas de dança antes de começar o programa, fomos avisados de que seríamos desclassificados se fizéssemos isso, então entrei num regime de natação, corrida e musculação de seis a sete vezes por semana. A obsessão já tinha começado.

Não sabia quem mais estaria no programa, só esperava ter competidores decentes para não ficar fácil demais. Acho que as palavras do Dougie sobre reality shows não serem legais ainda estavam na minha cabeça. Nem precisava ter me preocupado: disseram que aquele foi o ano de ouro do *Strictly*. A primeira vez que encontrei meus colegas participantes foi quando fizemos um comercial juntos para o programa. Ali começou o meu caso de amor com o Robbie Savage. Sendo fã de futebol, eu sabia quem ele era, e no início não esquentei muito por tê-lo encontrado. Em cinco minutos ele aprontou uma, divulgando minha dança no Children in Need no YouTube e anunciando para quem quisesse ouvir que eu era um trapaceiro. Nunca tinha vivido uma provocação tão cruel como aquela. Hilário. Acabamos sendo os bagunceiros do fundão da sala de aula. Conheci Chelsee Healey quando estava na cadeira do maquiador e não fazia ideia de quem ela era. A Chelsee acabou sendo incrivelmente adorável, e a gente se deu bem desde o primeiro dia. Já tinha trabalhado com a Lulu, quando tocamos "Shout" com ela. Mas fiz novos amigos durante o programa: Russel Grant, um dos caras mais afetados que já encontrei, mas um amor de pessoa, muito gentil. Notei que a Nancy Dell'Olio era o meu completo oposto quando ela admitiu jamais ter sonhado em ficar sem salto alto mesmo quando estava sozinha em casa, mas formamos um vínculo forte logo de cara. Eu defenderia a Nancy na frente de qualquer um, ela é uma pessoa realmente maravilhosa. Anita Dobson, a esposa de Brian May, foi adorável. No fim das contas, todo mundo no programa foi legal. Jason Donovan? Uma verdadeira lenda. Engraçado, gentil e uma das pessoas do programa com quem eu gostaria de manter contato no futuro. Mas foi com o Robbie e com a Chelsee que passei a maior parte do tempo.

Eu costumava ser o cara barulhento e confiante, mas não no *Strictly*. Entrei lá com o intuito de manter a humildade e não falar muito. Talvez isso tenha acontecido porque eu era um dos mais novos lá ou porque estava fora da minha zona de conforto ao fazer algo sem a banda. Pode ser que eu tenha mudado ao longo dos anos. Certamente queria passar a melhor impressão possível, sem a arrogância que algumas pessoas famosas geralmente têm. No primeiro dia, apenas sentei e observei. Fomos divididos entre "profissionais" e "celebridades", e dava para ver os profissionais analisando as celebridades quando estávamos todos juntos. Foi um alívio ver as celebridades dançando e notar que ninguém ali entraria no Bolshoi. Pelo menos eu tinha a vantagem de ter noção de ritmo.

Mesmo sendo discreto, tanto as celebridades como os profissionais imediatamente perceberam o quanto eu era competitivo. Eles ficavam dizendo que eu venceria antes mesmo de dar o primeiro passo de dança. Tentei fingir que não me importava, mas desde o começo fiquei pensando: como *consigo* vencer isso aqui? Logo ficou claro que só havia uma forma de fazer isso: tratar a dança como um esporte e ralar muito para ser o melhor que pudesse. Por isso, Aliona Vilani foi a parceira perfeita. Esqueça a minha cara quando foi anunciado no primeiro episódio que seríamos uma dupla. Como estava certo de que trabalharia com a Flavia Cacace, que acabou ficando com o Russell, meu queixo caiu de decepção. Mas quando saímos do palco juntos, a Aliona parecia bem tranquila.

Izzy se deu bem com Aliona e ficou totalmente tranquila por eu ter que passar tanto tempo com ela. Muitos amigos perguntam como ela conseguiu lidar com isso, mas não houve um só momento em que ela parecesse ciumenta ou fizesse algo além de me dar total apoio. Sem a Izzy, não tenho certeza se teria ido até o fim.

Todos tinham três semanas de ensaios antes da primeira apresentação ao vivo. Aliona e eu só tivemos duas, porque eu já tinha ensaiado para a edição do Children in Need. Isso não me pareceu muito justo, pois passei apenas quatro dias no *paso doble* e não poderia dançar mais esse estilo. Tentei convencer Aliona a me encontrar na primeira semana para ensaiarmos sem ninguém saber, mas recebi outro aviso: se pegassem a gente ensaiando antes da hora, seríamos desclassificados. Não sabia o quanto eles levavam o programa a sério.

Por isso tive que esperar uma semana antes de ter o primeiro ensaio, realizado num centro de lazer na glamourosa cidade de Luton. Depois de dez minutos ensaiando, percebi que dançar o chá-chá-chá seria mais difícil do que eu imaginava. Fiquei me sentindo um idiota na frente das câmeras, como se tivesse dois pés esquerdos. Ainda bem que Aliona e eu nos demos bem instantaneamente, mesmo ela tendo passado metade do tempo rolando de rir das minhas tentativas patéticas de dançar.

Eu estava doido de ansiedade antes da primeira apresentação ao vivo, apesar de (ou por causa disso) os caras estarem na plateia para me aplaudir. Fiquei numa de amarelar ou ir fundo. Preferi a última opção. Os juízes fizeram alguns elogios, e assim que saímos do ar meu telefone não parou de tocar, com os amigos ligando para dizer o quanto tinha ido bem.

Mas aí eu assisti na televisão.

Que anticlímax! Achei péssimo. Uma vergonha. E sabia que poderia fazer melhor.

A maioria dos competidores tirava os domingos de folga. A gente, não. Voltamos a ensaiar no dia seguinte. Logo percebi que Aliona não era o tipo de professora que me deixaria fazer um trabalho mediano, e era exatamente o que eu precisava. A cada semana o treinamento ficava mais e mais exaustivo, pois as expectativas dela aumentavam cada vez mais. Eu tentava aprender técnicas que a maioria das pessoas leva anos aperfeiçoando, e sempre que me dizia incapaz de fazer um determinado movimento, ela não ouvia. E não importa o quanto eu ficasse exausto e que toda segunda-feira fosse me arrastando para o estúdio de ensaios após a apresentação ao vivo na noite anterior, ela não hesitava em me colocar à prova.

Algumas semanas eu aprendia as danças mais rapidamente e gostava de verdade dos ensaios. Em outras, o desafio era maior. Quando dançamos o foxtrote na segunda semana, eu estava confiante antes mesmo de tentar. Mas era uma dança lenta e, depois que comecei, bateu o nervosismo. Quando você fica nervoso na bateria, tende a acelerar. O mesmo acontece com a dança. Sentia o corpo tremendo e sabia que isso também acontecia com Aliona. Odiei cada segundo daquilo, e assim que saímos do palco, após falar com Tess Daly, pedi milhões de desculpas à minha parceira de dança, que levou na boa. Mesmo achando que tinha feito besteira, esperava sobreviver às primeiras semanas com os votos dos fãs do McFly, se eles estivessem assistindo o programa.

Na terceira semana era o *jive*, ao som de "Greased Lightnin'". Eu adorei, porque já tinha feito teste para a produção de *Grease — Nos tempos da brilhantina* da minha escola quando era garoto. Só consegui entrar para o coral, enquanto meu melhor amigo Ben conquistou o papel de Danny Zuko. Pareceu uma boa ideia convidá-lo para ficar na plateia naquela noite.

— Vamos lá, cara, deixa eu te mostrar como é que *realmente* se faz...

É uma apresentação, então imaginei que dançaria melhor se tivesse alguém para quem me exibir. Só fiquei imaginando os colegas de banda, gritando e torcendo por mim pela televisão a centenas de quilômetros de distância.

Se o *jive* foi o ponto alto, a valsa da semana seguinte foi um horror. Tudo aquilo era estranho: roupas de dança de salão como nunca tinha imaginado e os movimentos que a Aliona ensinou, que eram incrivelmente difíceis. No meio da semana de ensaios eu estava à beira de um colapso, com medo de fazer papel de bobo para milhões de pessoas. Você provavelmente notou a essa altura que os garotos do McFly não têm medo de chorar. Foi um milagre eu não ter me esvaído em lágrimas naquela semana, de tanta frustração e ansiedade. Só consegui dominar a coreografia nos ensaios de câmera da sexta-feira, e não há duvida de que nunca fiquei tão assustado quanto na apresentação de sábado. A música, "Come Away With Me", da Norah Jones, é muito lenta, o que faz qualquer erro aparecer ainda mais. Revendo a apresentação, noto as minhas pernas bambeando de medo. Eu não estava nervoso, acredite: estava uma pilha de nervos.

Mas acabei conseguindo, e os juízes foram gentis. Fiquei empolgado, pois se consegui dançar a valsa, poderia dançar qualquer coisa. Além do mais, me apaixonei pela dança de salão, algo que nunca pensei que fosse acontecer. É uma sensação incrível quando você entra de cabeça (e pés também) em algo tão difícil e consegue fazê-lo. Isso não significa que eu não ficava paralisado toda semana, mas minha confiança aumentou um pouco agora que tinha ido para bem longe da zona de conforto e sobrevivido. Sempre criticava muito as minhas apresentações quando as assistia, mas isso era bom porque me obrigava a fazer melhor na próxima vez.

Na nona semana, os juízes deram um nove e três dez para a nossa apresentação do *quickstep*, e a gente ganhou a maratona *swing-a-thon*, em que sete casais dançam ao mesmo tempo. Mas não foi isso o que fez a semana nove ser a mais marcante. Meus pais estavam na plateia naquela noite. Na manhã seguinte, estava na cama quando meu pai ligou, fazendo elogios e dizendo o quanto tinha adorado tudo, quando começou a chorar do nada. Eu não o tinha visto chorar desde os meus 8 anos, quando fui para um internato, então achei que ele estava brincando comigo. Ele ficou tão orgulhoso que desabou por completo antes de passar o telefone para a minha mãe. Foi um momento muito especial para mim.

À medida que o programa progredia, eu percebia que não precisava me preocupar. A atenção extra que estava recebendo era universalmente positiva. As pessoas vinham cheias de elogios e reconhecimentos sinceros pelo programa, e eu estava me sentindo muito mais confiante. Até a minha avó, que nunca teve noção do que era o McFly ("Você tem algum novo 'disco' lançado, Harry?"), conhecia o

Strictly ("Harry, querido, você é o assunto do momento!"), e, embora eu estivesse acostumado com a atenção dos fãs do McFly, agora, mulheres de 70 anos sussurravam umas para as outras quando me viam. O assédio chegou a um novo nível, e, mesmo com medo disso, acabei gostando, porque todos eram muito entusiasmados e gentis.

As lágrimas obrigatórias do McFly vieram durante a final. Assisti ao vídeo feito por eles: uma entrevista com a Izzy e depois com meus pais; segurei a onda, confiante de que evitaria um rio de lágrimas. Mas aí surgiu o meu amigo James na tela. Eu estava cansado, com as emoções à flor da pele, e sabia o quanto ele tinha ficado nervoso dando a entrevista. Foi demais para mim.

Se eu estava nervoso para a final? Aquela final que se realizaria no impressionante Blackpool Ballroom, lar da dança de salão, diante de milhões de espectadores na televisão? Nervoso não era a palavra. Minha boca estava seca, e mal conseguia falar. O ensaio com o figurino foi péssimo, a gente errou um passo no fim do *american smooth*, e eu vivia esquecendo o *quickstep*. Umas duas horas antes da apresentação, nunca tinha me sentido tão tenso em toda a minha vida. Não conseguia pensar direito nem me concentrar. Deveria ter me organizado com antecedência, cortado o cabelo e feito a barba, mas não consegui. De repente, veio o aviso de meia hora para a apresentação, e nem tinha começado a me arrumar. Pânico total, como num pesadelo em que eu estava prestes a entrar no palco, mas não sabia as minhas falas. Não sobrou tempo para nada, quase não fiz o bronzeamento artificial, o que no mundo do *Strictly Come Dancing* é quase como sair sem roupa. Estava quase arrancando os cabelos nos bastidores, quando subitamente ouvi uma voz. Era a Izzy. Quase desabei na frente dela. Não ia conseguir continuar. Não ia dar. Como sempre, ela me acalmou, mas eu ainda estava péssimo...

Hora do show. Os participantes entraram no palco em carruagens. Muito brega. Já conseguia ver os caras da banda na plateia se mijando de rir. Não posso nem começar a descrever o quanto eu estava apavorado antes da primeira dança da noite. Vinte segundos de *quickstep* depois, porém, algo mudou na minha cabeça. Uma onda de relaxamento caiu sobre mim, e de repente percebi que eu *sabia* o que estava fazendo. Um sorriso surgiu bem devagar no meu rosto, e pela primeira vez em toda a competição ele era totalmente sincero. Quando assisti de novo, finalmente fiquei orgulhoso de mim mesmo. Tinha ido bem.

Com os nervos fora do caminho, o resto da final foi uma experiência incrível. Eu não queria apenas chegar aos últimos dois participantes daquela noite, queria a vitória. A verdade é que estava ansioso pela dança. Tinha consciência da minha capacidade e queria me apresentar para o público.

Mal consigo me lembrar do anúncio feito pelo Bruce Forsyth de que eu era o vencedor. Tom, Danny, Dougie e meu irmão invadiram o palco e me agarraram. O Bruce não sabia ao certo quem era aquela gente, tanto que começou a bater neles com as fichas e a gritar para que saíssem do palco.

Em seguida foi o meu pai que surgiu, entrando no palco ao vivo na televisão para me abraçar...

Depois veio a Izzy...

As pessoas gritavam, a música estava nas alturas...

Depois, tudo acabou.

Eu estava nos bastidores com Dougie, e a gente saiu discretamente para fugir de toda a comoção e ter uma conversa sossegada, como tínhamos feito havia seis meses em frente à casa do Tom: "Já imaginou se nós dois ganhássemos, como isso seria incrível?"

E agora, em frente ao Blackpool Ballroom, nós dois, vencedores, sorrimos um para o outro, e eu disse:

— A gente conseguiu, cara. A gente *conseguiu*!

Sorrimos mais um pouco e entramos de novo para encontrar Tom e Danny. Existem momentos em que estar numa banda é mais do que ser um grupo de colegas. Momentos que você precisa dividir. Esse era um deles.

❖

Tom: Bom, estamos chegando ao fim do livro, mas não ao fim da história. Muito pelo contrário.

Com o *I'm a Celebrity* e o *Strictly* fora do caminho, era hora de olhar para o futuro. E o futuro parecia brilhante. Os reality shows do Dougie e do Harry renovaram a banda. Depois dos altos e baixos dos últimos anos, estávamos de volta.

E a nossa vida ficou completa. Mais do que isso, até. Em 2011, levei a Giovanna à sala da Sylvia, onde a gente se conheceu. Ela não sabia que eu tinha enchido o local de flores e velas. Nem que estava prestes a ser pedida em casamento. A cerimônia foi em maio de 2012, e sem prêmios para quem adivinhar os nomes dos meus três padrinhos. Afinal, você precisa chamar os melhores amigos, certo?

O casamento foi um dia incrivelmente importante na minha vida, mas pareceu que era na de todos do McFly, já que tínhamos crescido juntos. E não só para nós, como para Giovanna, que estava lá desde o início e virou uma grande amiga de todos. (Quando Dougie estava morando com a gente, me dei conta de que Gi poderia se dar melhor com ele do que comigo!) Giovanna fez parte de todos os eventos que aconteceram na nossa carreira e aguentou muita coisa. Parecia justo que pelo menos um dia fosse inegavelmente e sem dúvida *todo* dedicado a ela.

Harry: Na véspera do casamento do Tom, nós quatro ficamos na casa dele. Para fazer uma surpresa, pedimos ao Richard Rashman para desencavar as imagens do teste original do Tom para o Busted e da turnê do Busted com o McFly anos antes. Foi um momento especial. Um momento de reminiscências antes do grande dia da vida do Tom. Nessas poucas horas, enquanto comemos pizza e assistimos às cenas antigas, foi quase como se estivéssemos de volta à casa da banda. Quase, mas não tanto: rever aqueles vídeos foi um lembrete do quanto éramos diferentes naquela época e o quanto nós crescemos. Às vezes, quando as pessoas crescem, elas se separam, mas esse não foi o nosso caso.

Danny: Não vamos esquecer que demos boas risadas do teste do Tom para o Busted, enquanto ele não sabia onde enfiar a cara de vergonha. Podemos dizer que ele era um cara confiante? Um pouco arrogante? E que mudava de expressão sempre que a câmera estava apontada para ele, como um David Brent de cabelo descolorido? Acho que sim... ;)

Tom: O casamento foi perfeito. Sei que nenhum dia da minha vida chegará perto de ser como esse. Giovanna estava mais linda do que nunca, e você provavelmente conhece a gente bem o bastante para adivinhar que houve muitas lágrimas, especialmente minhas. Os caras fizeram seus papéis com perfeição: Danny me ajudou com o discurso, Dougie levou as alianças e Harry organizou uma despedida de solteiro memorável e escreveu o discurso do padrinho, feito pelos três, que ficou exatamente como deveria. Dougie leu as frases mais chocantes porque de alguma forma ele consegue dizer, se saindo bem, o que o resto de nós não consegue.

Dougie: Chocantes? Eu só achei que seria educado agradecer à Debbie por parir o Tom anos antes. Com um queixo grande daquele jeito, não deve ter sido fácil... Piadas grosseiras à parte, tudo naquele dia foi incrível. Dois dos seus melhores amigos, obviamente apaixonados, dizendo o que queriam, e do jeito que queriam, na frente das pessoas que gostariam de ter ao redor.

Danny: E teve o discurso do Tom, claro. Não há palavras para expressar o que foi aquilo. Enquanto ele falava, dava para ver todos os caras lá pensando: "Nem adianta me casar, porque nunca vou ser capaz de superar isso." Tom fez um medley de músicas do McFly, e eu ajudei a fazer os vocais de apoio, mas ele surpreendeu a todos mudando a letra para agradecer a várias pessoas.

Tom: O mais difícil para mim foi cantar o pedaço em que eu agradecia aos caras da banda. Ensaiei duas vezes em casa e jamais consegui fazer isso sem chorar...

Harry: E aí, quando você pensava que não poderia ficar mais inteligente, engraçado ou emocionante, as portas laterais do salão se abrem, e, com uma coreografia perfeita, um coral de garotos da escola Sylvia Young se junta a ele numa nova versão de "All About You", a música amada por tantas pessoas, mas que sempre foi para a Giovanna. Eles cantaram harmonias incríveis e uma nova letra perfeitamente adequada para a ocasião.

Dougie: Sinceramente, foi a coisa mais incrível que já tínhamos visto. No fim, todos os 150 convidados estavam às lágrimas. Houve um momento de silêncio chocado e aturdido diante da genialidade da apresentação, seguido por um aplauso de pé, o mais sincero que já vimos na vida.

Tom: Quando os discursos acabaram, foi a hora da música. Nossa primeira dança foi ao som de "Easy", dos Commodores, a música que Gi e eu dançamos na cozinha da casa dos meus pais há tantos anos. De novo, sem prêmios para quem acertar o nome da banda do casamento. Ensaiamos algumas músicas dos Beatles e do Stevie Wonder que eram boas para dançar. Foi um final adequado para um dos melhores dias da nossa vida.

Harry: E devia ter algo no ar.

Eu já sabia que queria pedir a Izzy em casamento havia algum tempo, mas não pareceu adequado fazer isso tão perto do casamento do Tom. Então decidi surpreendê-la e a levei para Santa Lúcia depois da cerimônia. Por acaso, era para lá que Tom e Gi estavam indo passar a lua de mel. A gente foi no mesmo voo. Foi um grande alívio, pois imaginei que abririam as minhas malas na alfândega e a aliança seria descoberta na frente da Izzy. Se isso tivesse acontecido, eu teria que pedi-la em casamento na hora, mas agora Tom poderia passar a mercadoria pela fronteira para mim. Depois que passamos pela alfândega em Santa Lúcia, a gente foi ao banheiro, e ele me devolveu a aliança. Depois, cada um seguiu o seu caminho.

Izzy e eu ficamos hospedados num belo resort, onde jantamos à luz de velas na praia logo na primeira noite. Ela deve ter percebido em algum momento o que estava por vir. Assim que nos deixaram a sós, fiquei de joelhos e a pedi em casamento. E quando ela disse sim, pareceu que tudo tinha se encaixado. Lembrei a ela de quando eu tinha 19 anos, e ela, com 21, estava indecisa sobre sair comigo ou não. Eu falei ao telefone que um dia me casaria com ela. Nunca me esqueci daquela promessa. É cafona dizer que ela faz de mim o homem mais feliz do mundo? Talvez, mas é verdade.

Montei uma lista de músicas a serem tocadas durante o pedido de casamento. Algum tempo depois, recebemos o presente do Danny: ele cantando "Walk In The Sun". De alguma forma, pareceu adequado...

A vida agora é tudo o que deveria ser, e não só para mim e Tom. Ver o Danny com a namorada de tanto tempo, Georgia, é olhar para alguém que procurava algo há anos e finalmente encontrou. E ver Dougie e Lara, sentados silenciosamente na parte de trás do ônibus da turnê enquanto a loucura do McFly acontece ao redor deles, é olhar para duas pessoas que não estão nem aí para fama e adulação, apenas um para o outro.

Dougie: Isso fez surgir uma lágrima no meu olho e uma ereção nas minhas calças (outra frase do discurso do padrinho, coincidentemente).

Tom: Uma vez alguém disse que você deve ser regular e certinho na vida para poder ser violento e original no seu trabalho. A vida no

McFly nunca será regular ou certinha, mas não há dúvida de que à medida que nós sossegamos, que demônios foram exorcizados e que a vida pessoal ficou mais completa, nossa ambição musical ficou maior que antes. É preciso começar cada álbum acreditando que será o melhor que você já fez. Do contrário, não faz sentido. Mas há algo diferente no que estamos fazendo agora, pois imagine só: você tem uma ideia para uma pintura e a descreve para um artista. Ele ou ela faz o melhor que pode para criar o que você pediu, mas nunca será exatamente do jeito que você imaginou. A única forma de fazer a pintura como você quer é fazê-la você mesmo. Com a música é a mesma coisa.

Alguém também disse que Danny sabe muito sobre poucas coisas, e que eu sei um pouco sobre muitas coisas. Acho que isso é verdade. Sou mediano em muitos aspectos, sem me sobressair em nada, enquanto Danny é excelente em áreas muito específicas, como tocar guitarra, cantar e fazer produção musical. Sei tanto sobre produzir um álbum quanto sobre pilotar a Millennium Falcon, mas tenho certeza de que com Danny produzindo o nosso novo material e com a gente seguindo a própria inspiração como banda sem influência de ninguém, a música que faremos no futuro será a *melhor* que já teremos feito.

Danny: Produzir o próximo álbum do McFly é uma responsabilidade imensa, mas meu coração bate mais rápido de empolgação sempre que penso nisso. Parece que estamos embarcando na próxima etapa da nossa carreira. Uma etapa totalmente voltada para a música. Nenhum de nós tem qualquer dúvida de que o nosso melhor material ainda está por vir. Na turnê *Keep Calm And Play Louder*, tocamos algumas músicas novas, algo que fizemos poucas vezes. A resposta foi incrível e um lembrete de que, no fim das contas, as únicas pessoas cujas opiniões importam são nossos fãs e nós mesmos. Não tem emoção maior do que ouvi-los cantando a letra de uma música que ainda nem foi lançada, tirada dos vídeos postados no YouTube à medida que a turnê avança. Não há emoção maior do que sentir essa conexão com uma plateia.

Dougie: Isso também nos lembra de que talvez a gente não tenha a maior quantidade de fãs do mundo, mas temos certeza de que são os melhores. Temos consciência de que, enquanto formos verdadeiros com os fãs e com a gente, a história do McFly não corre perigo de terminar.

Na verdade, depois de dez anos, ela parece estar apenas começando.

Dando uma corrida

EPÍLOGO

O ônibus da turnê estaciona em frente à porta de serviço do local do show.

Que local? É fácil esquecer quando se está em turnê. Sempre podemos perguntar ao Tommy, pois ele sabe de tudo, mas não importa. O importante é que é dia de show. Quando se está numa banda, tudo é voltado para o show. Você vive para esses noventa minutos no palco.

Uma multidão de fãs se reuniu em torno da porta de serviço. Os caras podem vê-la pelas janelas escuras do ônibus. Como eles certamente também podem ouvi-la, os gritos ficam mais altos à medida que os seguranças os acompanham, um a um, ao local do show. Cada fã obviamente tem o seu favorito. *Tom! Danny! Dougie! Harry!* Os caras acenam quando ouvem seus nomes antes de desaparecerem nas entranhas do local.

Uma vez lá dentro, Tom olha ao redor, distraído, e diz:

— Eu me lembro desse lugar.

Não surpreende. Existem poucos lugares no país em cujo palco a gente não tenha pisado. Eles seguem os sinais colados nas paredes indicando os camarins. A banda nunca sabe ao certo o que esperar. Às vezes, é um pequeno armário que mal dá para todos. Em outras ocasiões, é um aglomerado gigante de salas para a banda e todo o grupo que a acompanha: *backing vocals*; o tecladista que viaja separadamente; os caras do som e os técnicos de guitarra e bateria que estão lá há horas, montando o palco e garantindo que tudo esteja pronto; o fisioterapeuta; os empresários; e, claro, Tommy, que mantém o show funcionando.

Eles entram num enorme camarim com três sofás e duas geladeiras, mas não é luxuoso. Não tem flores, cortinas ou qualquer ornamento espalhafatoso ao estilo da Mariah Carey, apenas o essencial para uma banda que trabalha muito. Um pequeno suprimento de refrigerantes, frutas e barras de cereal — pois a época das cervejas e dos estoques secretos pré-show acabaram —, e uma mesa cheia de todos os produtos para cabelo que existem. Os figurinos estão pendurados em cabides, com cuecas boxer limpas num recipiente separado.

— É importante ter cuecas limpas depois de um show — diz Danny sorrindo para ninguém em particular.

Na sala ao lado estão um kit de bateria Gretsch, um teclado, duas guitarras e um baixo. Se eles precisarem aquecer antes do show, os instrumentos estarão à disposição, mas agora é hora da passagem de som. Eles seguem os sinais até o palco e entram pelas laterais, passando pelo amontoado de caixas pretas grandes e robustas, umas vinte ou trinta delas. É preciso muito equipamento para a banda conseguir o som que deseja, e a equipe tem a função de montar tudo certinho. Antes os caras vinham de helicóptero diretamente para o palco, sem passagem de som, mostrando o quanto a equipe é boa. Hoje, porém, não foi preciso vir pelo ar.

O tecladista e os *backing vocals* já estão no palco. Harry assume o seu lugar na bateria, acompanhado por acordes de jazz vindos do teclado. Tom, Danny e Dougie penduram as guitarras e o baixo. Dougie começa a tocar. A linha de baixo de "I Wish", do Stevie Wonder, ecoa pelo salão antes de se transformar no tema de *Guerra nas Estrelas*. Harry se junta ao grupo. Agora os quatro estão no palco, e um toque alto e constante invade o local como se fossem fogos de artifício. Um riff de guitarra toma conta: Tom começou a berrante introdução de "Red". Os outros caras a acompanham, e agora a voz do Danny se sobrepõe a tudo. Está alta. Muito alta. Mas firme. Se alguém tem alguma dúvida de que essa é uma banda que sabe o que está fazendo, essa incerteza é logo dissipada.

A música termina. Há uma espécie de grande solo no palco. Trechos de melodias familiares emanam do pré-amplificador: "I Heard It Through The Grapevine", "Beat It", "Day Tripper", "I Want To Hold Your Hand". Danny pede que uma das luzes seja mudada, pois está iluminando o braço da guitarra, e assim ele não consegue ver os seus trastes. Tom vai para a pista para ouvir o som como se fosse a plateia. Quando os caras e a equipe de som estão felizes com o resultado, eles guardam os instrumentos e voltam aos bastidores.

A banda segue as indicações até o refeitório onde eles e os técnicos comem o que foi preparado. Entra Tommy, imperturbável como sempre, anunciando:

— Vamos dar uma corrida hoje à noite, pessoal.

Os caras fazem que sim com a cabeça. "Dar uma corrida" significa entrar no ônibus de turnê logo após terem terminado de tocar, deixando o local antes que as fãs possam impedir a saída do veículo. Assim, eles podem estar no hotel dez minutos depois de terem saído do palco e tomar um banho para tirar o suor.

Depois de comer, Harry quer relaxar no ônibus da turnê. É difícil dar um pulo lá fora porque já existe uma fila de fãs dando voltas ao redor do local. E eles estão de olhos bem abertos para todas as saídas possíveis. Ele coloca um capuz e consegue passar sem ser reconhecido. Dougie não quer evitar os fãs, mas fica difícil lidar com centenas deles esperando por várias horas, como acontece hoje, numa fila antes das portas se abrirem.

Noventa minutos para o início do show. Dougie entra no camarim, cantarolando uma melodia da Jennifer Lopez. Tom está conversando com Izzy, uma violinista de sucesso, decidindo as músicas a serem tocadas no casamento deles. Não pode ser nada que faça Tom chorar. Ele chora com muita facilidade. Por qualquer coisa, alguns diriam.

Sessenta minutos para o início do show. Do camarim pode-se ouvir Harry na porta ao lado, trabalhando na bateria. Ritmos complexos, funkeados, sólidos e bem-executados. Do outro lado, o som abafado da banda de apoio, já mandando ver no palco. Tom está na maca do fisioterapeuta, com agulhas no joelho. A banda trouxe o fisioterapeuta Ruan, da Austrália, especialmente para essa turnê, um presente que deram a si mesmos. Mas ao ouvir os uivos do Tom quando as agulhas perfuram sua pele, não dá para *acreditar* que se trata de um presente.

Trinta minutos para o início do show. Os caras vestem o figurino do show, e o ar fica subitamente tomado por cheiro de gel de cabelo. Tommy entra, entrega os fones do retorno e ajuda os caras a colocá-los. Tom liga o iPod nas caixinhas portáteis. "Helter Skelter", dos Beatles, começa a tocar a todo volume, e ele pula ao som dela, fingindo tocar bateria e guitarra, entrando no clima. No palco, ele é frenético tocando. Aqui, não está longe disso. Danny toma pequenos goles de uma caneca de mel, limão e gengibre. Noventa minutos no palco exigem muito da garganta, mas não tem como ele se segurar quando está na frente do microfone. Dougie fica sentado quietinho no canto, brincando com o fone antes de dar uma última conferida no cabelo diante do espelho. Se ele fica nervoso antes de um show, isso acontece nos últimos minutos antes de entrar no palco. Então talvez a quietude dele signifique algo. Richard Rashman e Fletch estão sentados ali perto.

— Você está muito sexy, Dougie — Rashman brinca, e Dougie dá um sorriso.

Dois minutos para o início do show, e a plateia parece perceber. Os gritos ficam mais frequentes. Mais altos. O segurança aponta a lanterna para as laterais do palco em busca de alguma fã que possa ter conseguido entrar escondido nos bastidores. Elas podem ser persistentes, mas não tem ninguém hoje.

Atrás da proteção da cortina, a banda de apoio e o tecladista assumem seus lugares no palco. Dougie e Danny surgem nas laterais, Dougie bebe uma lata de Red Bull, enquanto Danny segura uma garrafa de água e sai batendo com os nós dos dedos nas mãos de todo mundo que encontra, um ritual pré-show.

As luzes diminuem. Os gritos são suficientes para fazer os tímpanos tremerem. Se a banda não estivesse usando os fones do retorno, não teria como ouvir o que estavam tocando hoje à noite. Ou em qualquer noite.

O ar está repleto de gelo seco. Todo o lugar parece que está vibrando.

De repente, abrem-se as cortinas. A banda entra no palco.

A multidão vai ao delírio. A banda dá tudo de si. E, por noventa minutos, nenhum dos dois lados para o barulho.

Keep Calm and Play Louder [Mantenha a calma e toque mais alto]? Uma dessas duas coisas seria uma boa.

❖

Soam as notas finais de "Shine A Light". Tom, Danny, Dougie e Harry saem do palco, ensopados de suor. Também estão pilhados. Sorrisos no rosto. Olhos brilhando. Não há tempo para ficar de bobeira. Como Tommy disse, eles terão que correr. Seguranças os acompanham pelos corredores vazios enquanto a plateia ainda grita pela banda. Não tem como ficar e passar um tempo à toa. Se o ônibus da turnê não for embora rapidamente, não conseguirá sair, pois é difícil um veículo se mover quando está cercado. Os caras correm pela porta de serviço e entram no ônibus que está esperando. Pegam sanduíches na geladeira e sobem correndo para o segundo andar, onde Giovanna, Izzy, Georgia e Lara estão esperando.

Quando o ônibus sai silenciosamente, a plateia ainda está no local do show. Alguns fãs esperam ter um vislumbre dos caras. Hoje, eles ficarão decepcionados. O McFly já foi embora.

Créditos das imagens

Todas as imagens foram fornecidas pelos autores, a menos que seja dito o contrário. Foram realizados todos os esforços para que os detentores dos direitos autorais fossem contatados. Pedimos desculpas por quaisquer omissões nesse sentido e ficaremos felizes em fazer as correções adequadas em qualquer edição futura.

Página 2 (foto menor) © Dean Sherwood
Páginas 12 e 13: © Arthur Edwards/The Sun/NI Syndication
Página 15 (acima): © Brian Rasic/Rex Features
Página 16 (abaixo): © Matt Baron/BEI/Rex Features
Páginas 26 e 27 (acima e no meio) © Dean Sherwood
Página 27 (abaixo) © www.tomleishman.com
Página 28 (foto principal e foto menor) © BBC Photo Library
Página 29 (foto principal e foto menor) © Rex Features
Página 30 (acima, à esquerda) © Beretta/Sims/Rex Features
Página 30 (acima, à direita) © Alex Lake
Página 31 (acima e abaixo) © Alex Lake

Este livro foi composto na tipologia Minion Pro,
em corpo 11/15 e impresso em papel offwhite
no Sistema Cameron da Divisão Gráfica
da Distribuidora Record.